Tom Ryan

Gipfelbild mit Hund

Tom Ryan

Gipfelbild mit Hund

Zwei ungewöhnliche Bergsteiger

Aus dem Amerikanischen
von Verena C. Harksen

Mit 12 Farbfotos und einer Karte

Mehr über unsere Autoren und Bücher:
www.malik.de

Für R. R. – Immer in meinem Herzen

Bibliografische Information der Deutschen Nationalbibliothek
Die Deutsche Nationalbibliothek verzeichnet diese Publikation in der
Deutschen Nationalbibliografie; detaillierte bibliografische Daten
sind im Internet über http://dnb.d-nb.de abrufbar.

MALIK NATIONAL GEOGRAPHIC

Erstmals im Taschenbuch
Januar 2015
© Tom Ryan, 2011
© der deutschsprachigen Ausgabe: Piper Verlag GmbH, München 2012
Originalausgabe: »Following Atticus. Forty-Eight High Peaks, One Little Dog, and an Extraordinary Friendship«, erschienen bei William Morrow, New York
Umschlaggestaltung: Dorkenwald Grafik-Design
Umschlagfotos: Archiv Tom Ryan (aufgenommen von Wanderern) und Travel Images / UIG / gettyimages (vorne); Archiv Tom Ryan und AK-DigiArt / Fotolia.com (hinten, kl. Bild); Archiv Tom Ryan (hinten, gr. Bild)
Autorenfoto: Archiv Tom Ryan
Bildteilfotos: Tom Ryan, außer: S. 1 oben, S. 3 oben, S. 6 unten (Archiv Tom Ryan)
Karte: Kathy Speight Kraynak
Litho: Lorenz & Zeller, Inning a. A.
Satz: seitenweise, Tübingen
Papier: Naturoffset ECF
Druck und Bindung: CPI books GmbH, Leck
Printed in Germany   ISBN 978-3-492-40552-2

Das Papier wurde aus chlorfrei gebleichtem Zellstoff hergestellt.

Geh nicht weiter, es ist sinnlos,
vor dir liegt nur öde Wildnis«,
sagten sie. Ich glaubte ihnen.
Bis so scharf wie das Gewissen,
wie das Läuten inn'rer Glocken
eine Stimme in mir tönte,
Tag und Nacht und ohne Pause
diese Worte wiederholte:
»Etwas liegt dort, tief verborgen,
geh und such es, geh und find es.
Hinter hohen, steilen Bergen
liegt es, wartet auf dein Kommen.
Geh!

RUDYARD KIPLING, »The Explorer«

Wir müssen bereit sein, uns von dem Leben zu
verabschieden, das wir geplant hatten, um das Leben
zu bekommen, das auf uns wartet.

JOSEPH CAMPBELL

Inhaltsverzeichnis

Karte *8*

Prolog *11*

ERSTER TEIL
Unschuld verloren, Unschuld gefunden *15*

Eine Tür öffnet sich *16*
»Nehmen Sie ihn überall mit hin« *39*
Große Veränderungen *53*
Ein Geschenk *69*
»Da oben stirbt man im Winter« *81*
Für die Kinder *102*
Der ganz große Plan *110*
Der kleine Riese *117*
Sterne, die den Weg erleuchten *126*
Das M ist wichtig *133*
»Unser Glaube kommt in Augenblicken« *140*
Atticus inkognito *146*
Der Zauber des Agiochook *150*
Fünf erstaunliche Tage *161*
Danke, mein Freund *166*

ZWEITER TEIL
Licht über Dunkelheit *171*

Eine traurige Wendung *172*
»Ich lasse ihn nicht allein« *182*
Freunde von Atticus *186*
Seelenarbeit *192*
Brotkrumen *199*
Abendessen mit Frank Capra *205*
Das Versprechen *210*

DRITTER TEIL
Der Kreis schließt sich *217*

Ein neuer großer Plan *218*
Die Hexe *222*
Der Zauber liegt dort, wo man ihn findet *228*
Tod auf der Franconia Ridge *233*
Mein letzter Brief nach Hause *242*
Diese Augen, diese wundervollen Augen *248*
Mount Washington *256*
Abschied *260*
Herzschmerz *265*
Die schöne Kunst des Schlenderns *273*
Paige *278*
Zu Hause *283*

Dank *286*

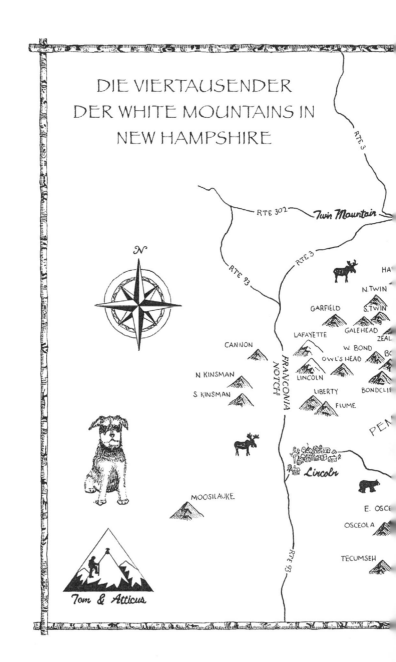

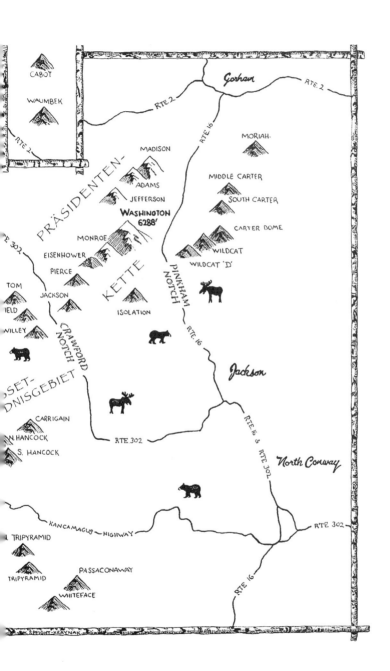

Namen und wiedererkennbare Eigenschaften einiger Personen wurden geändert.

Das Zitat auf S. 105 stammt aus: Walt Whitman, Grashalme, »Gesang von mir selbst« (Nr. 32), Übersetzung von
Hans Reisiger, Bd. 2 der Werksausgabe von 1922 bei S. Fischer, Berlin. Alle anderen Zitate wurden von Verena C. Harksen übersetzt.

Die amerikanischen Maßeinheiten wurden in den deutschen Text übernommen. Es gelten folgende Umrechnungen:
1 Meile = 1,61 Kilometer
1 Fuß   = 30,48 Zentimeter
1 Zoll   = 2,54 Zentimeter
1 Pfund = 0,45 Kilogramm

Prolog

8. Oktober 2006

Lieber Dad,
ich habe ein neues Lieblingsfoto. Es ist letzten Sonnabend entstanden, als ich die Iltis-Loipe vom Wildcat Mountain hinunterwanderte.

Auf meinem Bild ragt in weiter Ferne majestätisch, stolz und zerklüftet das gewaltige Paar Mount Adams und Mount Madison auf. Von ihren schroffen Gipfeln und der niedrigen Schulter des Mount Washington marschiert ein unendliches Heer von Bäumen herab, aufgestellt nach militärischem Rang. Ganz oben erheben sich die immergrünen Tannen, jene winterharten Bäume, die zu jeder Jahreszeit gleich aussehen. Sie wachsen bis hinauf zur Baumgrenze, knapp unterhalb der Gipfel, und ziehen dann hangabwärts, bis sie sich mit den Lärchen in ihrer Oktober-Kriegsbemalung mischen. Ein Fußvolk in Rot, Orange und Gelb, das anbrandet wie die riesige Woge einer Meeresdünung. In den Farben und den welligen Hügeln am Fuß der Berge kann man fast den Herzschlag der Bäume spüren, wie bei einem Heer, kurz vor der Attacke.

Dieses Heer strömt immer weiter auf die Kamera zu, bis es eine Schlachtlinie bildet, angespannt und doch gefasst, bereit für den Befehl zum Vorrücken, der von ganz oben kommt. Vor den Bäumen liegt ein Feld – eine Mischung aus verblasstem Gelb und Grün, im Lauf der Jahre flach getreten, als hätten dort viele Kämpfe getobt. Im Vordergrund, von den Frontlinien durch einen Streifen Gras getrennt, den Rücken zur Kamera, sitzt eine kleine, einsame Gestalt und schaut auf die Baumlegionen, die sich meilenweit vor ihr ausdehnen.

Die einsame Gestalt sitzt aufrecht da, bereit für die Woge, die über ihr zusammenschlagen, bereit für alles, das die Welt auf sie loslassen könnte. Sie ist heiter und gelassen (oder wartet vielleicht ergeben auf die bevorstehende Prüfung), demütig und unverzagt, weil sie daran glaubt, einen Weg zu finden.

Sie ist Frodo Beutlin, Don Quichotte, Huckleberry Finn. Sie – oder besser er – ist alle diese unwahrscheinlichen Helden, die irgendwann einen Fuß vor die Tür gesetzt haben und jäh in ein Abenteuer gerissen wurden.

Wenn ich das Foto ansehe, denke ich an die Worte des Dichters William Irwin Thompson: »Wenn wir an eine Schranke stoßen, erreichen wir eine Grenze, die uns sagt, dass wir von nun an mehr sein werden, als wir je zuvor waren.« Denn dort sitzt er, allein auf diesem Feld, vor sich eine Schranke, eine Grenze, eine Wildnis, die ihn zum Zwerg macht. Und doch bleibt er sitzen. Schaut sie an. Wendet sich nicht ab. Läuft nicht davon.

Der kleine Kerl auf dem Foto ist mein Wandergefährte, Atticus M. Finch, benannt nach einem anderen bescheidenen und unwahrscheinlichen literarischen Helden.

Seit dem 21. Mai letzten Jahres hält er es netterweise mit mir aus, seitdem ich uns beide in unsere Bergabenteuer gestürzt habe. Bis dahin waren wir nicht besonders aktiv. Meistens hingen wir irgendwo in Newburyport herum. Wir machten kleine Spaziergänge im Wald oder am Strand, aber nie sehr weit, weil ich zu schwer und außerdem schlecht in Form war. Aber dann, im letzten Jahr, zeigte man uns die Viertausend-Fuß-Berge, und wir verliebten uns Hals über Kopf in sie. In elf Wochen erwanderten wir alle achtundvierzig Gipfel. Dabei hatten wir es so eilig, dass ich beschloss, sie in diesem Frühling, Sommer und Herbst noch einmal zu erkunden – und diesmal nahmen wir uns genug Zeit, um sie richtig zu genießen.

Während ich Atticus dabei beobachtete, wie er auf die Bäume blickte, begann ich innerlich diese Achtundvierziger-Runde zu feiern, mehr noch aber feierte ich den neugierigen kleinen Hund. Was für ein Glück, ihn zum Wandergesellen zu haben. Ob Wind, Sonne,

Schnee oder Regen, er war bei jedem Schritt an meiner Seite. Meistens blieben wir dabei allein, und unsere enge Bindung ist noch fester geworden.

Als ich ihn so vor der Wildnis sitzen sah, dachte ich wieder an jene unwahrscheinlichen Helden der Literatur, die vor unvorstellbaren Herausforderungen standen und gereift und seltsam verändert daraus hervorgingen. Am Ende wurden sie immer mehr, als sie je gewesen waren, und man wusste einfach, dass sie in Trauer und Freude, in guten und schlechten Tagen, ganz gleich, was als Nächstes geschehen würde, am Schluss der Geschichte, wenn sie im Sonnenuntergang verschwanden, mit allen Prüfungen und Peinigungen des Lebens fertig werden würden. Doch obwohl ich das weiß, kenne ich auch den Schmerz am Ende eines Buchs, wenn ich von meinen Lieblingsfiguren Abschied nehmen muss. Oft bin ich gerade deshalb traurig über das Ende eines Abenteuers. Inzwischen beurteile ich eine gute Geschichte danach, ob ich nach dem Lesen der letzten Seite, wenn ich das Buch schließe und es endgültig zur Seite lege, das Gefühl habe, einen Freund zu verlieren.

Glücklicherweise ist dies hier nicht das Ende eines Buchs, sondern nur ein Kapitel darin. Denn Atticus und ich haben noch viele Abenteuer zu bestehen, bevor unsere Zeit um ist. Tatsächlich wird das nächste schon in ein paar Monaten beginnen und bestimmt eine ganz eigene Geschichte werden.

Während ich durch das schattige grüne Gras und die sonnengetränkten goldenen Bäume die Loipe weiter hinabwanderte, merkte ich mir alle meine Gefühle, saugte die Schönheit auf wie ein Schwamm das Wasser und betrachtete Atticus mit dem gleichen Staunen, das mir die Berge und die Bäume sowie der ihnen vertraute Wind einflößen. Ich sah ihm nach, wie er auf seine sorglose Art den Hang hinuntersprang, und lächelte. Wie hätte ich nicht lächeln sollen?

Wenn ich mir diesen unglaublichen kleinen Hund anschaue, der nach einer guten Mahlzeit keine zwanzig Pfund wiegt, merke ich, dass ich ihn deshalb so liebe, weil wie bei den unwahrscheinlichen Helden der Literatur mehr in ihm steckt, als man auf den ersten Blick vermutet. Und ich bin so glücklich, ihn nicht nur zum Wandergefährten zu haben, sondern auch zum Freund.

Es gibt Tage, die einfach vollkommen sind, nicht unbedingt, weil man etwas erreicht, sondern weil man etwas empfunden hat, an das man sich immer erinnern wird. Gestern war einer dieser vollkommenen Tage – ein Tag, an dem zwei Freunde ein Kapitel beendeten und sich auf die Suche nach dem nächsten machten.

Mit lieben Grüßen
Tom

ERSTER TEIL

Unschuld verloren, Unschuld gefunden

Mögen deine Pfade krumm sein, gewunden, einsam, gefährlich und dich zur erstaunlichsten Aussicht führen. Mögen deine Berge sich in und über die Wolken erheben.

EDWARD ABBEY

Eine Tür öffnet sich

Ich führte ein höchst ungewöhnliches Dasein. Manche würden es sogar aufregend nennen. Ich war Herausgeber, Verleger und einziger Angestellter meiner eigenen Zeitung. In ihr zeichnete ich das Leben und Streben von Newburyport auf, einer kleinen Stadt an der Nordküste von Massachusetts. Ich war arm, aber einflussreich; zufrieden, aber gestresst; erfüllt von meiner Arbeit, aber ohne erfülltes Leben. Ich bewirkte etwas und fühlte zugleich, dass mir irgendetwas fehlte.

Meine Abende verbrachte ich meistens damit, an Sitzungen im Rathaus teilzunehmen und danach die Hintergründe der diskutierten Angelegenheiten herauszufinden, indem ich endlose Stunden mit städtischen Funktionären plauderte. Meine Tage füllte ich damit aus, dass ich mich mit Menschen aller Gesellschaftsschichten unterhielt und ihnen zuhörte, wenn sie mir die Geheimnisse von Newburyport erzählten. In einer Stadt von 17 000 Einwohnern hatte jeder etwas zu berichten – vor allem natürlich über seine Nachbarn.

Alle zwei Wochen kam meine Zeitung, gespickt mit diesen Geschichten, auf den Markt, und fast jede Ausgabe war am Ende ausverkauft. Man musste sie einfach gelesen haben, denn nach Ansicht des typischen Newburyporters drehte sich die ganze Welt um unser Städtchen an der Mündung des Merrimack River in den Atlantischen Ozean.

Ich blieb abends lange wach und stand jeden Morgen früh auf. Einen Wecker brauchte ich dabei nicht. Ich lebte allein im zweiten Stock des alten Grand-Army-Gebäudes mitten im Stadtkern und schlief auf einem Sofa. Die Sonne stieg aus dem Atlantik empor, und die Morgendämmerung verbreitete sich über Plum Island, raste den Merrimack entlang, berührte kurz die Joppa Flats und warf ihre Frühmorgenschatten durch die eng bebauten historischen Viertel des Südends. Wenn sie die roten Backsteinhäuser der Innenstadt erreichte, setzte sie sie in Flammen. Die Backsteinschlucht warf dann die blendende Glut in meine großen Westfenster und sagte mir, dass es Zeit zum Aufstehen war.

Nur die Dienstage waren anders, vor allem im Winter, wenn die Tage kürzer waren und frühmorgens noch Dunkelheit herrschte. Dann schoss ich jedes Mal in die Höhe, aufgeweckt vom misstönenden Lärm des Müllautos, das die State Street hinauffuhr. Das Jaulen des Getriebes, das Quietschen der Bremsen, das Gepolter des Mülls, der in den Lastwagen plumpste, dazu das schwere metallische Knattern des Kompressors. Ich sauste aus dem Bett, packte meinen Müll, rannte die zwei Treppen hinunter und hoffte, das Auto noch vor meiner Hintertür an der Charter Street zu erwischen. Fünf Jahre lang lieferte ich mir diesen Wettlauf mit dem Müllwagen – manchmal gewann ich, manchmal nicht.

Nie stellte ich wie meine Nachbarn Montagabend den Müll vor die Tür. Man hatte mich davor gewarnt. Schließlich waren wir hier in Newburyport, einer Stadt mit lang gehüteten Geheimnissen. Denn so postkartenschön sie auch aussah, besaß sie doch eine bezaubernd dunkle Seite. Und weil ich von Geheimnissen und denen, die sie mit mir teilten, lebte, konnte ich nicht vorsichtig genug sein.

Nach fünf Jahren jedoch hatte ich meinen Verfolgungswahn ebenso satt wie das Wettrennen mit dem Müllauto. Eines Montagabends stellte ich vier Müllsäcke vor die Tür. Und wie das Schicksal es wollte – in dieser Nacht verschwand mein Müll. Es war die Nacht, in der mein größtes Abenteuer begann.

Meine Zeitung hieß »The Undertoad«. Der Titel stammte aus John Irvings Buch »Garp und wie er die Welt sah« – eine Erinnerung daran, dass immer, selbst unter der glattesten Oberfläche, irgendetwas lauert. In dem Buch wird ein kleiner Junge, der im Meer badet, vor einer gefährlichen Unterströmung (»undertow«) gewarnt. Er versteht aber »undertoad«, was so viel wie »Unterkröte« heißt, und fürchtet sich nun vor einer gefährlichen Kröte unter dem Wasser. »The Undertoad« oder kurz »The Toad« war ein ungewöhnlicher Name für eine Zeitung, aber Newburyport auch keine gewöhnliche Stadt. Es war eine Mischung aus Norman Rockwell und Alfred Hitchcock. Es bestand aus Alteingesessenen und Neuankömmlingen, aus Heteros und Schwulen. Es gab altes Yankeeblut und Iren und Griechen – eine vielfach geteilte Stadt.

Newburyport war die Heimat des Abolitionisten William Lloyd Garrison, der dort die Feder wetzte, bevor er mit seiner Zeitung

»The Liberator« (»Der Befreier«) auf der nationalen Bühne gegen die Sklaverei antrat. Es war auch die Heimat von Bossy Gillis, dem bösen Buben aus dem Armenviertel und Immer-mal-wieder-Bürgermeister, einer der buntscheckigsten politischen Gestalten, die unser Land je gesehen hat. Bossy gab eine eigene Zeitung heraus, um mit seinen politischen Feinden abzurechnen. Er nannte sie »The Asbestos« (»Der Asbest«), weil sie »zum Anfassen zu heiß« war. Und es war die Heimat von John P. Marquand, Romanautor und Pulitzer-Preisträger, der die örtliche bessere Gesellschaft in vielen seiner Werke auftreten ließ. Und schließlich war Newburyport mit seinem starren, antiquierten Kastensystem auch ein Zuhause für William Lloyd Warner, einen Anthropologen und Soziologen aus Chicago, der fast zehn Jahre, zwischen 1930 und 1940, mit einem Team von dreißig Wissenschaftlern dort arbeitete. Ihre Studie »Newburyport, Yankee City« ist vielleicht die umfassendste Langzeitstudie, die je über eine amerikanische Stadt erstellt wurde.

Ich wurde mit allen diesen Leuten verglichen, aber meistens betrachtete man mich als Kreuzung zwischen Garrison und Gillis. So beschämend das auch war, gab ich doch zu, dass ich mehr von Gillis als von Garrison hatte. In dem Newburyport, das ich kannte, musste man selbst ein bisschen streitsüchtig sein, wenn man über Ganoven berichten wollte. In der Erstausgabe meiner »Kröte« schrieb ich von meinem Wunsch, »Licht ins Dunkel zu bringen, den Garten von Unkraut zu befreien und die Giftmischer zu vergiften«. Aber ich war kein bloßer Skandaljäger, sondern ein Romantiker, der regelmäßig Emerson, Thoreau und andere Existenzialisten zitierte. Ich enthüllte den Schmutz, aber ich setzte auch große Hoffnungen darauf, wohin der Weg der Stadt führen und was aus ihr werden könnte.

Einmal fing eine neue Reporterin bei der »Daily News« an. Sie kam zu mir, obwohl ich von der Konkurrenz war, und fragte: »Also – wie ist es hier?«

»Wie nirgends anders«, antwortete ich.

Sie war nicht beeindruckt. »Das höre ich überall.«

Ein Jahr später verließ sie die Zeitung, um für einen Fernsehsender in Boston zu arbeiten. Ich fragte sie: »Also – wie war es nun bei uns?«

»Wie nirgends anders!«

Die Stadt steckte voller Charaktere und Charakter. Es gab in ihrer Geschichte Fischerei, Schiffswerften und Frachtschiffverkehr, später Webereien und Schuhfabriken. Doch in den Fünfziger- und Sechzigerjahren des letzten Jahrhunderts machten Webereien und Fabriken dicht oder wechselten den Standort, und Newburyport drohte zu verfallen.

Der unbegabteste Politiker, den die Stadt damals hatte, führte den Angriff auf die großartigen *Federal-Style*-Bauten vom Ende des 18. Jahrhunderts in der Innenstadt an, die er abreißen und durch ein Einkaufszentrum mit Großparkplatz ersetzen lassen wollte. Eine Gruppe von Bürgern schloss sich zusammen, engagierte einen Architekten, um zu zeigen, wie eine gerettete Innenstadt aussehen konnte, und zog vor Gericht, um die Zerstörung zu stoppen. Sie obsiegten, und Newburyport wurde die erste Stadt in den USA, die Fördergelder aus dem HUD-Plan (Housing and Urban Development Plan) dafür einsetzte, einen heruntergekommenen Stadtkern wieder aufzubauen, anstatt ihn abzureißen. Das führte zu groß angelegten Restaurierungen, aber für viele Einheimische bedeutete es noch mehr Verbitterung. Denn sobald die Zuzügler merkten, wie schön jetzt alles war, begannen sie, sich hier niederzulassen, und durch die Gentrifizierung verschwand vieles Alte und Vertraute. Einheimische fanden ihre Stadt nicht wieder und beklagten den Verlust der Läden, mit denen sie aufgewachsen waren und die nun teuren Boutiquen weichen mussten.

Trotz all dieser Veränderungen blieb eines gleich: die hemdsärmelige und ungehobelte politische Szene. Die Politik war König und nicht selten schmutzig. Wer gerade an der Macht war, tat alles, um sich dort zu halten. Es ging dabei nicht nur um einen Kampf von Alteingesessenen gegen Neuankömmlinge, sondern genauso um Einheimische, die gegen Einheimische kämpften. Manche sprachen von »Cannibal City«. Andere verglichen die Einwohner mit Krebsen in einem Eimer: Einer klettert nach oben, die anderen versuchen ihn nach unten zu ziehen. Es war Inzest und Nahkampf von der bösartigsten Sorte – und so ungefähr der großartigste Ort für einen neuen Zeitungsschreiber.

Als ich die Bühne betrat, tobte gerade ein mustergültiges politisches Unwetter. Eine Bürgermeisterin, die erst seit drei Jahren in der Stadt lebte, hatte der Seilschaft der alten Kameraden die Macht entrissen. Um die Sache noch schlimmer zu machen, war die Neue eine Frau und eine Lesbe. Sie war ein frischer Wind für eine muffige Provinzstadt, die sich selbst viel zu ernst nahm. Diese Bürgermeisterin stand nun am Ende ihrer ersten zweijährigen Amtszeit, und die alten Kameraden wollten sie nicht nur aus ihrem Eckbüro verjagen, sondern auch gleich aus der Stadt.

Ich hatte nie daran gedacht, in der Politik mitzumischen oder eine Zeitung zu gründen. Aber ich war so schockiert von der Art und Weise, wie die alte Seilschaft die junge Bürgermeisterin schikanierte – hauptsächlich durch Gerüchte und Andeutungen –, dass ich einfach nicht anders konnte, als mich ins Getümmel zu stürzen. Ich schrieb Leserbriefe an die Tages- und Wochenzeitungen. Ohne es zu wissen, war ich damit in die Fußstapfen von Garrison und Gillis getreten, weil ich Namen nannte, etwas, was in Newburyport nicht üblich war. In einem wilden und chaotischen Wahlkampf errang die Amtsinhaberin schließlich einen knappen Sieg über einen früheren Bürgermeister, welcher der Stadt vor langer Zeit fünf aufeinanderfolgende Wahlperioden lang gedient hatte. Obwohl ich neu hier war, wurden meine Leserbriefe als hilfreich für diesen Erfolg gewertet. Ein Jahr später wurde die »Undertoad« geboren, und es dauerte nicht lange, bis der »Boston Globe« mein Blatt als »Insiderführer zur Schattenseite von Newburyport« bezeichnete.

Je nachdem, welche Stellung man in der Stadt einnahm, mit wem man verwandt oder befreundet war, galt ich entweder als Dreckschleuder oder als Reformator. Ich legte mich mit den alten Kameraden an und weigerte mich, die altehrwürdigen heiligen Kühe anzubeten, die von der »Daily News« beschützt wurden. Wobei mir zum Teil half, dass ich von Journalismus keine Ahnung hatte. Stattdessen achtete ich mehr auf das, was die einfachen Leute zu sagen hatten, überlegte mir, was mir selbst an Zeitungen nicht gefiel, und tat dann genau das Gegenteil. Meine Überschriften waren sensationell und farbenfroh, hielten sich aber an Tatsachen. Die Berichterstattung war personenbezogen und brachte in jeder Ausgabe möglichst viele Namen. Ich merkte, dass sich die Leute weniger für Organisationen oder städtische Ausschüsse interessierten, weil sie ihnen nichts bedeuteten. Aber in einer Kleinstadt, in der jeder jeden kennt, interessierten sie sich für einen Kommunalbeamten, den sie im Fitnessklub trafen, der das Baseballteam ihres Sohns trainierte oder ein örtliches Restaurant führte. Meine Artikel sprachen die volle Bandbreite an Gefühlen an.

Ich tadelte einheimische Stadträte, die alles, was die Bürgermeisterin tat, nur deshalb blockierten, weil sie neu in der Stadt war, und füllte so manche Ausgabe damit, die klar definierte Grenzlinie zwischen Einheimischen und Zugezogenen in politischen Ämtern außer Kraft zu setzen. Die ergiebigsten Geschichten fand ich häufig bei den unterschiedlichen Ausschusssitzungen, bei denen die anderen Zeitungen nicht immer vertreten waren. Ich erwischte Ausschussmitglieder dabei, wie sie Freunden oder Geschäftspartnern Vorteile verschafften, anstatt sich selbst von der Anhörung auszuschließen; dann informierte ich die staatliche Ethikkommission. Bei mehr als einer Gelegenheit mussten solche Personen zurücktreten. Oft saß ich entsetzt dabei, wenn Stadträte oder andere leitende Funktionäre in einer vom Fernsehen übertragenen Sitzung logen, ohne mit der Wimper zu zucken. Wenn ich darüber berichtete, benahmen sie sich, als wäre ich es gewesen, der hier die Grenze überschritten hätte – was in gewisser Weise stimmte, weil ich mich weigerte, die Dinge so laufen zu lassen, wie sie es immer getan hatten.

Ihre Schwindeleien kannten keine Schranken. Mein Liebling war ein wutschnaubender Stadtrat, der mit vielen örtlichen Bauträgern befreundet war und sich dagegen wehrte, dass die Stadt mehrere Hektar Brachland kaufen wollte, das als Bauerwartungsland ausgewiesen war. Er erklärte, dass ihm gerade dieses Land mehr als jedem anderen am Herzen liege, weil sein Bruder auf dem angrenzenden Friedhof begraben sei. Der Friedhof lag auf einem Hügel, und Umweltschützer fürchteten, dass die Erschließungsarbeiten zu Erdrutschen auf der historischen Begräbnisstätte führen, das Land unterspült werden und die Gräber zum Teil einstürzen könnten. Tatsächlich war der Bruder des Stadtrats verstorben, seine letzte Ruhe fand er allerdings an einer anderen Stelle.

Niemand blieb von Kritik verschont, am wenigsten die Bürgermeister, über die ich berichtete. Sie boten das beste Futter für meine »Kröte«, ob es nun darum ging, eine moralisch zweifelhafte Person in einen städtischen Ausschuss zu berufen – Menschen, deren einzige Qualifikation darin bestand, dass sie den Bürgermeister im Wahlkampf unterstützt und ihm oder ihr ins Amt geholfen hatten –, oder darum, ein Grundstücksgeschäft für einen Helfer durchzuwinken. Die Bürgermeister hielten in den »Undertoad«-Jahren nie lange durch. Gewöhnlich war nach einer zweijährigen Amtsperiode Schluss.

Aber meine Zeitung war nicht nur negativ. Das wäre gar nicht möglich gewesen. Ich zeigte zwar auf, was in der Stadt nicht in Ordnung war, hatte aber auch ein offenes Ohr für ihre guten Seiten. Ich unterstützte das mutige Eintreten eines Stadtrates oder den Standpunkt eines Bürgermeisters. Ich applaudierte den besseren Mitgliedern der verschiedenen städtischen Ausschüsse, Kommissionen und Behörden. In einer regelmäßigen Kolumne mit dem Titel »Zehn liebenswerte Seiten von Newburyport« listete ich jeweils zehn Menschen auf, die Gutes taten. Es konnte ein Bauträger sein, der historische Bauten erhalten wollte, eine Bibliothekarin, die besonders stolz auf ihre Arbeit war und Bücher und ihre Leser liebte, aber auch eine Kassiererin im örtlichen Supermarkt, die nie einen Arbeitstag gefehlt hatte und fast jeden Kunden mit Namen begrüßte. Immer im Dezember stellte ich einen »Bürger des Jahres« vor. Das konnten Aktivisten sein, führende Geschäftsleute, mutige Polizisten, Lehrer oder Sporttrainer. In einem Jahr gewann Pete Daigle, der Hausmeister im Rathaus, den Preis – wegen seines freundlichen Wesens, seiner harten Arbeit und seiner Fähigkeit, den Kopf nicht zu verlieren, während die gesamte Stadtverwaltung um ihn herum genau das tat.

Was meine journalistischen Vorkenntnisse anging, so hatte ich keine. Ich verfügte über keine entsprechende Ausbildung, und das Einzige, was ich je verfasst hatte, waren die erwähnten Leserbriefe. Von Politik verstand ich wenig, wusste aber, was mir an Politikern nicht gefiel. Mein einziges Grundwissen beruhte auf den romantisierenden Ideen meines Vaters über die Kennedys und die amerikanischen Gründerväter – ihre und nicht seine eigene hielt er für die großartigste Generation.

Mein Vater Jack Ryan war politisch aktiv und hatte alle seine neun Kinder zwangsverpflichtet, für demokratische Kandidaten zu arbeiten, ganz gleich, ob sie bundesweit oder lokal für ein Amt antraten. Es spielte keine Rolle, dass wir den Kandidaten kannten oder etwas mit ihm zu tun haben wollten oder lieber draußen mit unseren Freunden gespielt hätten – wir mussten in unserer Heimatstadt Medway, Massachusetts, Häuser in der Nachbarschaft abklappern und Wahlbroschüren verteilen. An den Wochenenden hatten wir stundenlang irgendwo herumzustehen und Schilder für seine Lieblingskandidaten hochzuhalten. Doch sobald ich zu Hause ausgezogen war, hielt ich mich wie alle meine Geschwister so weit wie möglich von der Politik fern. Ich hatte genug davon.

Jack Ryans politische Überzeugungen waren ein wenig verwirrend. Er war die liberale Version von Archie Bunker (Hauptfigur einer US-Fernsehserie der 1970er-Jahre – vergleichbar mit der Figur des »Ekel Alfred« aus der deutschen Fernsehserie »Ein Herz und eine Seele«). Mein Vater glaubte an gleiches Recht für alle, solange bei uns im kleinen Medway keine Angehörigen von Minderheiten ins Haus nebenan zogen.

Einmal arbeitete ich im Sommer als studentischer Sporttrainer an der Universität von Iowa und hatte das Glück, mit dem Trainer der berühmten Baseballtruppe »Harlem Globetrotters« und einigen seiner Spieler zusammenzukommen. Mein Vater warnte mich. »Pass auf deine Brieftasche auf.«

»Dad«, sagte ich, »das sind Millionäre! Ich bekomme hier pro Woche fünfzig Dollar plus Kost und Logis – die brauchen mein Geld nicht.«

»Ganz egal. Es liegt ihnen im Blut.«

In der siebten Klasse hatte ich mich in das einzige schwarze Mädchen der Stadt verknallt. Sie hieß Lily Britton und fiel in unserem lilienweißen Medway auf, weil sie so attraktiv und exotisch war. Einmal erzählte ich beim Abendessen meinem Vater von ihr, und er erklärte, ich dürfe nicht einmal daran denken, mich mit ihr anzufreunden. Es war keine Drohung; er fand nur, wenn wir irgendwann heiraten würden, wäre es unfair gegenüber unseren Kindern, die ja dann halb weiß und halb schwarz wären. Dabei war ich erst in der siebten Klasse!

Ich erinnere mich auch, wie seltsam er mich anschaute, als ich meinen Highschoolfreund Norman Finkelstein erwähnte.

»Du bist mit einem Juden befreundet?«

»Na klar, ich mag ihn gern. Was hast du gegen Juden?«

Er zuckte die Achseln. »Nur dass ich noch nie einen Iren gekannt habe, der mit einem Juden befreundet war. Normalerweise bleiben die Juden doch unter sich.«

Gegen Ende seines Lebens, als mein Vater zu alt war, um sich selbst um seine Angelegenheiten zu kümmern, war ich begeistert von dem Anwalt, den mein Bruder David ausgesucht hatte, um Dads Vermögen zu verwalten. Ich weiß nicht, was mein Vater, wenn er noch hätte klar denken können, von dieser Entscheidung gehalten hätte. Der Anwalt hieß Ryan Swartz. Ich war nicht sicher, ob sich Jack Ryan über den Namen Ryan gefreut oder der Name Swartz ihn abgestoßen hätte. Mein Bruder David meinte, Dad wäre zufrieden gewesen, weil er an das Klischee glaubte, ein Mann namens Swartz müsste auf jeden Fall gut mit Geld umgehen können. Seine einzige Warnung, wenn er noch bei vollem Verstand gewesen wäre, hätte bestimmt gelautet: »Gute Wahl. Nur immer schön auf ihn aufpassen.«

Doch trotz all dieser Dinge – wenn mein Vater sah, dass jemand angegriffen wurde, ob nun Schwarzer, Asiate, Puerto-Ricaner oder Jude, kam er ihm zu Hilfe. Er war ein schwer zu durchschauender Mensch. Ich schreibe es seiner Generation zu, dem Aufwachsen im ärmsten irisch-katholischen Stadtviertel von Boston, dem Erwachsenwerden in der Zeit der Großen Depression.

Wenn ich von einem Freund mit italienischem Nachnamen sprach, fragte er: »Italiener?« Und wenn ich dann antwortete: »Italienisch und jüdisch«, antwortete er so etwas wie »Tatsächlich? Eine Jüdin, die einen Italiener geheiratet hat?«. Und er schaute verwirrt, als versuchte er herauszufinden, wie das in der Welt, in der er groß geworden war, überhaupt passiert sein konnte.

Am Ende nahm ich diesen ganzen Quatsch nicht mehr ernst und lachte nur noch darüber, aber als ich jünger war, fand ich seine Ansichten widerlich. Das Erwachsenwerden lehrte mich, seine Vorurteile nicht mehr so ernst und ihn selbst ein kleines bisschen auf die Schippe zu nehmen. Wenn ich mich verabschiedete, beugte ich mich vor und gab ihm einen Kuss. Natürlich wand er sich dann, weil er ein Schwulenhasser war – und zum Teil tat ich es gerade darum. Einmal zuckte er zusammen, als er erfuhr, dass ich gerade Oscar Wilde las (»Diese Schwuchtel?«). Man kann sich ausmalen, dass er glaubte, ich hätte nun endgültig den Verstand verloren, als ich zu einem Konzert von Michael Feinstein ging – einem schwulen Juden! Ich schwindelte und sagte: »Reg dich nicht auf, Dad, er singt auch ›Danny Boy‹!« Nachdem ich die irische Ballade erwähnt hatte, war die Sache seltsamerweise wieder in Ordnung.

Es war aber auch derselbe Mann, der weinte, als man Jack und Bobby Kennedy erschoss, der außer sich geriet, als Hubert Humphrey gegen Richard Nixon verlor, und der mit uns nach Gettysburg fuhr, voller Stolz auf die Armee der Union und das, wofür sie kämpfte. Als er sah, wie Gefangene von George Bushs Krieg gegen den Terrorismus in Guantanamo Bay behandelt wurden, erklärte er, das sei das erste Mal in seinem Leben, dass er sich dafür schäme, Amerikaner zu sein. Und doch eröffnete er Bankkonten für alle seine Enkel – mit Ausnahme der adoptierten Tochter meiner Schwester, die »minderwertiges Erbgut« hätte, weil in ihren Adern Latinoblut fließt. In Jack Ryans Welt gab es nur eines, was schlimmer war, als »Schlitzaugen, Polacken, Itaker, Ricaner oder Nigger« – und das war ein Republikaner.

Seine Vorurteile waren aber nur einer der Gründe, weshalb wir oft jahrelang nicht miteinander sprachen. So rätselhaft auch seine politischen Ansichten waren, so verblassten sie doch im Vergleich mit der konfliktreichen Beziehung zu seinen Kindern. Ich bezweifle nicht, dass er uns liebte, auch wenn er es nie sagte und man es oft schwer erkennen konnte. Aber ich glaube auch, dass er etwas gegen uns hatte.

Ich war das jüngste von neun Kindern, und als ich auf der Bildfläche erschien, hatte das Leben meinem Vater schon ziemlich übel mitgespielt. Für mich blieb er im Grunde ein Fremder, und so ging es auch meinen Geschwistern. Nur selten sahen wir seine weichere Seite. Stattdessen zog er es vor, Mauern um sich herum zu errichten, die uns aussperren sollten. Außerdem war er ein Anhänger der rauen Liebe und häufiger Prügel. Oft war er zornig und bitter und fand, das Leben habe ihn im Stich gelassen.

Aber so war er nicht immer gewesen. Als Junge las er ein Buch nach dem anderen. Sie beflügelten seine Phantasie und ließen ihn träumen – von exotischen Ländern, die er bereisen wollte, von einer Welt, die ihm ihre Geheimnisse offenbarte. Er dachte an die Reichtümer, die er erwerben würde, und wie er eines Tages

Berühmtheit erlangte. Doch sein erstes Abenteuer führte ihn im Zweiten Weltkrieg nach Nordafrika, Frankreich und Italien, und keine der Geschichten aus seiner Kindheit bereitete ihn auf das Grauen vor, dem er dort begegnete. Er sah Menschen, denen Arme und Beine abgerissen wurden, von Kugeln zerfetzte Gesichter, zu viele Freunde, die in seinen Armen starben. Schlimmer noch waren die Erinnerungen an die Menschen, die er selbst getötet hatte.

Als der Krieg vorbei war, kehrte er nach Hause zurück und heiratete meine Mutter. Weniger als neun Monate später wurde meine Schwester Joanne geboren. Nach ihr kamen John, Claire, Eddie, Nancy, David, Jeff, Stephen und schließlich ich. Aus dem jungen Mann mit den großen Plänen war ein Vater von neun Kindern geworden, in den Vierzigern, verheiratet mit einer Frau, die am Ende mit multipler Sklerose an den Rollstuhl gefesselt war.

Ich war sieben Jahre alt, als meine Mutter starb, und kann mich überhaupt nicht an sie erinnern. Aber ich werde den Gedanken nicht los, dass mein Vater ihren Tod als den letzten grausamen Streich empfand, den das Leben ihm spielte. Eine Zeit lang tat er sein Bestes, um die Familie zusammenzuhalten. Das war sicher nicht leicht für ihn. Er half uns bei den Hausaufgaben, las uns vor, wenn wir im Bett lagen, verwöhnte uns zu Weihnachten und an Geburtstagen und nahm uns jedes Jahr auf eine Ferienreise mit. Aber je älter er wurde, desto schwieriger wurde es für ihn, und seine Verbitterung trug jedes Mal den Sieg davon.

In den Jahren nach dem Tod meiner Mutter schlug er uns weniger oft, aber nicht selten betrachtete er uns voller Abneigung und erfand neue Gründe, um von uns enttäuscht zu sein und uns wissen zu lassen, dass wir es zu nichts bringen würden. Als Jüngster sah ich zu, wie meine Geschwister einer nach dem anderen das Haus verließen. Sie flogen nicht mit großen Erwartungen aus dem Nest, sondern hinkten eher hinaus, mit gestutzten Flügeln. Als nur noch er und ich da waren, hatte er einfach nichts mehr zu geben. Da begriff ich, dass es etwas Schlimmeres gab als die Prügel und das ewige Nörgeln – nämlich völlige Gleichgültigkeit. Es gab Tage, sogar Wochen, in denen er kein einziges Wort mit mir sprach. Ich verstand es nicht – aber welcher Fünfzehnjährige hätte das gekonnt?

Wenn er doch etwas sagte, dann oft tadelnd. Ich sei ein Träumer, meine Hoffnungen seien zu hochfliegend, ich würde abstürzen und verbrennen. Doch Hoffnungen und Träume waren damals alles, was ich hatte, und ich klammerte mich verzweifelt daran fest. So begann ein Tauziehen, das Jahrzehnte andauern sollte. Es war eine Kampflinie, die mein ganzes Leben bestimmte.

Als ich das Haus verließ, hatte ich keine Ahnung, was eigentlich aus mir werden sollte. Ich wusste nur, dass ich nicht wie Jack Ryan sein oder mich mit dem Halbleben abfinden wollte, mit dem meine Geschwister sich begnügten. Missverstehen Sie mich nicht, sie waren keine schlechten Menschen, aber irgendwie doch traurige Gestalten, und ich wollte mehr. So begann ich meine Odyssee auf der Suche nach einem Sinn. Oft schien die Reise vergebens. Ich wurde ein moderner Zigeuner, zog von College zu College, von einem bedeutungslosen Job zum anderen. Ich verstand selbst nicht recht, was ich suchte; ich wusste nur, dass ich es erkennen würde, wenn ich es fand. Auch meine persönlichen Beziehungen hatten kein Ziel. In den Frauen, mit denen ich zusammen war, suchte ich etwas, konnte es aber nicht finden. Ich war wie Tarzan, der sich im Dschungel von Liane zu Liane, von Frau zu Frau schwingt und sich nur so lange festhält, bis er etwas Neues entdeckt. Bis ich schließlich Alexis begegnete, einer Innenarchitektin, die mir alle Annehmlichkeiten von Liebe und Häuslichkeit bot. Doch ihr lag mehr am Äußeren der Dinge, während mir wichtiger war, was dahinter lag. Das Einzige, was wir beide gut konnten, war, uns zu streiten. Am Ende klappte es nicht mit uns beiden, aber wir waren immerhin so lange zusammen, dass Alexis mich nach Newburyport mitnahm. Als wir uns trennten, beschloss ich, dort zu bleiben. Irgendetwas an der Stadt war anders als an allen Orten, an denen ich bisher gewohnt hatte. Zum ersten Mal im Leben fühlte ich mich zu Hause.

In meinen fünfzehn Wanderjahren davor hatten mein Vater und ich oft jahrelang kein Wort gewechselt. Ab und zu gab es so etwas wie ein Friedensabkommen, aber das war nie von langer Dauer. Und doch, trotz allem, was wir miteinander durchgemacht hatten, bei allem Verletztsein und Zorn, bei aller Frustration lernte ich auch, Mitleid mit meinem Vater zu empfinden und, so seltsam es klingt, ihn sogar zu lieben. Tief im Inneren glaubte ich, dass er aus dem, was das Schicksal ihm zugeteilt hatte, das Bestmögliche machte. Das änderte freilich nichts daran, wer wir waren, und wir stritten uns weiter.

Als ich die »Undertoad« gründete, redeten wir gerade nicht miteinander. Aber als wir es einige Jahre später wieder versuchten, schien er sich sogar durchaus darüber zu freuen, auch wenn er es nie zugegeben hätte. Mein Vater hatte nämlich die Angewohnheit, Leserbriefe an die Lokalzeitung zu schreiben und darin Politiker zu tadeln oder zu loben. Meinen Geschwistern und mir war das überaus peinlich. Man kann sich also vorstellen, was er empfand, als ich mein Geld ausgerechnet damit verdiente, dass ich seinem Beispiel folgte.

Was mein Vater wahrscheinlich nie verstanden hätte, war mein Motiv, mit der »Toad« überhaupt erst anzufangen: der Wunsch, die Ehre einer lesbischen Bürgermeisterin zu verteidigen. Einem Unterdrückten zu Hilfe zu kommen war eine Sache, seinen Lebensunterhalt darauf zu gründen eine ganz andere. In dem Jahr nach der Wiederwahl derselben Bürgermeisterin erblickte die »Toad« das Licht der Welt. Zuerst gab es sie gratis. Doch schon bald konnte ich 50 Cent dafür nehmen, dann einen Dollar und schließlich 1,50 Dollar. Ich verdiente Geld, wenn auch nicht viel, mit dem Verkauf an Zeitungsständen, mit Abonnements und Anzeigen. Manchmal konnte ich davon sogar meine Rechnungen bezahlen. Immer wenn ich daran dachte aufzuhören, gab es Leute in der Stadt, die mich mit aller Macht aus dem Geschäft drängen wollten. Sie boykottierten meine Anzeigenkunden oder verbreiteten Gerüchte über mich: Ich sei ein Pädophiler, ein Vater, der seinen Kindern den Unterhalt verweigert, ein Frauenprügler, ein Schwindler. Anfangs entsetzten mich diese Verleumdungen, aber nach und nach lernte ich, dass ich am besten damit fertig wurde, wenn ich sie einfach auf Seite eins der »Toad« abdruckte.

Von da an begannen die Morddrohungen. Sie waren anonym und kamen entweder mit der Post oder steckten an der Windschutzscheibe meines Autos. Dieses arme Auto! Seine Reifen wurden so oft zerschnitten, dass eine Werkstatt am Ort ständig Ersatzreifen für mich bereithielt. Einmal sprühte man mir Isolierschaum in den Auspuff.

Ich meldete die Morddrohungen nie der Polizei, weil ich Angst hatte, dass genau dort die Absender saßen. Die Polizei von Newburyport blickte auf eine lange, widersprüchliche Geschichte zurück, und bei den meisten Politikern war sie gefürchtet. Deshalb schauten sie lieber nicht so genau hin. Man riet mir, das Gleiche zu tun. Die Empfehlung kam von einem besonders einflussreichen und ebenso umstrittenen Mitglied der Polizeidirektion. Einer überlebensgroßen Persönlichkeit, die eher an einen italienischen Mafiaboss erinnerte als an einen Mann, dessen Aufgabe sein sollte, »zu dienen und zu schützen«.

Es war an einem späten Abend, als wir vor dem Rathaus standen und er zu mir sagte: »Wie wäre es mit einem kleinen Nichtangriffspakt zwischen uns beiden? Ich lasse Sie in Ruhe, wenn Sie mich in Ruhe lassen.«

»Aber ich habe nichts zu verbergen«, antwortete ich und versuchte, meine Stimme nicht zittrig klingen zu lassen.

»Wer sagt denn, dass wir das brauchen? Außerdem hat jeder etwas zu verbergen.« Und er zwinkerte mir zu und verschwand im nächtlichen Schatten.

Danach schrieb ich nicht mehr über die Polizei – anderthalb Jahre lang. Meine Leser wollten wissen, warum, denn schließlich gab es eine Menge zu berichten. Die Wahrheit war, dass ich Angst hatte. Irgendwann entschied ich dann doch, dass die Polizisten nicht die einzigen in der Stadt sein können, die andere schikanierten, ohne dass ich gegen sie vorging. Als ich das änderte, war es, als hätte ich einen Baseballschläger in ein Hornissennest geknallt. Ich benutzte dafür Informationen der wenigen Polizisten, die es ablehnten, um der eigenen Karriere willen dabei mitzumachen. Meine Zeitung war voll von den Missetaten der Ortspolizei, und ich verkaufte mehr Exemplare als je zuvor.

Meine Leser liebten es, wenn ich mich über einen Polizisten lustig machte, den man beim Klauen eines Fahrrads erwischt hatte. Noch unterhaltsamer fanden sie es, dass einer der teuren neuen Kaltwasser-Tauchanzüge der Polizei verschwand. Als man den Beamten entdeckte, der ihn mitgenommen hatte, erklärte er, ihn nur ausgeliehen zu haben, um einen Riss in seinem Swimmingpool zu reparieren. Das Problem war nur, dass der Anzug mitten im Winter abhandengekommen war.

Dann gab es da noch den *amtierenden Marshal* (die Newburyport-Version eines Polizeichefs), den man eingesetzt hatte, um die verwahrloste Behörde gründlich aufzuräumen. Es dauerte allerdings nicht lange, bis herauskam, dass man da den Bock zum Gärtner gemacht hatte – nachdem ich in der »Toad« einen Stundenzettel veröffentlicht hatte, aus dem hervorging, dass er Gehalt kassierte, während er in Wirklichkeit irgendwo Golf spielte.

Wegen einer anderen Story musste ich eine Menge Kritik einstecken. Ich hatte es nämlich abgelehnt, den Namen eines Polizisten zu veröffentlichen, der während der Dienstzeit seine Frau betrog. Ich nannte Zeiten und Orte, an denen er hätte arbeiten sollen, während er sich stattdessen einer anderen Frau an den Hals warf. Ich hatte bewusst auf die Nennung des Namens verzichtet, weil er mit seiner Ehefrau zwei kleine Schulkinder hatte und ich es ihnen gegenüber nicht fair fand. Seine Frau reimte sich die Dinge trotzdem zusammen und ließ sich scheiden.

Als ich erst einmal angefangen hatte, über die Polizei zu schreiben, stand sie in fast jeder Ausgabe der Zeitung. Über Lokalpolitik zu berichten war eine Sache; gegen die Polizei anzutreten steigerte den Stress in meinem Leben ins Unermessliche. Man warnte mich davor, mit einem Handy zu telefonieren, weil Polizisten in der Nähe meiner Wohnung parken und versuchen könnten, über ihre Radios meine Gespräche abzuhören. Es gab keinen Tag, an dem ich nicht Angst hatte, mitten auf der Straße wegen irgendeiner rätselhaften Anschuldigung verhaftet zu werden. Aber je mehr sie mich unter Druck setzten, desto entschlossener war ich, nicht nachzugeben. Grund dafür war vermutlich mein irischer Dickkopf.

Polizisten, die man für Informanten von mir hielt, wurden von ihren Amtsbrüdern geächtet. Einige wurden diszipliniert. Einer wurde sogar angeklagt und sollte, während er und seine Frau ihr viertes Kind erwarteten, ins Gefängnis geschickt werden. Zum Glück durchschaute ein Richter die Anschuldigungen und wies den Fall ab.

Der Krieg tobte weiter. Viele unterstützten mich, aber in der vordersten Linie stand ich allein. Ich fing an, mit einem Baseballschläger im Auto herumzufahren, um mich zu schützen. Manchmal begleiteten mich ältere Freunde mit Schrotflinten, wenn ich nachts die »Toad« auslieferte, damit mir nichts passierte.

Auch wenn ich vielleicht »Volksfeind Nummer eins« war, rettete mich die Tatsache, dass ich Menschen als Gegner hatte, die zwar Leute einschüchtern konnten, aber keine sonderlich hellen Köpfe waren. Sie gehörten, um Jimmy Breslin zu zitieren, zur »Bande, die nicht geradeaus schießen konnte«. Jedes Mal, wenn sie hinter mir her waren, stolperten sie und fielen hin, so wie in den Trickfilmen mit dem Vogel Road Runner und seinem Verfolger, dem Kojoten. Die Gemeinde schaute zu und lachte oft.

Ich bekam zahlreiche Strafzettel, und jeder einzelne war absurd. Einmal erhielt ich sogar einen für abgefahrene Reifen, ausgestellt von einem schielenden Polizisten, der in der Gegenrichtung fuhr. An dem Tag, als meine Autoversicherung ablief und die Zulassung ungültig wurde, wartete die Polizei bereits mit einer Art Schleppnetzfahndung auf mich und hatte einen Extrabeamten abgestellt, der mich beim Fahren erwischen sollte. Als eines Morgens mehrere Polizisten ihr Frühstück in einem örtlichen Restaurant nur deshalb ausdehnten, um mich am Nebentisch einzuschüchtern, wurde am anderen Ende der Stadt eine Bank ausgeraubt. Die Verbrecher wären vermutlich nicht entkommen, wären die Polizisten nicht damit beschäftigt gewesen, mich finster anzustarren, während ich mein Sandwich mit Speck und Ei aß.

Bei einer Stadtratsitzung marschierten bis auf vier Kollegen alle Angehörigen der Ortspolizei bewaffnet und in Uniform in den Ratssaal – es erinnerte stark an einen Polizeistaat –, um den Stadträten eine schriftliche Beschwerde gegen mich und meine Zeitung zu überreichen. Das Fernsehen zeichnete den Einschüchterungsversuch von dreißig uniformierten und bewaffneten Beamten auf, und der Schuss ging nach hinten los.

Vor dem Rathaus versammelten sich mehrere Hundert Einwohner am Denkmal von William Lloyd Garrison, um lautstark gegen die Polizei zu protestieren. Die Bürger hatten auf einmal nicht mehr so viel Angst wie früher. Der amtierende Bürgermeister sah sich gezwungen, einen unabhängigen Berater zu engagieren, der die örtliche Polizeibehörde überprüfen sollte. Sein Bericht bestätigte alles, was ich über Jahre hinweg zum Thema Polizei geschrieben hatte, und erwähnte sogar, dass einige der hiesigen

Geschäftsleute zugaben, sich darüber zu sorgen, dass die Polizisten sie im Notfall nicht schützen würden, weil sie die »Toad« verkauften oder darin annoncierten.

So sah mein Leben aus, als man meinen Müll entführte.

Ich kam von einer Sitzung im Rathaus nach Hause, und irgendetwas war anders als sonst. Plötzlich fiel es mir auf: Der ganze übrige Müll in der Straße wartete auf die Müllabfuhr am nächsten Morgen, nur meiner fehlte. Ich fand das merkwürdig, aber in Newburyport passierte ständig etwas Merkwürdiges. Ich nahm die Sache nicht weiter ernst, erzählte jedoch ein paar Freunden davon, darunter einem Polizisten.

Am nächsten Abend erfuhr ich, dass es die Polizei war, die meinen Müll geholt hatte. Zwei Detektive durchkämmten ihn und suchten nach den schmutzigen Einzelheiten meines Lebens. Ich bin mir nicht sicher, was sie eigentlich finden wollten, vermutlich jedoch Dinge, die mich belasten konnten: Drogenzubehör, Kinderpornografie oder vielleicht für sie noch wertvolleres Material – Notizen, aus denen hervorging, wer von ihren Leuten mich informiert und Kollegen verpetzt hatte. Doch ach, auch wenn manche Leute vielleicht glaubten, ich führte ein aufregendes Dasein – ich war nur ein langweiliger, wenn auch übergewichtiger Typ, und das meiste, was sie fanden, waren zu viele Cremekuchenverpackungen, Hamburgerschachteln und leere Halblitereisbecher.

Dass die Polizei meinen Müll durchsuchte, hätte mich nicht schockieren sollen. Ich hatte gelernt, auf alles gefasst zu sein. Von dem Augenblick an, als ich meine ersten Ansichten über die Politik von Newburyport veröffentlichte, hatte ich ein umstrittenes Dasein geführt. Trotzdem traf mich der entführte Müll härter als alles andere. Ich fühlte mich vergewaltigt. Gerade die Menschen, die doch meine Rechte schützen sollten, wühlten in meinem Privatleben herum, nur um irgendetwas zu entdecken, was mir schaden könnte.

In den Tagen danach befiel mich zunehmender Verfolgungswahn. Ich hatte nichts Unrechtes getan, aber ich rechnete schon fast damit, dass die Polizei jeden Moment die Tür aufbrechen und mich fortschleppen würde. Ich konnte nicht mehr schlafen und wurde immer gereizter. Ich war am Ende.

Ein paar Wochen später erhielt ich eine scheinbar harmlose E-Mail von Nancy Noyes, einer Mitarbeiterin der Beschwerdestelle des Stadtplanungsamts. Sie schickte die Nachricht an alle, die in ihrem Adressbuch standen. Es ging um einen Hund, der ein Zuhause brauchte. Seine ursprüngliche Besitzerin wollte ihn nicht mehr haben und hatte ihn an ein Familienmitglied weitergereicht, das sich aber nicht um ihn kümmern konnte und an einen weiteren Angehörigen abschob, der wiederum unter einer Hundeallergie litt. Hier hatte Nancy eingegriffen. Ihre Bitte war einfach: »Gibt es jemanden, der Max, einem älteren Zwergschnauzer, ein Heim bieten kann? Wenn nicht, könnte er im Tierheim landen, wo ihn wegen seines Alters kaum noch jemand nimmt und man ihn schließlich einschläfern wird ...«

Ich setzte mich hin und wollte Nancy schreiben, dass ich bereit war, eine Gratisanzeige in die »Undertoad« zu setzen, um Max unterzubringen. Als ich lostippte, schweiften meine Gedanken ab. Ich hatte Hunde immer gern gehabt und mir irgendwann einen zulegen wollen. Aber nicht jetzt. Es war nicht die richtige Zeit. Ich hatte zu viel mit der Zeitung zu tun, und außerdem duldete mein Vermieter keine Haustiere.

Ich wusste nicht genau, wie ein Zwergschnauzer aussah, aber ich stellte mir einen kleinen Kläffer von der Sorte vor, die mit einem von ihrem kleinen alten Frauchen gestrickten Pullover herumläuft. Nein, wenn ich so weit war, mir einen Hund zu holen, würde es ein *richtiger* Hund werden – ein schwarzer Labrador. Das war ein Hund für Männer, schön, majestätisch und treu. Der beste Hund, den ich je gehabt hatte, war ein schwarzer Labrador namens Seamus, also verstand ich etwas von dieser Rasse.

Dann fiel mir ein, dass ich irgendwo gelesen hatte, wenn man Pech mit seinen Beziehungen hätte, sollte man eine Pause davon einlegen. (Und der Himmel weiß, ich brauchte so eine Pause. Was intime Beziehungen anbelangte, war ich sowieso eine Niete. Schlimmer: ich hatte die unglückselige Eigenschaft, mir immer Frauen auszusuchen, die in dieser Hinsicht sogar noch größere Nieten waren.) Nach einer Weile sollte man es mit einer Pflanze versuchen. Wenn sie gedeiht, versucht man es mit einem Haustier. Funktioniert auch das, kann man eine neue Beziehung ausprobieren.

Ich betrachtete die Pflanzen, die auf meinem Fensterbrett zu Staub zerfielen, und wie betäubt tippte ich – was mir selbst unerklärlich war –: »Wenn ihn kein anderer will, nehme ich ihn.« Erst als ich die Taste »Senden« gedrückt hatte, erwachte ich aus meiner Benommenheit. Sofort bereute ich meinen Entschluss und wollte Nancy noch einmal schreiben. Aber es standen so viele Leute auf ihrer Adressliste, dass es bestimmt jemanden darunter gab, der einen unerwünschten Hund bei sich aufnahm.

Und dann antwortete Nancy: »Danke, Tom! Großartig! Ihr beide werdet sehr glücklich miteinander sein.«

Was hatte ich getan? Wo waren all die Gutmenschen, die ihn nehmen wollten, damit ich es nicht tun musste?

Ein Hund bedeutete Verpflichtung, und ich wollte keine Verpflichtung. Mein Leben war zu verrückt für ein Haustier. Ich suchte nach Ausreden, um aus der Sache herauszukommen. Inzwischen schaute ich mich im Internet um, wie ein Zwergschnauzer überhaupt aussah.

Ach du lieber Gott! Einer von diesen kleinen Kläffern!

Am nächsten Nachmittag sagte man mir, Max warte darauf, von mir abgeholt zu werden. So rasch? Unmöglich. Ich war noch nicht so weit, hatte meinen Vermieter (der ja keine Haustiere gestattete) noch nicht gefragt und nicht einmal Zeit gehabt, mich auf ein Leben mit Hund vorzubereiten und die Wohnung hundefest zu machen. Ich verschob um einen Tag und hörte, dass ich Max dann am nächsten Nachmittag mitnehmen könnte. Er wäre bei einer örtlichen Hundefriseurin, wo man ihn waschen, aber nicht scheren würde.

Ich erschien ohne Leine, Halsband und Ahnung. Während ich auf die Friseurin wartete, ging ich durch den Raum, schaute in alle Käfige und dachte: »Der da sieht nicht übel aus« oder »Ich hoffe, das ist er«. Immerhin – unter all den Hunden war nur einer, der so aussah, dass ich ihn nicht hätte haben wollen. Es war ein elendes Geschöpf, dessen Geschlecht ich offen gesagt nicht erkennen konnte, weil es statt einem Hund eher einem Schaf ähnelte, das dringend geschoren werden musste. Während die anderen Hunde aufmerksam aufblickten, wenn ich vor ihrem Käfig stehen blieb, rührte sich das kleine graue Schaf gar nicht. Es lag teilnahmslos da und hätte genauso gut taub, stumm und blind sein können. *Armes*

Ding!, dachte ich. Ich bedauerte den Besitzer eines solchen Tierchens und stellte ihn mir ebenso ungepflegt und lustlos vor.

Gleich darauf erschien die Friseurin. Sie war eine kräftig gebaute Frau, die hereinstürmte, als wollte sie in aller Eile ein Problemkind loswerden. Nach ein paar belanglosen Sätzen fragte ich: »Ist Max im anderen Raum?«

»Nein«, antwortete sie, »er ist gleich hier drüben.«

Ich drehte mich um. Sie zeigte auf das Schaf.

Einen Moment lang wollte ich ausreißen, aber sie sperrte bereits den Käfig auf. Der Haarklumpen wackelte heraus und auf mich zu. Ich verlagerte mein Gewicht auf den entfernteren Fuß und dachte immer noch an Wegrennen. Das Schaf kam näher.

Die Friseurin drängte uns zur Tür. Ich protestierte. »Ich bin gar nicht vorbereitet ... ich habe weder Leine noch Halsband ...«

»Sie schaffen das schon«, sagte sie, und bei dem Wort »schon« knallte sie die Tür hinter uns zu und schloss ab. Ich ging um das Haus herum zu meinem wartenden Auto. Das Schaf folgte.

Einmal in meinem Leben hatte ich ein sogenanntes *Blind Date*, eine Verabredung mit einer Unbekannten. Dass es nur ein einziges Mal war, verrät schon, wie es lief. Als ich jetzt die Beifahrertür für Max öffnete, war es wie damals mit dieser Unbekannten – ich tat es ungern. Beide Male hatte ich das gleiche Gefühl und hoffte, weder Frau noch Hund würden wirklich einsteigen. In beiden Fällen hüpften sie freudig hinein. In beiden Fällen sank mir das Herz in die Hose.

Auf der Fahrt in meine Wohnung warf ich ab und zu einen Blick auf Max, um zu sehen, was er machte. Er saß einfach da und sah durch die grauen Zottelhaare, die seine Augen verdeckten, zu mir auf. Das taten wir an diesem ersten Tag sehr oft – einander anschauen. Ich glaube, wir dachten beide das Gleiche: »Wo zum Teufel bin ich da hineingeraten?«

Abends ging ich zu einer Party und wollte das kleine Schaf nicht allein lassen. Also bat ich meine Freunde Doug und Barbara Cray um Hilfe, ein Paar in den Achtzigern, die gern einen Familienhund gehabt hätten. Ich war nur ein paar Stunden weg, aber als ich wiederkam, begrüßte mich kein kleines Schaf mehr, sondern ein glücklicher Hund. Barbara sagte, er hätte sich nicht von der Tür wegbewegt, seit ich gegangen war. Er hätte dagesessen und auf mich gewartet. Es war, als wüsste er, dass wir zusammengehörten. Irgendwie hatten an diesem allerersten Tag das Schaf, das keiner wollte, und der Mann, der sich vor Verpflichtungen fürchtete, schon einen Bund geschlossen.

Der schlichte alte Max erlebte eine rasche Verwandlung. Er bekam einen Haarschnitt und sah endlich aus wie ein Hund. Dann änderte ich seinen Namen. Er hieß nun *Maxwell Garrison Gillis*. Max war einfach zu gewöhnlich, also machte ich Maxwell daraus. Garrison stand für William Lloyd Garrison und Gillis für Bossy Gillis. Welche besseren Namen für den Hund des neuesten unabhängigen Zeitungsmannes hätte es geben können als die meiner beiden Vorgänger?

Bald kannte man ihn in der ganzen Innenstadt, und die Leute begrüßten ihn mit seinem Namen. Selbst mein Vermieter, der »nur dieses eine Mal« ein Haustier in einer seiner Wohnungen zuließ, nannte ihn so und steckte ihm heimlich Leckerchen zu.

Ich hielt mich für gewöhnlich im vorderen Teil meiner Einzimmerwohnung auf, entweder sitzend am Schreibtisch oder schlafend auf dem Sofa. Max zog es vor, in der kleinen Küche zu wohnen. Nichts konnte ihn dazu bringen, bei mir im Hauptraum zu bleiben, und das änderte sich auch nie. Nur wenn er nach draußen musste, kam er dorthin, wo ich saß.

Doch in der Welt außerhalb meiner Wohnung lag die Sache ganz anders. Dort waren wir unzertrennlich. Maxwell G. Gillis war eine ebenso regelmäßige Erscheinung in der Innenstadt wie jede andere Lokalgröße. Die Leser meiner Zeitung kannten ihn aus meiner beliebtesten Kolumne »Ein Brief nach Hause«. Das war wirklich ein Brief an meinen Vater, und Max kam häufig darin vor. Wenn ich die »Toad« nachts auslieferte, begleitete er mich und freute sich über die vielen Abonnenten, die ihm kleine Häppchen hinlegten. Er kam regelmäßig mit ins Rathaus und nahm einmal sogar an der Amtseinführung eines Bürgermeisters teil. Er gewöhnte sich daran, ohne Leine neben mir zu laufen, und schaute in zahlreichen Läden vorbei, um sich Leckerchen abzuholen. Endlich lebte Max ein Leben, das alle Hunde leben sollten. Leider blieb es nicht so.

Ich hatte ihn noch nicht einmal anderthalb Jahre, als die Krampfanfälle begannen. John Grillo, unser Tierarzt, zuckte traurig die Achseln und meinte: »Er ist eben alt.« Mir war klar, was das bedeutete: Er würde nicht mehr lange leben. Ich wusste nur nicht, wie schnell das Ende kommen würde.

Zwei Tage später, nach einer besonders heftigen Serie von Krämpfen, entschloss ich mich, ihn am nächsten Tag zu Doktor Grillo zu bringen. Abends saßen Maxwell G. Gillis und ich dann vor dem *Caffé di Siena* und hielten Hof. Städtische Beamte, führende Geschäftsleute und eine Handvoll anständiger Polizisten schauten vorbei, um ihm die letzte Ehre zu erweisen. Menschen kamen und gingen, und es gab kaum trockene Augen, wenn sie ihm noch einmal den Kopf tätschelten.

Auch in dieser letzten Nacht weigerte sich Max, in den Hauptwohnraum zu kommen. Also nahm ich mein Bettzeug und legte mich zu ihm in die Küche, wo er auf seinem Hundekissen lag. Ich wollte um keinen Preis, dass der kleine Hund, den einst niemand haben wollte, seine letzte Nacht allein zubrachte. Ich rollte mich neben ihm zusammen, fühlte, wie sein schwaches Herz schlug, seine Brust sich hob und senkte und wie er seinen Rücken an mich schmiegte wie ein Hund, der endlich weiß, was es bedeutet, geliebt zu werden. Das Letzte, was ich vor dem Einschlafen hörte, war sein friedliches Seufzen.

Am nächsten Morgen wachten wir auf, wie wir eingeschlafen waren, und eine kleine Weile sah Max so gut aus, als wäre er nie krank gewesen. Ich schöpfte Hoffnung. Dann kam ein Anfall. Max verkrampfte sich und brach erschöpft zusammen. Ein zweiter Anfall folgte, dann noch einer. Ich rief bei Doktor Grillo in der Praxis an.

An Max' letztem Tag machten wir noch einmal unsere Runde, und die Ladenbesitzer verabschiedeten sich von dem jetzt so feinen Hund mit dem vornehmen Namen, der nicht mehr wie ein Schaf aussah. Es war ein schwerer Tag für viele, aber für keinen so schwer wie für mich. Nachdem er sein letztes Lebewohl gesagt hatte, trug ich ihn zum Auto und setzte ihn auf den Beifahrersitz. Dort richtete er sich genauso aufrecht auf wie damals am ersten Tag, als sei es das Natürlichste auf der Welt. Und doch war es diesmal anders, zumindest für mich. Er hatte sich vom ersten Augenblick an bei mir wohlgefühlt, als hätte er gewusst, dass er in meinem Leben einen Zweck erfüllte und ich ihn mehr brauchte als er mich. Damals hatte er mich an mein *Blind Date* erinnert, die peinliche Unbekannte, die ich nicht loswerden konnte; diesmal wollte ich keinen Abschied.

Wir machten eine letzte Rundfahrt durch Newburyport, vom Maudslay State Park hinaus nach Plum Island, wo er so gern am Strand herumgetollt war. Er saß so aufrecht da wie immer, schaute vorn zum Fenster hinaus und sah zu, wie Newburyport vorbeiflog. Als noch eine Meile vor uns lag, sang im Radio Kenny Loggins »Whenever I Call You Friend«, und ich brauchte meine ganze Kraft, um stark für diesen Hund zu sein, der mir zu einem Freund geworden war, als ich ihn am dringendsten brauchte.

Ich hielt Maxwell G. Gillis, als er zwei Spritzen bekam und das Leben ihn verließ. Sein Körper auf dem Metalltisch wurde flach, als sei seine Seele daraus entwichen und nun so frei, wie sie immer hätte sein sollen. Es fiel mir schwer, ihn dort allein zurückzulassen, und ich blieb noch lange bei ihm, den leblosen Körper im Arm.

In den Tagen danach blieb ich meist zu Hause. Als ich mich endlich wieder hinauswagte, tat ich es spätabends, wenn niemand mehr unterwegs war. Ich ging an den Läden vorbei, in denen Max seine Leckerchen bekommen hatte, und bemerkte zu meiner großen Überraschung, dass in mehreren Schaufenstern Schilder zu seinen Ehren hingen.

»Heute verlor Newburyport einen feinen Hund …«

»Wir werden dich nie vergessen, Maxwell Garrison Gillis …«

»Newburyport war ein besserer Ort, weil es dich gab, Max …«

Und noch viele andere. Sehr viele.

Als ich in den nächsten paar Tagen mein Postfach leerte, fand ich nach und nach über fünfzig Beileidskarten, zum Teil von Menschen, die ich gar nicht kannte und die mir mitteilten, wie sehr sie Max in der Stadt schon vermissten.

Aus dem einst unerwünschten war ein sehr geliebter Hund geworden, und nicht nur ich hatte ihn geliebt. Er starb mit all der Würde und Liebe, die er nie gekannt hatte, bevor wir einander begegneten.

In unserer gemeinsamen Zeit fand nicht nur er ein Zuhause, er schenkte auch mir eins. Damit hatte ich nicht gerechnet, als ich ihn damals aufnahm – ich hatte nicht geahnt, dass ich damit den ersten Schritt machte, mich selbst zu retten.

James Barrie, der Verfasser von »Peter Pan«, sagte einmal: »Wir können erst dann beurteilen, wie wenig wir auf dieser Welt brauchen, wenn wir es verlieren.« Genauso verhielt es sich mit dem Verlust meines Freundes. Sein Kommen und dann sein Fortgehen, beides waren Geschenke, die mir vor Augen führten, dass es so viel mehr auf der Welt gibt als die Korruption und das Unrecht, über die ich in meiner Zeitung schrieb.

Maxwell Garrison Gillis hatte eine Tür geöffnet, und Atticus Maxwell Finch würde bald durch sie eintreten.

»Nehmen Sie ihn überall mit hin«

Der beste Ratschlag für die Erziehung eines Welpen kam nicht aus einem Buch oder von einer Hundeschule, sondern von einer rauen Stimme mit näselndem texanischem Akzent. Paige Foster, die Züchterin von Atticus, riet mir, ihn in unserem ersten gemeinsamen Monat überallhin mitzunehmen. Ich machte zwei Monate daraus.

»Und lassen Sie ihn in dieser Zeit von keinem anderen anfassen«, fügte sie hinzu. »Er muss wissen, dass Sie seine Familie sind. So wachsen Sie zusammen.«

Ich schulde Paige viel. Einen Welpen von ihr zu kaufen hieß, sie jederzeit ausfragen zu können, ganz gleich, wie oft ich anrief. Und das war zu Beginn häufiger, als sie erwartet hatte – alles typische Panikattacken. Ich mochte ihre Art. Sie machte keine Umschweife und predigte gesunden Menschenverstand mit einem Hauch von erdhaftem Mystizismus. Bei unseren Gesprächen, die immer recht lange dauerten, lernte ich sie als einfühlsam kennen. Ich vertraute ihr völlig. Dadurch, dass ich ihrem Rat folgte, konnten Atticus und ich auf eine Hundeschule mit Gehorsamstraining verzichten, sehr zum Kummer verschiedener selbst ernannter Hundefachleute, denen wir im Lauf der Jahre begegneten.

Einmal sah eine solche Expertin Atticus neben mir auf der Parkbank sitzen, ganz ohne Leine und Halsband, und staunte, wie wohlerzogen er sei. Sie hatte eine so strenge Stimme, dass ich das Gefühl bekam, ich sollte mich auch lieber gerade hinsetzen. Sie fragte, wie ich ihn trainierte, und ratterte dabei eine Reihe einschüchternder Worte und Begriffe herunter, die irgendwie teutonisch klangen und vermutlich die Lehrmeinung ernsthafter Hundeausbilder verkörperten.

Ich zuckte die Achseln. »Eigentlich gar nicht. Wir sind einfach bloß zusammen.«

Das gefiel ihr überhaupt nicht. Sie hielt mich für einen Hinterwäldler, warf mir einen Blick zu, der irgendwo zwischen Mitleid und Vorwurf einzuordnen war, und marschierte dann weiter, wahrscheinlich – so stellte ich es mir jedenfalls vor – auf der Suche nach einem Musikladen, wo es etwas von Richard Wagner gab.

Solange ich zurückdenken kann, haben Leute Bemerkungen über Atticus' Friedfertigkeit gemacht. Danach forderten sie ihn fast immer auf, ihnen die Pfote zu geben. Er tat es nicht. Stattdessen schaute er sie nur an und legte dabei nicht einmal den Kopf schief. Sie versuchten es noch einmal. Wieder musterte er sie lediglich prüfend.

Dann folgte immer das Gleiche: »Kann er denn nicht Pfötchen geben?«

»Ich weiß nicht, ich habe ihn nie gefragt.«

»Haben Sie es ihm denn nicht beigebracht?«

»Nein. Ich habe ihm gar nichts beigebracht.«

Ich sah nie einen Sinn darin, Atticus irgendwelche Kunststücke zu lehren. Was ich von ihm wollte, war, dass er genauso sein eigener Hund war wie ich mein eigener Mann. Was er allenfalls können sollte, waren grundsätzliche Dinge, die ihm das Leben erleichterten. Ich kenne viele Leute, die mir erzählen, dass sie die Beziehung zu ihrem Hund verbesserten, indem sie ihm Tricks beibrachten, dass die Hunde solche Aufgaben und die dazugehörige Belohnung liebten. Ich kann nichts dagegen sagen, aber bei uns war es eben nicht so.

Alles, was ich für Atticus wollte, war, dass er sich überall gut einfügte, damit er niemanden störte und keinen Ärger bekam. Aber ich fand nicht, dass ich zu entscheiden hatte, wie und was aus ihm werden sollte. Das war seine Sache. Solange er ohne Leine mit mir lief, sich an öffentlichen Orten anständig benahm und begriff, dass er nirgends Angst zu haben brauchte, genügte mir das völlig.

Zwei Monate lang trug ich den kleinen Welpen zwischen Handgelenk und Ellenbogen auf dem Arm wie ein Footballspieler den Ball. Das hatte großen Einfluss darauf, unsere Beziehung zu festigen und die Richtung für die Zukunft zu bestimmen.

Meine erste Begegnung mit Paige Foster fand im Internet statt. Ich war auf der Suche nach einem neuen Welpen als Nachfolger für Maxwell G. Gillis und gab diese Information im Internet ein. Max hatte mich so beeindruckt, dass ich wieder einen Zwergschnauzer haben wollte.

Züchter aus dem ganzen Land antworteten auf meine Suchanzeige und schickten in E-Mails jede Menge Bilder von fünf bis acht Wochen alten Zwergschnauzern mit Angaben darüber, ab wann sie abzugeben waren. Aber keiner davon schien mir der Richtige zu sein. Tatsächlich wirkten sie in ihrer perfekten Pose immer zu vorschriftsmäßig und steif. Sie erinnerten mich zuerst an Welpen, die einer der Frauen von Stepford aus dem gleichnamigen Roman von Ira Levin hätten gehören können, und in zweiter Linie an diese armen, übermäßig aufgerüschten kleinen Mädchen, deren Eltern sie zu Schönheitswettbewerben anmelden. Womit sie keine Ähnlichkeit hatten, waren normale Welpen. Und das Wichtigste: Nicht einer erinnerte mich in irgendeiner Weise an meinen lieben verstorbenen Maxwell G. Gillis, der alles andere als perfekt gewesen war. Er war ein bisschen ungeschliffen gewesen – ganz ähnlich wie ich –, aber dafür echt, und ich hatte ihn geliebt.

Aber warum auch immer – von allen Züchtern, die mir geschrieben hatten, war es Paige, mit der ich anfing, E-Mails zu wechseln. Sie schickte mir Welpenfotos, und ich antwortete: »Nein. Irgendwie nicht das Richtige.« Sie schickte andere und bekam dieselbe Antwort.

Endlich fragte sie: »Also was genau suchen Sie denn?«

Ich erzählte ihr von Max und berichtete ausführlich von seiner Persönlichkeit und dem, was uns verbunden hatte. Ich weiß nicht mehr genau, was ich alles schrieb, aber ich erinnere mich, dass ich sagte, ich wollte einen Hund, mit dem es schön ist, einfach nur zusammen zu sein. Ich wollte einen Hund, der am Strand, auf einer Bank in der Stadt oder in einem Straßencafé neben mir sitzen und die Welt vorüberziehen sehen würde. Ich suchte einen nachdenklichen Hund, eher einen Philosophen als einen Sportler. Er sollte selbstständig sein, aber wiederum nicht so selbstständig, dass er einen Dickkopf aufsetzte oder Ärger machte. Ich wollte einen Freund.

Paige schrieb zurück und gab zu, dass sie doch noch einen weiteren Hund hatte, einen einzigen, aber er war »anders«, so anders, dass sie ihn von allen ihren Welpen selbst behalten wollte. Auf den Bildern, die sie schickte, sah ich einen Welpen, der den Modellhunden, die ich gesehen hatte, kein bisschen glich. Er saß nicht aufrecht mit steifem Rückgrat da, um sich für die Kamera in Positur zu bringen.

Vielmehr lag er flach, den Kopf schwer auf eine Pfote gebettet, und schaute schräg zu dem Fotografen auf, als seufze er »Nun mach schon, dass du fertig wirst«. Die Aufmerksamkeit, die man ihm widmete, beeindruckte ihn nicht.

Max war silbergrau gewesen. Dieser Welpe hatte keinerlei Ähnlichkeit mit ihm. Er war schwarz bis auf Pfoten, Nase, Brust und Hinterteil, die weiß waren. Was mir am meisten auffiel, waren zwei buschige schneeweiße Augenbrauen, die aussahen, als gehörten sie einem alten Fischer.

Die Entscheidung war getroffen. Ich wählte den Welpen, der nicht aussah wie die anderen. Wahrscheinlich nahm ich den, der nicht ins Rudel passte, weil ich auch nirgendwo hineinzupassen schien. Außerdem reizte mich, dass er der einzige Welpe in seinem Wurf war. Er war ganz allein in der Welt, und genauso fühlte ich mich auch.

Paiges ursprünglicher Rat, Atticus überallhin mitzunehmen, war in mehrfacher Hinsicht nützlich. Ja, es half uns zusammenzuwachsen, und ich erwarb mir damit sein Vertrauen, aber es hatte noch eine andere Wirkung auf mich, die ich nicht erwartet hatte. Ich hatte Schuldgefühle gehabt, weil ich mich so schnell nach einem anderen Hund umgesehen hatte. Ich hätte das nicht für möglich gehalten, aber da stand ich nun, wenige Wochen nach Max' Tod, und hielt dieses kleine, atmende Geschöpf im Arm. Es war winzig und verletzlich, und es brauchte mich. Es dauerte nicht lange, bis ich begriff, dass es mir genauso ging.

Paiges Rat war unschlagbar für einen Einzelwelpen und einen einsamen Mann mit gebrochenem Herzen. Vom ersten Tag an wuchsen Mensch und Hund zusammen. Aber trotzdem wollte ich mir auch Zeit nehmen, an Max zu denken. Unsere erste Station, nachdem ich Atticus am Flughafen abgeholt hatte, war Plum Island. Ich trug Atticus zum Strand, zog einen kleinen Plastikbeutel aus der Tasche und warf etwas von Max' Asche hinaus in eine Brandungswelle.

Atticus' und meine ersten Wochen verliefen bestens. Alles klappte genauso, wie Paige vorausgesagt hatte. Es gab nichts zu beanstanden. Jedenfalls bis zu einem kühlen Frühlingsmorgen, als ich den Welpen im Auto ließ und mich wie jeden Samstag mit meiner Frühstücksgruppe traf. Ich fuhr mein Fließheck-Auto rückwärts an das Fenster heran, hinter dem wir sitzen würden, um ein Auge auf Atticus zu haben. Er kletterte über ein paar Kisten auf dem Rücksitz nach oben auf die Hutablage direkt unter der Heckscheibe. Es war das erste Mal in den zwei Wochen, seit ich ihn hatte, dass wir getrennt waren, und von seinem Aussichtspunkt aus konnte er auch mich im Blick behalten.

Das Frühstück verlief wie alle unsere wöchentlichen Frühstücke. Wir nahmen uns gegenseitig auf den Arm, erzählten uns das Neueste aus unserem Privatleben und tauschten politischen Klatsch über die Stürme im Wasserglas unserer kleinen Stadt aus. Dabei gab es immer Futter für die nächste Ausgabe der »Undertoad«. Meine Kumpels waren tief verwurzelte Einheimische, die stets das Ohr an der Gemeindebuschtrommel hatten. Wenn ich etwas von ihnen hörte, benutzte ich die folgende Woche dazu, alle Tatsachen zu überprüfen – und sie stimmten immer. Diese Frühstücke gaben mir als Außenseiter den Insiderblick auf Newburyport.

Mitten in unserem vergnügten Geplauder stieß mich einer dieser Einheimischen, ein harter, rotgesichtiger Typ, der am Tag für die städtischen Wasserwerke arbeitete und nachts soff, in die Seite und deutete aus dem Fenster. Atticus befand sich immer noch unmittelbar unter der Heckscheibe auf der Hutablage, aber er hatte sich umgedreht. Er war in die Hocke gegangen und spähte rückwärts über die Schulter nach mir.

»Was macht er denn da?«

»Einen Haufen«, sagte ein anderer.

Und dabei sah Atticus mir direkt in die Augen.

Die Stadtleute brüllten Beifall. Er passte genau in diese Gruppe von Männern, nach deren Auffassung man sich am besten amüsierte, wenn man sich gegenseitig die Fresse polierte. Von diesem Tag an war und blieb Atticus ein hochgeschätztes Gruppenmitglied und ein würdiger Nachfolger von Max, den sie alle gern gehabt hatten und zu dessen »Abschiedsparty« sie am Abend vor seiner Einschläferung gekommen waren.

Atticus war allerdings noch nicht fertig. Er stand auf, machte kehrt und schmierte mit den Pfoten das, was er produziert hatte, im ganzen Auto herum. In Sekunden war ich draußen und schloss die Tür auf, aber ich kam zu spät. Rücksitz und Fenster sahen aus, als hätte eine Gruppe von Kindergartenkindern »Fingermalen mit Schlamm« gespielt.

Es gibt kaum etwas Giftigeres als den Geruch von Welpendreck. Ich fuhr mit weit geöffneten Fenstern nach Hause, aber es half nicht viel. Inzwischen saß das kleine Sechs-Pfund-Monster vorn auf dem Beifahrersitz und sah mächtig selbstzufrieden und sorglos aus, während es ganz ungerührt aus dem Fenster schaute.

Wenige Tage später passierte etwas Ähnliches. Ich ließ ihn in der Wohnung und ging mit ein paar Freunden zum Mittagessen. Eine Stunde später kam ich zurück. Noch bevor ich die Tür öffnete, empfing mich der gleiche entsetzliche Gestank. Mein kleiner Picasso-Welpe hatte sein Kunstwerk gleich hinter der Tür überall auf den weißen Wänden des Korridors verteilt.

Völlig außer mir rief ich Paige an. Ihr Texasnäseln hatte einen Unterton von Gelächter, während sie aus jeder Silbe zwei machte. »Er lässt Sie wissen, dass Sie den Vertrag gebrochen haben. Vom ersten Tag an waren Sie jeden Augenblick zusammen, und jetzt lassen Sie ihn allein. Das gefällt ihm nicht.«

Ich war sauer. Paige amüsierte sich.

»Und was mache ich nun? Wie schaffe ich es, dass er damit aufhört?«

Sie riet mir, einen kleinen Transportbehälter für ihn zu kaufen, in dem er wenig Bewegungsfreiheit hätte, und ihn, wenn ich ausging, darin zu lassen.

»Er wird nicht hineinmachen. Hunde beschmutzen ihr Nest nicht«, erklärte sie.

Am nächsten Tag setzte ich ihn in die neu gekaufte winzige Kiste und ging Mittag essen. Als ich wieder kam, drang mir der schon vertraute Gestank in die Nase. Alles, was ich sehen konnte, waren zwei ernste Augen, die mir aus der Kiste entgegenblickten. Sie steckten in etwas, das aussah wie eine Schokoladenrolle. Er hatte nicht nur auf engstem Raum einen Haufen gemacht, sondern sich auch noch darin gewälzt. Ich schleppte ihn in die Badewanne, wo ich ihn mit einer Hand festhielt. Mit der anderen kniff ich mir die Nase zu. Jede Menge Scheiße strudelte in den Abfluss, während ich den Hund vorsichtig mit warmem Wasser abspülte, bis das kleine Moorschwein verschwand und Atticus wieder da war.

Ein neuer Anruf bei Paige. »Die Kiste hat nicht funktioniert! Er hat gekackt und sich dann darin gewälzt!«

In diesen ersten Wochen lachte Paige viel. Sie amüsierte sich über meine Qualen, freute sich aber insgeheim darüber, wie ernst ich meine Welpenaufzucht nahm. Immer wenn ich anrief – ganz gleich, wie außer mir, frustriert oder gereizt ich war –, reagierte sie mit fröhlichem Gelächter. Ich glaube, der Junge aus dem Norden war ihre liebste Unterhaltung geworden.

»Er macht Ihnen klar, was er will. Tun Sie morgen genau das Gleiche. Zeigen Sie ihm, dass Sie das Sagen haben. Und machen Sie sich keine Sorgen, Sie beide schaffen das schon.«

Am nächsten Tag setzte ich ihn wieder in die Kiste, fest entschlossen, den Machtkampf zu gewinnen. Eine Stunde später kam ich zurück. Dasselbe Ergebnis. Als ich den Käfig öffnete, erwartete mich die kleine Schokoladenrolle mit Augen.

Atticus war weder glücklich noch unglücklich, sondern betrachtete die Angelegenheit ganz sachlich.

Wieder der Gang zur Badewanne, um ihn zu schrubben. Diesmal rief ich nicht bei Paige an. Ich war ein Mann, der sich im Gedruckten mit schmutzigen Bullen und Politikern anlegte. Ich hielt anonyme und weniger anonyme Drohungen aus. Ich war knallhart. Und hier ließ ich mich von einem Sechs-Pfund-Welpen schikanieren. Es war peinlich.

Ich entschied mich für eine andere Technik.

Stellen Sie sich die Szene bildlich vor. Damals wog ich buchstäblich fünfzigmal so viel wie Atticus. Ich saß auf dem Badewannenrand und hielt seinen triefend nassen Körper unter den

Armen fest, während die Beine über dem Wasser baumelten. Ich sah ihm in die Augen und sagte ihm, dass er damit fertig werden müsste; dass wir zwar fast immer zusammen sein würden, dass es aber Tage gebe, an denen er in der Wohnung oder im Auto allein bleiben müsse. Er schaute nicht beschämt oder trotzig weg, sondern schien mich abzuschätzen, während ich redete.

»Also – hier ist mein Vorschlag. Wir schließen einen Kompromiss. Ich sperre dich nicht in die Kiste, wenn ich weggehe, und du versprichst mir, nicht alles einzusauen. Ich bleibe nie lange weg und komme immer wieder.«

Am folgenden Tag ging ich aus. Als ich ihn verließ, saß er mit einem Hundekuchen an der Tür. Ich schloss zu, verdrängte sein Jaulen und entfernte mich. Ich kam zurück. Er saß noch genau dort, wo ich ihn verlassen hatte, den Hundekuchen vor sich. Er stürzte zu mir, stellte sich auf die Hinterbeine, die Vorderpfoten an meinem Knie, das Gesicht freudestrahlend, weil ich wieder bei ihm war. Es gab keinen Gestank in der Wohnung. Und so blieb es. Immer wenn er allein bleiben musste, legte ich ihm einen Hundekuchen hin, und er benahm sich artig und freute sich, wenn ich zurückkam. Erst wenn wir uns begrüßt hatten, fiel er über den Hundekuchen her wie über eine frisch erlegte Jagdbeute.

Das Verhältnis hatte sich entspannt. Paige hatte recht gehabt, wir hatten es geschafft.

Bis zum nächsten Anruf bei ihr wartete ich ein Weilchen, um ihr dann beiläufig zu erzählen, dass ich Atticus sein Protestkacken abgewöhnt hätte. Aber sobald ich ihre Stimme hörte, gestand ich den ganzen Hergang. Sie lachte und lachte und meinte: »Dieser kleine Kerl ... er hat wirklich Charakter!«

Vielleicht irrte sich Paige, was die Kiste betraf, aber in fast allem anderen hatte sie recht, und nichts war nützlicher als ihr Rat, Atticus zu tragen.

Wenn Sie je einen Zwergschnauzer kennengelernt haben, wissen Sie, wie stur sie sein können. Diese Neigung hatten wir überwunden. Vielleicht durch das Vertrauen, das wir aufbauten, als ich ihn in der Stadt herumschleppte. Vielleicht auch dadurch, dass ich nicht ständig an ihm herumerzog.

Es gab nur wenige Regeln, aber die waren wichtig. Es handelte sich dabei um grundsätzliche Dinge. Atticus konnte tun, was er wollte, solange er nicht sich selbst gefährdete, mein Eigentum respektierte und andere Leute nicht belästigte.

Wenn ich ihn aufforderte, sich hinzusetzen, musste er sitzen, aber es war nicht wichtig für mich, wo genau er saß. Wenn er sich hinlegen sollte, tat er es dort, wo er es wollte, und das war auch in Ordnung. Ich wollte ihn nicht kontrollieren, sondern nur Grenzen setzen, um ihn zu schützen.

Und trotz der vielen Punkte, in denen sie richtig lag, gab es noch etwas, in dem Paige sich geirrt hatte. Sie hatte mir geraten, Atticus in jenem ersten Monat, in dem ich ihn bei jedem Ausgang tragen sollte, Geschirr und Leine anzulegen, damit er sie mit einem Spaziergang verbinden und als positiv empfinden sollte. Doch von Anfang an hasste er beides. Wann immer ich ihm das Geschirr oder später, als sein Hals kräftig genug war, ein Halsband anziehen wollte, versuchte er auszuweichen. Draußen befestigte ich die Leine am Geschirr und setzte Atticus auf den Boden. Als Erstes tat er dann drei Schritte von mir weg, um seine Selbstständigkeit und seinen Widerwillen gegen die Leine zu betonen.

Das brachte uns zu einem weiteren Kompromiss. Bei den seltenen Gelegenheiten, wenn ich ihn nicht trug, legte ich ihm die Leine zwar an, ließ sie dann aber fallen und ihn frei neben mir gehen. Er war damals noch sehr klein, und es sah ulkig aus, wie er seine Leine über die roten Backsteingehwege der Stadtmitte schleifte, aber es gab kein trotziges Gezerre. Ich hob die Leine oder ihn selbst nur auf, wenn es nötig war.

Es dauerte nicht lange, bis sich Atticus in Newburyport zu Hause fühlte. Die Einwohner lernten ihn kennen wie damals Max: zuerst über den »Brief nach Hause« an meinen Vater in der Zeitungskolumne, dann durch Begegnungen in der Stadt. In der Ausgabe nach Max' Tod gab ich bekannt, dass Atticus zu uns kommen würde, und als er dann da war, erwartete man ihn bereits. In den ersten paar Tagen fuhren Leute an uns vorbei, hupten und riefen aus dem Fenster: »Willkommen in der Stadt, Atticus!« Ladenbesitzer, die vor wenigen Wochen mit Tränen in den Augen und Schildern im Schaufenster Abschied von Maxwell genommen hatten, begrüßten ihn begeistert.

Der festliche Empfang war überwältigend, von den endlosen Welpengeschenken, die vor meiner Tür lagen, bis hin zur ständigen Begrüßung von Newburyports neuestem Einwohner. Atticus wuchs in der Vorstellung auf, dass jeder seinen Namen kannte. Diese ersten Tage in seiner neuen Stadt waren wie verzaubert. Überall wollte man ihn kennenlernen. Das ist bis zu einem gewissen Grad bei allen süßen Welpen so, aber mit Atticus war es anders – die Leute unternahmen richtige Ausflüge, um ihn zu sehen, fuhren in die Stadt oder machten Umwege, indem sie die Straße überquerten oder aus einem Haus gerannt kamen. Und immer grüßte man ihn mit seinem Namen. Aus den Zeitungskolumnen wussten alle, wie Max mein Leben verändert hatte. Sie hatten das Gefühl gehabt, ihn zu kennen. Nun wollte man auch den Hund sehen, der sein auserwählter Nachfolger war.

Am schwierigsten war, den Leuten beizubringen, dass sie ihn nicht hochnehmen durften. Aber wenn ich ihnen erklärte, was Paige gesagt hatte, verstanden sie meine Gründe, auch wenn es ihnen nicht gefiel. Stattdessen fassten sie ihn dann auf meinem Arm an und streichelten ihn, viele mit einem ganz weichen, unschuldigen Gesichtsausdruck (selbst die rauesten, härtesten Männer), als wäre er ein neugeborenes Menschenbaby. Manche sagten Sätze zu ihm wie: »Du hättest Maxwell G. Gillis geliebt.«

Es gab keinen Ort, an dem Atticus sich nicht wohlgefühlt hätte. Als er etwas größer wurde, schaute er gern in die Läden, um sich Kekse abzuholen, während ich draußen wartete – genau wie damals bei Max. Ich liebte seine Selbstständigkeit.

Eine neugierige Zeitungsleserin wollte wissen, warum er Atticus M. Finch und nicht Atticus M. Ryan hieß. Ich erklärte ihr, dass ich eine eigene Identität für ihn wollte. Wir waren zwar ein Team, aber ich legte Wert darauf, dass er er selbst und nicht einfach nur mein Hund war. Ich wollte weniger ein Anhängsel als vielmehr ein lebendes, atmendes, fühlendes Wesen, das mich durchs Leben begleitete. Ihm einen eigenen Nachnamen zuzubilligen gehörte dazu, so unwichtig oder albern es auch wirken mochte. Als ich Paige davon erzählte, seufzte sie glücklich, stimmte mir zu und dankte mir. »Es ist wichtig für einen Hund, er selbst zu sein«, sagte sie.

Von Anfang an begleitete Atticus mich auch ins Rathaus, zuerst, um über einen verunsicherten und verwirrten Bürgermeister zu berichten, der sich nie hätte im Amt halten sollen und es auch nicht tat.(Es ging dabei um Vetternwirtschaft und darum, beim Bedrohen eines Polizeibeamten erwischt worden zu sein, aber auch um die Tatsache, dass er einfach kein besonders guter Bürgermeister war.) Der Bürgermeister sah mich dann, auf unser wöchentliches Gespräch wartend, in seinem Vorzimmer sitzen – Atticus auf dem Stuhl daneben – und wusste nicht, was er dazu sagen sollte. Seine Sekretärin und sein Assistent wussten es dagegen sehr gut. Sie begrüßten Atticus, wie jeder andere es tat, nämlich mit Namen, und meldeten: »Mr. Ryan und Mr. Finch für Sie, Herr Bürgermeister.«

Als mit der nächsten Wahl das Amt an eine neue Bürgermeisterin überging, war sie zwar besser geeignet als ihr Vorgänger, hielt sich aber auch nicht lange. (Es hatte viel mit den Sex-Mails zu tun, die sie mit einer Lehrerin austauschte, was dann herauskam.) Bei unserem ersten Besuch in ihrem Büro hob sie eine Augenbraue, als ich mich auf einen Stuhl vor ihrem Schreibtisch setzte und Atticus, inzwischen etwas älter, auf einem anderen Platz nahm und aufmerksam jedem ihrer Worte lauschte.

»Sie lassen ihn auf die Möbel?«, fragte sie mit deutlicher Missbilligung.

»Warum nicht? Die Politiker dürfen doch auch hier sitzen?«

Im Lauf der Zeit war er bei dieser Bürgermeisterin dann durchaus willkommen, selbst auf den Möbeln.

So geschah es, dass Atticus zu einer festen Einrichtung im Bürgermeisterbüro und auch sonst im Rathaus wurde. Er nahm an vielen Rats- und Ausschusssitzungen teil und saß dann neben mir auf den harten Holzbänken, unter sich meine Fleecejacke. Ganz gleich, wie lange die Sitzung dauerte, er blieb artig auf seinem Platz, passte auf und schaffte es besser, nicht einzuschlafen, als der größte Teil des Publikums und so mancher städtische Beamte. Je nachdem, was ich in der letzten Ausgabe meiner Zeitung geschrieben hatte, empfing man mich begeistert oder mit Beschimpfungen. Atticus dagegen wurde auf den Gängen des Rathauses für gewöhnlich warmherzig begrüßt, entweder als Atticus oder als Mr. Finch.

Auch in den Jahren des Heranwachsens, während er körperlich reifer und immer gesellschaftsfähiger wurde, trug ich ihn gelegentlich noch auf dem Arm. Wir hatten uns daran gewöhnt und fanden es beide tröstlich. Wenn ich manchmal, in ein Gespräch verwickelt, an einer Straßenecke stehen blieb und er sich vernachlässigt fühlte, stupste er mich mit der Nase am Bein, damit ich ihn hochnahm und festhielt, während ich mich weiter unterhielt. Kein Zweifel, er wollte dazugehören, und zwar auf Augenhöhe.

Feuerwehrleute, Bankvorstände, Kinder, Schuldirektoren, Verkäuferinnen, Müllmänner und Obdachlose – alle achteten darauf, ihn mit seinem Namen zu begrüßen. Auch in einigen Restaurants in der Stadt wurde Atticus ständiger Gast. In einem Lokal saß er sogar drinnen am Tisch auf einem Stuhl und bekam Hühnchen- oder Putenstücke serviert. In einem anderen gab es Pizza und Bagels. Vor wieder anderen Lokalen wartete ich draußen, während er nach hinten in die Küche trabte und ich den Koch oder den Besitzer rufen hörte: »Da bist du ja, Atticus! Und was habe ich heute Gutes für dich!«

Die Ironie liegt darin, dass ich in Newburyport schon jemand war und Atticus allmählich jemand wurde und dass im Lauf der Zeit unsere Persönlichkeiten verschmolzen und man uns als »Tom und Atticus« kannte, fast so wie ein Ehepaar, das in der Öffentlichkeit zur Einheit wird. Es war klar, dass er, wenn ich zu einer Dinnerparty eingeladen wurde, mit eingeschlossen war. Lud man mich zu einer Geschäftseröffnung, galt das auch für ihn. Wenn nicht, blieben wir zu Hause.

Wenn Freundinnen oder Freunde krank wurden und ins städtische Anna-Jacques-Krankenhaus kamen, besuchte ich sie dort, und Atticus kam mit und saß dann auf dem Bett neben dem Patienten. Normalerweise waren Hunde in Krankenzimmern nicht erlaubt, aber das galt für Atticus nicht mehr, seit ich dort nach meiner Freundin Vicki Pearson sah, einer beliebten Geschäftsfrau und wichtigen Persönlichkeit der Gemeinde, die man gerade erst in den Schulbeirat gewählt hatte. Unmittelbar nach der Wahl hatte man bei ihr einen schrecklichen Krebs festgestellt, der sich an ihrem Rückgrat hinauffrankte wie eine tödliche Schlingpflanze. Als ich das erste Mal ihr Zimmer betrat, bat sie mich, das nächste Mal ihren Neffen mit ins Krankenhaus zu bringen.

Ich drehte mich zu der Krankenschwester um und fragte, ob Vicki vielleicht zu viel Morphium im Blut hatte, denn ich hatte keine Ahnung, wer ihr Neffe war oder wo ich ihn finden konnte.

Vicki hörte es und sagte mit schwacher Stimme durch ihre trockenen, aufgesprungenen Lippen: »Natürlich wissen Sie es, er wohnt doch bei Ihnen.« Und zu der Schwester: »Mein Neffe heißt Atticus M. Finch.«

In den Tagen danach saß Atticus regelmäßig auf ihrem Bett. Sie konnte die Arme nicht heben, aber die Finger bewegen. Damit fütterte sie Atticus mit Leckerchen, und wenn er alles aufgegessen hatte, legte sich der »Neffe« neben sie, den Kopf auf ihrem Oberschenkel, während sie ihm sanft die Schlappohren zauste.

Es war Vicki, die vor ihrer Erkrankung darauf bestand, dass wir nur in Lokalen aßen, wo Atticus beim Mittagessen dabei sein durfte. Und es war Vicki, die sich nichts dabei dachte, wenn er auf einem Stuhl am Tisch saß und wir unser Essen mit ihm teilten.

Oft rief sie mich an und fragte: »Mittagessen?«

»Super«, antwortete ich dann. »Wo möchten Sie hingehen?«

»Ach, ich weiß nicht …«

»Worauf hätten Sie denn Lust?« fragte ich, obwohl ich es eigentlich schon wusste, denn wir landeten immer in derselben Kneipe – der *Lila Zwiebel*. Vicki liebte die Sandwichwraps und die Salate dort. Wichtiger war ihr aber, dass es ein paar Tische im Freien gab, sodass Atticus mitkommen konnte.

Atticus liebte die Tage, an denen ich die »Toad« auslieferte, und vor allem die Nächte davor, wenn ich durch fast alle Straßen unserer Stadt fuhr, um die Zeitung ins Haus zu bringen und dabei kleine (und manchmal große) Päckchen mit Leckerchen fand, die ältere Damen (und manchmal auch Männer) für ihn auf die Türschwelle gelegt hatten. Morgens, wenn dann die Läden öffneten, zogen wir von einem zum anderen, und Atticus kassierte Begrüßungen und Häppchen.

Nachts, wenn wir zustellten, blieb er ruhig im Auto sitzen, selbst wenn ich die Tür offen ließ, um zu einem Haus zu gehen und das Blatt vor die Tür zu legen. Wenn wir aber – meist gegen elf Uhr – zu Vickis Haus kamen, folgte er mir bis an ihre Haustür, obwohl er nie bei ihr zu Besuch gewesen war und sie ihm nie etwas hinstellte. Irgendwie schien er zu verstehen, dass seine Freundin dort wohnte.

Schon in diesen ersten Lebensjahren war Atticus zu einem Angehörigen jener seltenen Rasse geworden, die man »Newburyporter« nennt. Dabei war es nicht wichtig, dass er ein Hund war, vor allem, weil ihn niemand so behandelte. Die Menschen freuten sich, ihn zu sehen, und begrüßten ihn mit Begeisterung. Man kann sich die erstaunten Gesichter seiner Freunde ausmalen, als er sie eines Tages mit seinem neuen Fahrradkorb überraschte.

Ich hatte ein Fahrrad gekauft und einen großen, verstärkten Stahlkorb dafür anfertigen lassen, der vorn an der Lenkstange befestigt war. Er war geräumig und stabil genug, um Atticus aufzunehmen. Als ich ihn bestellte, hatte ich fest vor, dem Hund Zeit zu lassen, sich an das Fahren darin zu gewöhnen. Ich legte eine Fleecedecke hinein, damit Atticus es unterwegs weich hatte, und rechnete damit, dass es ein paar Wochen dauern würde, bis er sich mit dem Korb anfreundete und mir vertraute.

Mein Plan war, ihn erst einmal ein paar Tage nur darin sitzen zu lassen. Dann wollte ich ihn auf dem Rad über den Parkplatz schieben. Später würde ich versuchen, mit ihm im Korb zu fahren. Ich bin überzeugt, dass Paiges Rat, ihn anfangs immer auf dem Arm zu tragen, der Grund für sein großes Vertrauen war; denn als ich ihn zum ersten Mal in den Korb setzte, sah er mich zwar erwartungsvoll, aber so gelassen an, als wollte er sagen: »Na und? Worauf wartest du?« Also schob ich ihn um den Parkplatz herum. Er betrachtete mich mit dem gleichen Blick. *Also los!*, dachte ich, stieg auf das Rad und trat in die Pedale. Zu meiner großen Überraschung legte er sich gar nicht erst hin, sondern blieb aufrecht sitzen wie E.T., der Außerirdische.

Wenn ich durch die Stadt radelte, fungierte er als Kühlerfigur. In seinen wundersamen Schlappohren fing sich der Wind, den der offene, glückliche Mund am liebsten ganz und gar verschluckt hätte. Er schien zu fliegen. Freunde in der ganzen Stadt begrüßten ihn voller Fröhlichkeit, wann immer wir vorbeifuhren, und er saugte alles auf.

Bald lernte er das Wort »Plumps«. Wenn wir uns einem Schlagloch oder Bahngleisen näherten oder eine leichte Kurve kam, rief ich »Plumps!«, und er senkte seinen Schwerpunkt, um den Stoß abzufangen, und richtete sich wieder auf, wenn die Störung vorbei war.

Atticus und ich hatten gelernt, einander zu vertrauen. Damals ahnte ich noch nicht, wie wichtig das in den kommenden Jahren für uns werden würde und dass uns eine Zeit bevorstand, in der Atticus und ich Paige mehr als jeden anderen Menschen brauchen würden.

Vorläufig aber hatte sie recht behalten, als sie mir sagte: »Ihr werdet das schon schaffen.«

Und das hatten wir.

Große Veränderungen

Vom ersten Tag unseres Zusammenlebens an hatten Atticus und ich ein festes Vormittagsprogramm. Wir standen mit der Sonne auf und fuhren zum Morgenspaziergang hinaus nach Plum Island. Danach gingen wir bei *Mad Martha's*, *Kathy Ann's* oder im *Fish Tale* frühstücken. Manchmal waren Freunde dabei, manchmal saßen wir allein. So oder so, immer kam jemand vorbei, um mir brandheiße Neuigkeiten oder den neuesten Klatsch zu erzählen. Nach dem Frühstück drehte ich mit Atticus unsere Runde im Rathaus, um zu hören, was aktuell anlag. Anschließend arbeiteten wir die Innenstadt ab.

Es gab feste Stationen, wo wir haltmachten und unsere Lieblinge besuchten. Einer davon war unser Freund Bob Miller, ein Finanzberater, der sein Büro genau gegenüber dem Rathaus hatte. Er war ein Mann, der immer optimistisch und ständig in Bewegung war und dabei viele Dinge gleichzeitig erledigte. Dann schauten wir bei Steve Martin vorbei, einem temperamentvollen ehemaligen Marinesoldaten, der zu allem in der Stadt eine Meinung hatte. Ihm gehörte *Ashley Barnes*, ein gehobenes Möbelgeschäft in der Pleasant Street. Wir besuchten Esther Sayer im *Inn Street*-Friseursalon, bei der es immer neuen Klatsch gab. Als Nächste kam Gilda Tunney in ihrem Kartenladen, und nach ihr das Zeitungsgeschäft *Fowles News*, wo wir mit Pat Simboli schwatzten. Atticus saß dann auf Pats Theke – ein Sechs-Pfund-Briefbeschwerer auf dem Zeitungsstapel –, und wir hörten zu, wie Pat uns offenbarte, was mit der Welt nicht stimmte. Keiner konnte wie er lächeln, boshafte Bemerkungen machen oder über die Verhältnisse stöhnen und uns damit zum Lachen bringen, so düster seine Prophezeiungen auch ausfielen. Von ihm zogen wir weiter zu Linda Garcia bei *Abraham's Bagels*. Bei ihr durfte Atticus immer mit in den Laden, und als sich einmal ein Kunde beschwerte, dass das aus gesundheitlichen Gründen nicht zulässig sei, und damit drohte, nicht mehr bei ihr einzukaufen, dankte ihm Linda für diesen Entschluss. Unsere nächste Station war dann der Herrenausstatter *John Farley Clothiers*, der John Allison und seiner Frau Linda gehörte. Hier setzten wir uns zu John und seiner Schneiderin DeeDee McCarty.

Bei diesen beiden blieben wir immer ein bisschen länger, weil ich niemanden kannte, der sein Leben so genoss wie diese beiden. Begeistert hörte ich zu, wenn sie mir von ihren neuesten Unternehmungen erzählten. John hatte mit über fünfzig mit dem Bergsteigen angefangen, und DeeDee war einfach ständig auf Achse – sie fuhr Ski, lief bei Rennen mit und machte Schneeschuh- oder andere Wanderungen. Ich staunte über so viel Energie und konnte ihren Geschichten stundenlang lauschen. Die beiden waren stets makellos angezogen, wie man es von Leuten erwartete, die teure Kleidung verkauften. John war ein kleiner Mann mit federndem Schritt. Er hatte vornehm kurz geschnittenes weißes Haar und einen sauber gestutzten Schnurrbart. Damit sah er aus – mir fällt kein besserer Vergleich ein – wie der Mann aus dem Monopoly-Spiel. DeeDee war groß und vornehm und von raumfüllendem Selbstvertrauen. Im Laden zeigten sie geschliffene Manieren und größte Höflichkeit, aber wenn keine Kunden in der Nähe waren, sah ich sie von einer anderen Seite. Sie strahlten Lebendigkeit aus, und auch wenn sie mit dem Laden in der Stadt ihren Unterhalt verdienten, galt ihre wahre Leidenschaft unverkennbar der großen, freien Natur. Ich beneidete sie und wartete gespannt auf jedes neue Kapitel.

Von *Farley's* spazierten wir daraufhin die Water Street zur Gerberei hinunter, einer Ansammlung ganz besonderer Läden. Dort war einst wirklich eine Gerberei gewesen, damals, als in Newburyport die Webereien florierten. Jetzt gehörte alles David Hall, einem der seltenen Bauträger mit Umweltbewusstsein. Ein Geschäftsmann, der Geld verdienen wollte, aber nicht auf Kosten der Allgemeinheit. Meine Freundin Vicki Pearson arbeitete für ihn, und immer wenn wir dort vorbeischauten, nahm sie sich Zeit für uns. Ganz gleich, womit sie gerade beschäftigt war – und sie war immer mit irgendetwas beschäftigt –, für uns legte sie es aus der Hand. Ich war gescheit genug, um zu wissen, dass nicht ich der Grund war, sondern Atticus. In Vickis Welt waren Hunde weit wichtiger als Menschen.

Wenn wir uns von Vicki verabschiedet hatten, ging es gegenüber zur Buchhandlung *Jabberwocky*, die auch in der Gerberei lag. Das war einer der seltenen Läden, über die sich so manche Gemeinde glücklich schätzen würde; Läden, in denen man einen Großteil der Stadt kommen und gehen sieht. Ein echtes Aktivitätszentrum, ein anregender und zugleich gemütlicher Ort. Dort durchstöberte ich die neuesten Bücher und begrüßte Paul Abruzzi, den Geschäftsführer, und Laini Shillito, die Buchhalterin.

Alle diese Orte und noch viele andere in Newburyport besuchten wir, weil ich auf diese Weise den Stoff für die nächste Ausgabe der »Undertoad« fand. Meine Konkurrenz, die »Daily News«, war seit über hundert Jahren im Geschäft. Ihre Reporter konnten es sich leisten, am Schreibtisch zu sitzen und darauf zu warten, dass die Nachrichten zu ihnen ins Haus kamen. Ich war nicht so etabliert und arbeitete von meiner Wohnung aus. Darum gab ich mir große Mühe, nach draußen zu gehen und selbst herauszufinden, was in unserem kleinen Winkel der Welt vor sich ging. Am besten funktionierte das, wenn ich Leute traf und ihnen zuhörte. Damit war ich immer erfolgreich.

Auf unseren Spaziergängen durch die Stadt war Atticus stets an meiner Seite und wurde von allen, die wir besuchten, willkommen geheißen. Diese Menschen waren unsere Großfamilie, seine Tanten und Onkel. Sie wussten vom ersten Tag an, wie man mit ihm umgehen musste – so wie ich es auch tat: gleichberechtigt. Es gab keine gurrende Babysprache, keine spitzen Schreie. Man redete mit ihm wie mit einem Erwachsenen. Schon in den ersten Wochen hieß es: »Er ist irgendwie anders.« Und das war positiv gemeint. Sie staunten über sein fast menschliches Auftreten, seine Selbstsicherheit und sein gemütliches Wesen und fragten mich, wie ich ihn so erzogen hätte. Ich schrieb das meiste davon ihm selbst zu und scherzte, dass alles leichter fällt, wenn der Hund klüger ist als der Mensch. Ich erzählte auch, was ich von Paige gelernt hatte, und kam dabei immer wieder auf ihren einfachen Satz zurück: »Nehmen Sie ihn überall mit hin.«

Aber es gab noch etwas anderes in meinem Umgang mit Atticus, und das behielt ich für mich. Ich wollte nicht darüber reden, denn sein Ursprung war kompliziert. Vom allerersten Moment, in dem ich ihn in den Armen hielt, behandelte ich ihn so, wie ich es mir als Kind selbst gewünscht hätte. Selten erteilte ich Befehle, sondern bat ihn höflich, etwas zu tun. Ich sagte »Bitte setz dich hin« oder »Bitte warte hier auf mich«, und wenn er es tat, sagte ich »Danke«. Mit einem Wort: Ich behandelte ihn nicht als Hund, sondern als Freund. Meine alte katholische Erziehung nannte das schlicht die *goldene Regel*: »Was du nicht willst, das man dir tu, das füg auch keinem andern zu.« Es wirkte Wunder.

Einer der Gründe, warum ich so mit Atticus umging, war ein Rat, den Paige Foster jedem mitgab, der einen Welpen von ihr kaufte. »Wann immer in Ihrem Leben etwas schiefläuft, dieser kleine Hund macht es nicht einfacher, darum seien Sie vorbereitet.« Wie alle ihre Ratschläge nahm ich mir das zu Herzen und gelobte mir, für das kleine Leben, das sie mir anvertraut hatte, mein Bestes zu geben. Paige war stolz darauf, ihre »Babys« an die richtigen Leute zu vermitteln. Sie machte sich gar nichts daraus, an einem vereinbarten Übergabeort Kunden aus Texas zu treffen, die schon den Kaufpreis in bar mitbrachten, sich ein Urteil über sie zu bilden und sich dann zu weigern, ihnen den Hund zu verkaufen.

Weil sie es gesagt hatte, achtete ich nicht nur auf alle Bedürfnisse von Atticus, sondern auch mehr auf mich selbst und kam zu der Erkenntnis, dass ein guter Zeitpunkt für Verbesserungen gekommen war. Wenn Newburyport mir eine Heimat und Max mir ein Zuhause gegeben hatten, war es Atticus, der mir einen Neuanfang schenkte.

Das Schicksal hatte Max in mein Leben geworfen, und wir improvisierten, so gut wir konnten. In vieler Hinsicht ähnelten wir einander: ein bisschen vernachlässigt, ein bisschen vom Leben gebeutelt, ein bisschen heruntergekommen. Aber in den anderthalb Jahren unseres Zusammenseins überbrückten wir die Kluft zwischen Hund und Mensch und wurden zu einer kleinen

Familie. Für uns beide wurde das Leben so, wie wir es uns immer gewünscht hatten. Max hatte mich an das erinnert, was mir fehlte, und dadurch alles verändert. Das gefiel mir.

Mir war klar, dass es mit Atticus noch mehr Veränderungen geben würde, weil er als Welpe ständige Aufmerksamkeit brauchte. Aber ich hatte keine Ahnung, wie groß die Veränderungen wirklich sein würden.

Während ich mich um ihn kümmerte und ein Heim für ihn schuf, fing ich an, auch mehr auf mich selbst zu achten. Es begann mit Kleinigkeiten. Unsere Spaziergänge wurden immer länger. Das half mir beim Abnehmen. Noch mehr Gewicht verlor ich, als ich eine Diät machte, und je dünner ich wurde, desto besser fühlte ich mich und desto weiter konnten Atticus und ich marschieren.

Aber die dramatischste Veränderung trat ein, als wir uns erstmals ein verlängertes Wochenende gönnten. In meinen sieben Jahren in Newburyport hatte ich nie Urlaub genommen und die Stadt nur einmal für ein Wochenende verlassen. Es hatte immer nur Newburyport und seine Politik für mich gegeben. Nun aber, wenige Wochen nach Atticus' Einzug, nahm ich eine schon lange ausgesprochene Einladung von Gilbert und Gilda Tunney an, ihren Zweitwohnsitz, ein altes Farmhaus im Tal des Mad River in Vermont, zu besuchen.

Das Haus lag an einem Berghang mitten im Nirgendwo. Die nächsten Nachbarn war eine Herde Kühe, die vor dem Zaun graste, der den weitläufigen Garten hinter dem Haus abgrenzte. Dem winzigen Atticus gefiel das über die Maßen, und er saß respektvoll am Zaun und beobachtete die große Gruppe riesiger »Hunde« mit der schwarzweißen Fellzeichnung, die seiner eigenen ähnelte. Die Kühe waren genauso neugierig auf ihn und drängten sich an den Zaun, um die kleine »Kuh« mit den überaus komischen Schlappohren zu betrachten. Es dauerte nicht lange, bis sie einander durch den Zaun vorsichtig mit den Nasen berührten. Mit den Kühen, den Bäumen und dem leicht hügeligen Garten mit dem üppigen Gras, den Backen- und Eichhörnchen sowie den Schmetterlingen glaubte Atticus, wir seien im Himmel. Ich war mir da nicht ganz so sicher, denn ich war nicht an Ruhe und Frieden gewöhnt und daran, dass ich nichts zu tun hatte. Aber nach ein paar Tagen der Anonymität, in denen ich meine E-Mails nicht las und weder den ständigen Geräuschpegel der Innenstadt von Newburyport noch das Klingeln meines Telefons im Ohr hatte, wurde ich allmählich gelassener. Am dritten Tag hatte ich keine verspannten Schultern mehr. Ich schlief nachts durch und wachte erfrischt auf. Am vierten Tag bestand mein größtes Vergnügen darin, glückselig auf dem Rücken im Gras zu liegen und den weißesten Wolken, die ich je gesehen hatte, dabei zuzusehen, wie sie über ein tiefblaues Himmelsmeer segelten. Als die Zeit kam, nach Newburyport zurückzukehren, schob ich die Abreise hinaus, solange ich konnte.

Im Lauf der folgenden Jahre kamen Atticus und ich mehrfach in das alte Farmhaus zurück. Wenn Gilbert und Gilda oder einer ihrer Freunde sich gerade dort aufhielten, wohnten wir zwanzig Meilen weiter in Stowe, Vermont, in einem Gasthof, der auf Hunde und ihre Besitzer eingestellt war.

Für den flüchtigen Leser hatte sich die »Undertoad« in dieser Zeit kein bisschen verändert. Nach wie vor zeigte sie sich äußerst kritisch und streitlustig. Und doch war da ein Wandel, wenn auch kaum merklich. Der »Brief nach Hause« an meinen Vater erschien jetzt in jeder Ausgabe, und ich schrieb über meine Ausflüge nach Vermont, über das Abnehmen und darüber, dass ich jetzt die State Street hinaufgehen konnte, ohne außer Atem zu kommen. Und natürlich stand in den Briefen immer etwas über Atticus, der anscheinend der Auslöser all dieser Veränderungen war.

Die Kolumne hatte für die Zeitung – und für mich – eine wichtige Bedeutung. Sie war nicht nur in einem anderen, entspannteren, persönlicheren Stil gehalten, sie hellte auch die Stimmung auf. Ehe ich anfing, die Briefe an meinen Vater zu drucken, war die Zeitung unausgewogen, viel zu politiklastig, und ich hatte Schuldgefühle, weil ich so viel Dreck aufwühlte. Aber die Kolumne erfüllte noch einen anderen Zweck. Mein Vater, der immer noch im etwa achtzig Meilen entfernten Medway wohnte, war nie in Newburyport gewesen, und weil er nur noch ungern Auto fuhr – auch nicht als Beifahrer –, würde er die Stadt nie kennenlernen. Also schilderte ich sie ihm. Und meine Leser liebten die Art, wie ich sie darstellte und wie ich an meinen Vater schrieb. Nie erwähnte ich unsere unerfreuliche Vergangenheit, sondern konzentrierte mich lieber auf das Positive, das er zu meinem Leben beigetragen hatte.

Die Ausflüge mit Atticus in die sanften Berge von Vermont hatten etwas Erfrischendes für mich und hauchten meinen Kolumnen neues Leben ein. Sie halfen mir, eine Bilanz meines eigenen Lebens zu ziehen, nach der Rückkehr erneut über die Helden und Schurken von Newburyport zu schreiben und dann ein weiteres Mal zu entfliehen. Sie schenkten uns einen Ort, an dem uns niemand kannte, einen Ort, an dem ich buchstäblich die Füße hochlegen und mich entspannen konnte. Ich brauchte im Auto nicht dauernd in den Rückspiegel zu blicken, ob uns jemand folgte. Es gab keine aufgeschlitzten Reifen und keine wütenden Leser, die sich über meine Artikel beschwerten.

Ich liebte das Farmhaus in Waitsfield so sehr, dass ich etwas Unerhörtes tat – ich lud David und Eddie, zwei von meinen Brüdern, zu einem Wochenende dort ein. Es war das erste Mal in zwanzig Jahren, dass mindestens drei Geschwister am selben Ort die Nacht verbrachten. Es gab keinen engen Zusammenhalt zwischen uns. Wir waren nur Überlebende desselben Schiffbruchs, die wenig Kontakt zueinander pflegten. Zu Thanksgiving und Weihnachten trafen wir uns für ein paar Stunden, sonst aber redeten wir selten und tauschten auch kaum E-Mails. Mich machte das oft ganz verrückt. In Newburyport konnte ich an irgendeiner Straßenecke stehen und einem wildfremden Menschen begegnen; dann erfuhr ich in zehn Minuten mehr über ihn als in vierzig Jahren über meine Geschwister.

Der Naturforscher John Muir hätte meine Familie meinen können, als er schrieb: »Die meisten Menschen leben *auf* der Welt, nicht *in* ihr – sie empfinden keine bewusste Sympathie für oder Verbundenheit mit ihrer Umgebung – abgeschlossen, vereinzelt, von starrer Einsamkeit wie polierte Marmorkugeln, die einander berühren und doch nicht zusammenkommen.« Das waren wir: einander berührend, aber nie eine Einheit.

Ich fragte David einmal, wie es eigentlich dazu gekommen sei. »Warum habe ich immer das Gefühl, dass ich der Einzige bin, der lächelt und lacht und auch mal Spaß hat? Was ist mit euch allen passiert?«

David überlegte einen Moment und zuckte dann die Achseln. In seinem dürren, nüchternen Tonfall sagte er: »Ich denke, Dad hat es uns ausgeprügelt.«

Dass ich anders als sie war, bedeutete aber nicht, dass ich nichts von ihnen wissen wollte. Im Gegenteil, ich hatte immer gehofft, wir könnten eines Tages alle glücklich sein und die Familie haben, die wir nie gekannt hatten. Das war auch der Grund, warum ich David und Eddie für das Wochenende einlud. Ich wusste, dass sie die Berge von New Hampshire liebten, und stellte mir vor, dass ihnen auch die Ruhe von Vermont gefallen würde. Trotzdem überraschte es mich, als sie zusagten.

Es war mir wichtig, wieder einmal zu versuchen, Nähe zwischen uns herzustellen, aber ich wollte ihnen auch danken, weil sie sich um unseren Vater kümmerten. Von uns neun waren sie als Einzige in Medway geblieben und schauten jeden Tag nach ihm, als er alt wurde.

David war der Zuverlässige. Er wischte den Boden, putzte die Toilette, reparierte Beschädigtes, verkittete die Badewanne neu und erledigte kleinere Klempnerarbeiten. Er half meinem Vater bei den Steuern und dem Ausstellen von Schecks. Ich fand das insofern absurd, da mein Vater uns alle oft als Diebe betrachtete, die ihn um irgendetwas betrügen wollten. Ausgerechnet David vertraute er am wenigsten. Dabei war er es immer, der alles in Ordnung brachte, als mein Vater langsam dement wurde und seine Finanzen nicht mehr durchschaute.

Wenn David bei ihm war, redeten die beiden wenig. Allerdings hatte er sich in allem, was die Familie betraf, auch das stoische Verhalten meines Vaters angewöhnt. Wenn sie dann ein paar belanglose Satzfetzen, ein bisschen Gebrumm und Kopfnicken ausgetauscht hatten, ging David wieder nach Hause zu seiner Frau und machte es dort genauso.

Eddie war nicht so geschickt wie David, wenn es ums Reparieren ging, aber er half unserem Vater bei anderen Sachen. Er achtete darauf, dass Dad alle seine Medikamente nahm, und organisierte seine häufigen Arztbesuche. Eddie arbeitete als Sonderschulpädagoge und fühlte sich zwar im Umgang mit Erwachsenen – vornehmlich mit seinen beiden Exfrauen – nicht sehr wohl, war aber äußerst begabt, wenn es um gestörte Kinder ging. Manche seiner Kollegen nannten ihn voller Hochachtung einen »Kinderflüsterer«. Vermutlich deshalb kam er mit unserem Vater besser aus als alle anderen Geschwister. Er verfügte über eine Engelsgeduld und behandelte meinen Vater mit der gleichen Freundlichkeit wie die schwierigen Kinder, mit denen er arbeitete.

Ich weiß nicht mehr, was ich erwartete, als Eddie und David bei Atticus und mir in dem Farmhaus in Vermont eintrafen. Wahrscheinlich sehnte sich ein Teil von mir nach der Vertrautheit, die ich mir immer so sehr gewünscht hatte, auch wenn die Zeit mich eines Besseren belehrt hatte.

Meine Idee sollte sich schließlich als goldrichtig erweisen. Wir gingen spazieren, redeten und lachten. Wenn ich sage, wir redeten, meine ich zwar nur, dass wir über Nichtigkeiten plauderten, aber schon das war ein kleiner Erfolg. Es gab keine Gespräche über Beziehungen, Liebe oder Träume, die in Erfüllung gegangen oder zurückgestellt worden waren. Meist unterhielten wir uns über das, worüber wir immer sprachen: die Familie. Immer wieder erzählten wir uns dieselben alten Geschichten. Dabei war es die schönste Zeit des Tages für uns, wenn wir schweigend draußen auf der Veranda saßen und zuschauten, wie im Westen die Sonne hinter den Bergen versank. Es war nicht das unbehagliche Schweigen, das in unserer Familie so häufig vorkam, sondern eine von der Natur gesegnete Stille, die uns vielleicht sagte: Besser könnt ihr es nicht treffen.

Auch wenn keine bahnbrechenden Aussprachen stattfanden, genoss ich das Wochenende mehr als jede andere Zeit, die ich je mit meiner Familie verbracht hatte. Wir gingen zum Essen aus, erkundeten die Gegend und fuhren mit dem Auto zum höchsten Berg von Vermont, dem Mount Mansfield. Am Ende der Straße stiegen wir aus und wanderten zu Fuß zum Gipfel. Es war ein Tag wie aus dem Bilderbuch. Wir lagen auf den Gipfelfelsen, sahen hinunter auf die idyllische Landschaft und waren wieder einmal still. Aber wir waren auch zufrieden.

Irgendetwas geschah an diesem Tag da oben auf der Bergspitze. Keiner sprach darüber, aber es gab eine neu entdeckte Verbundenheit zwischen uns, und wir nahmen uns vor wiederzukommen. Als wir das taten, waren noch mehr von uns dabei. Sieben von Jack und Isabel Ryans Kindern versammelten sich an einem Wochenende in Stowe, im Anschluss an unser erstes Familientreffen seit mehr als fünfzehn Jahren in Medway. Ein Anblick, den ich mir nie erträumt hätte.

Es waren diese beiden Fahrten nach Vermont und unser Ausflug auf den Mount Mansfield, die David veranlassten, Eddie, Atticus, mich und unseren Bruder Jeff zu einer gemeinsamen Wanderung auf den Mount Garfield in New Hampshire einzuladen. David hatte sich vorgenommen, in den White Mountains in New Hampshire alle Gipfel zu besteigen, die über 4000 Fuß hoch waren. Es gibt achtundvierzig davon, und er schaffte zwei oder drei pro Jahr. Wenn er sie irgendwann alle erobert haben würde, konnte er Mitglied im 4000-Fuß-Klub des *Appalachian Mountain Club* werden und ein Stoffabzeichen und eine Urkunde erhalten. Ich hatte noch nie von dem Klub gehört, nahm aber die Einladung an, weil ich gern ein weiteres Wochenende mit meinen Brüdern verbringen wollte.

Damals war Atticus zweieinhalb Jahre alt, und ich hatte 75 Pfund abgenommen. Ich war immer noch dick, aber bei Weitem nicht mehr so massig wie früher. Wir hatten noch nie einen Berg bestiegen, und ich wusste durchaus, dass es einen großen Unterschied bedeutete, ob man auf einer Straße zum Mount Mansfield hinauffuhr und dann die paar Schritte zum Gipfel zurücklegte oder ob man eine Zehn-Meilen-Tour auf einen Viertausender unternahm. Nicht, dass ich daran gezweifelt hätte, dass Atticus und ich es schaffen würden; ich war nur nicht sicher, ob wir mit meinen drei Brüdern mithalten konnten, die alle erfahrene Bergsteiger waren.

In gewisser Weise war dieser Ausflug nach New Hampshire auch ein Nachhausekommen für mich. Die White Mountains waren ein Teil meiner Vergangenheit, und wir betrachteten sie als Besitz meines Vaters. Er hatte viele Ferienreisen mit uns unternommen, aber die meiste Zeit verbrachten wir dort oben in den *Weißen*. Er liebte diese Berge, und es ist der einzige Ort in meiner Erinnerung, wo ich ihn glücklich und friedlich erlebte. Sie brachten seine besten Seiten zum Vorschein und wurden damit auch für uns etwas Besonderes. Wir lagerten so oft an den Bächen in den schattigen Tälern am Fuß der hohen Berge, dass uns auch ihre Überlieferungen und ihre Geschichte vertraut wurden.

Sie waren Amerikas erstes Hochgebirge. Lange bevor man die Rocky Mountains entdeckte, kannten die Amerikaner die majestätischen White Mountains. Sie waren die Heimat der Abenaki-Indianer, die das ganze Gebiet als heilige Stätte ansahen und glaubten, die Gipfel seien der Wohnsitz der Großen Geister, vor allem aber von dem, den sie Agiochook nannten. Als dann die Siedler kamen, bauten sie Straßen und Häuser, aus denen sich Dörfer entwickelten, und sie begannen, die Berge zu besteigen.

Die Zeit nach 1800 wurde als das Jahrhundert der Bergmaler bekannt. Fast vierhundert anerkannte Künstler reisten nach New Hampshire, um das Großartige seiner Landschaft einzufangen und der Welt zu zeigen. Mit ihnen kamen Schriftsteller wie Nathaniel Hawthorne, Henry David Thoreau, Herman Melville und Ralph Waldo Emerson, schrieben über ihre Erlebnisse und ergänzten viele der schon vorhandenen Legenden. Was die Menschen in den Gemälden sahen und in den Büchern lasen, ließ sie von New York, Philadelphia und Boston scharenweise in die Berge strömen. Für die Reisenden wurden Eisenbahnen und Grandhotels gebaut. Das goldene Zeitalter des White-Mountains-Tourismus hatte begonnen und veranlasste den berühmten Schausteller Phineas Taylor Barnum zu der Bemerkung, die *Weißen* seien »die zweitgrößte Schau der Welt«.

Gegen Ende des 19. Jahrhunderts entdeckten die Holzbarone das Gebirge als Geldquelle und machten sich daran, dort Bäume zu fällen und einen großen Teil des Landes in einen Kahlschlag zu verwandeln. Sie legten Bahngleise in alle noch so entfernten Ecken und Winkel, und wenig später flogen Funken, brannten Wälder und verwandelten sich weite Strecken einst jungfräulicher Erde in Wüste.

Endlich aber wurde zu Anfang des 20. Jahrhunderts – teils dank der Liebesbeziehung vieler Menschen zu den White Mountains – in Washington das Weeks-Gesetz verabschiedet. Die Neigung der Regierung, Wälder zu verkaufen, wurde darin zugunsten der Umwelt zurückgefahren und das Land an die Menschen zurückgegeben und für die Allgemeinheit geöffnet. Nach und nach wuchsen wieder Bäume, und die eindrucksvolle Schönheit des Gebirges kehrte zurück, doch die Glanzzeit der White Mountains war vorüber. Die Menschen suchten ihre großartigen Landschaften jetzt in den weit höheren Rocky Mountains, und die Ankunft des Automobils bedeutete, dass Touristen nicht mehr nur dorthin reisen konnten, wo Züge fuhren. Es bedeutete das Ende für den größten Teil der Grandhotels.

Als mein Vater uns zum ersten Mal in die *Weißen* mitnahm, waren die Tage von Pracht und Herrlichkeit schon lange vorbei, nicht aber die Strahlkraft der Gegend. Wann immer wir dort waren, hatten wir das Gefühl eines unberührten Landes und konnten uns vorstellen, was die ersten Einwanderer, die dorthin kamen, empfunden haben mussten.

Wir kamen oft wieder und lernten dabei die drei großen Pässe kennen, die die Gegend von Norden nach Süden durchziehen. Im Osten liegt Pinkham, in der Mitte Crawford und im Westen Franconia. Unser Ziel war immer der Naturschutzpark Franconia Notch. Unseren Wohnwagen stellten wir oft in die Nähe eines Bachs auf einem der Campingplätze. Tagsüber erforschten wir auf kleinen Wanderungen die Wälder. Abends, wenn es dunkel wurde, saßen wir am Lagerfeuer. Dann schienen die Berge in der Finsternis lebendig zu werden. Es war eine magische Zeit für uns, zusätzlich verstärkt durch das veränderte Wesen meines Vaters. Ich habe nicht viele Erinnerungen an meine frühe Jugend, aber die, die ich habe, führen mich in die White Mountains zurück.

Als mein Vater und ich unseren Krieg begannen, ließ ich die Berge meiner Kindheit zurück, so wie ich ihn zurückließ. Mit meinen Brüdern war das anders. Sie fuhren nach wie vor häufig in den Norden. Und nun hatten sie mich dazu eingeladen, ebenfalls zurückzukehren.

Es dauerte eine ganze Nacht in einer kleinen Hütte am Pemigewasset River, am südlichen Ende des Franconia Notch, bis ich mich an den Zauber von einst erinnerte. Doch sobald die Sonne sank und der Mond heraufstieg, fühlte ich die Berge wieder lebendig werden wie damals in meiner Jugend. Es war September, die Tage waren warm, die Nächte kühl, und wir schliefen gut.

Früh am nächsten Morgen verabschiedeten David, Eddie, Jeff, Atticus und ich uns von unseren Autos und zogen im Gänsemarsch in den dichten, dunklen Wald. Aus dem frischen, schon etwas frostigen Morgen wurde ein feuchtheißer Tag, die Luft war still und drückend. Drei Stunden lang stolperten, schwankten und fluchten wir den Bergrücken hinauf. Es gab keine Aussicht, aber viele andere Dinge, die uns in Anspruch nahmen: Mücken, Schweiß, der in den Augen brannte, Herzen, die hämmerten wie nie zuvor, Rückenschmerzen wie Fausthiebe in die Nieren, ab und zu ein Krampf im Bein. Die Kleidung war schweißdurchtränkt und voller Flecken von getrocknetem Salz. Von Zeit zu Zeit hielten wir uns an einem Baum fest, um das Gleichgewicht nicht zu verlieren oder um nach Luft zu schnappen. Wie Verdurstende kippten wir Wasser und isotonische Getränke hinunter. Wir waren ein armseliger Haufen und sahen aus wie vier untrainierte Männer in mittlerem Alter, die nicht in den Wald gehörten. Und wie vier Männer, die nicht aneinander gewöhnt waren, redeten wir auch nicht viel. Nur ab und zu fragte einer: »Wie weit ist es noch bis oben?«

Normalerweise antwortete David, der den Wanderführer gelesen hatte, und verriet uns, dass wir gerade erst auf halber Höhe waren oder wir zwei Drittel geschafft hatten oder noch eine Meile vor uns lag. Wir hielten oft an, tranken einen Schluck und standen außer Atem da. Gelegentlich machte einer Witze darüber, wie sehr ihm alles wehtat, dass wir alte Knacker waren oder dass man durch die Bäume keine Aussicht hatte. Und auch wenn es anderen Brüdern merkwürdig vorkommen mag, dass wir so wenig redeten, mich erinnerte es an die Sonnenuntergänge auf der Veranda in Vermont – besser können wir es eben nicht. Ich halte das nicht für schlecht, sondern finde es gut. Denn für mich als den Jüngsten, den, der zusehen musste, wie die Familie vor seinen Augen zerfiel, und der sich immer wünschte, etwas mit den anderen zu teilen – ganz gleich, was –, waren dieses atemlose Keuchen, die gelegentlichen Flüche und ungeschickten Witze wertvoll wie Gold. Es war nicht wichtig, dass wir alle fürchterlich aussahen und uns auch so fühlten – wenigstens taten wir das zur Abwechslung einmal zusammen.

Atticus wiederum machte eine großartige Figur. Es war, als sei er für die Berge geschaffen. Im Gegensatz zu anderen Hunden, die hin und her rennen und den Weg ihrer menschlichen Begleiter dreimal zurücklegen oder rechts und links vom Weg krachend ins Unterholz brechen und nach Wild suchen, marschierte er zielstrebig voran, blieb auf der Spur und hielt ein langsames, aber stetiges Tempo. Wenn er so mühelos von Fels zu Fels hüpfte, hatte er Ähnlichkeiten mit einer Bergziege. Manchmal kamen wir an eine steile Stelle, und ich machte mich bereit, ihm zu helfen, aber wenn ich aufblickte, hatte er es irgendwie schon allein geschafft.

Am auffälligsten war, wie unverwandt er mich im Auge behielt. Es war Neuland für uns beide, aber die Welt war in Ordnung, solange wir zusammenblieben. Von unserer ersten Begegnung an hatte er es als seine Aufgabe gesehen, auf mich aufzupassen, und das nahm er sehr ernst, egal, ob wir nun im Rathaus saßen oder auf einen Berg kletterten.

Als wir endlich ein Schild erreichten, auf dem stand, dass wir nur noch eine Zweizehntelmeile zu gehen hatten, prusteten wir nach einer Pause eine steile, zerklüftete Rutschbahn hinauf. Noch mehr Schwitzen, Fluchen und Nach-Luft-Schnappen. Auf dieser qualvollen letzten Steigung war ich fest davon überzeugt, gleich an einem Herzinfarkt sterben zu müssen. Als der Weg endlich ebener wurde, wankte ich zu einer Lücke im Buschwerk und stützte die Hände auf die Knie, um auszuruhen. Als ich wieder zu Atem gekommen war und aufblickte, sah ich Atticus, der mit dem Rücken zu mir dasaß und in die Ferne starrte. Ich folgte seinem Blick und war sprachlos. Vor mir lag der überwältigende Zackenkamm der Franconia Ridge. Die Berge wirkten zum Greifen nah. Schmerz und Pein, Durst und Erschöpfung verschwanden, und in einem einzigen Augenblick veränderte sich mein Leben. Ich hatte nie für möglich gehalten, dass es außerhalb von Filmen solche Orte auf der Welt gab, und schon gar nicht bloß zwei Stunden entfernt von der hübschen roten Backstein-Innenstadt Newburyports. Wenn wir als Kinder in diese Berge kamen, waren wir ja nur Touristen, die einfach der Straße folgten und sich die verschiedenen Besucherattraktionen ansahen. Noch nie hatten wir etwas so Wildes erblickt wie die Aussicht vom Rand des Garfield.

Ein anderer Bergsteiger hat einmal etwas geschrieben, was mein Erlebnis an diesem Tag wunderbar zusammenfasst. Allerdings schrieb er über Poesie, nicht über die Berge. Der Bergsteiger war Robert Frost, der in den White Mountains lebte und sie erwanderte. Das sind seine Worte: »Ob etwas in der Dichtkunst – wie in der Liebe – Bestand hat, erkennt man sofort. Es braucht keine Prüfung durch die Zeit. Der Beweis für die Nachhaltigkeit eines Gedichts ist nicht, dass wir es nie vergessen haben, sondern dass wir vom ersten Augenblick an wissen, dass wir es nie vergessen können.«

In jenem Augenblick, als ich von Atticus ringsum auf die Berge schaute, wusste ich, dass ich diesen Tag nie vergessen würde. Mein Leben hatte sich verändert.

In den kalten, dunklen Herbst- und Wintertagen kam ich oft zum Mount Garfield zurück, aber nur in einem Tagtraum oder nachts, wenn ich schlief. Zwei Dinge von unserer Wanderung blieben haften. Das erste war der Anblick von Atticus, der ruhig dasaß und seine Augen wandern ließ, um die Aussicht in sich aufzunehmen. »Wie ein kleiner Buddha«, hatte eine Frau gesagt, die gleich nach uns auf dem Gipfel ankam. Das zweite war die Gewissheit, dass wir nicht nach Vermont zurückkehren würden. Wir hatten eine höhere Ebene erreicht.

Als wir das nächste Mal John Allison und DeeDee McCarty bei *John Farley Clothiers* besuchten, konnte ich es kaum erwarten, ihnen von unserer Tour auf den Garfield zu berichten. Sie freuten sich für Atticus und mich. Noch begeisterter waren sie allerdings, als ich ihnen erzählte, dass er und ich im Frühjahr nach der Schneeschmelze wieder dorthin fahren würden, um die ersten Viertausender zu besteigen. Wie es der Zufall wollte, hatte DeeDee bereits elf davon erklommen und plante, die ganze Liste innerhalb der nächsten zwei Jahre abzuarbeiten. Sie lud uns ein mitzukommen, und ich stimmte beglückt zu. Einige Wochen später machte sie mich auf einen Wanderführer von Steve Smith und Mike Dickerman aufmerksam, der die verschiedenen Routen zu allen achtundvierzig Gipfeln der White Mountains aufzeigte. Neben Atticus wurde das Buch mein ständiger Begleiter, und ich blätterte bei jeder Gelegenheit darin herum.

Von den meisten der darin erwähnten Berge hatte ich noch nie etwas gehört, und wenn ich mich an den Septembertag auf dem Garfield erinnerte, fragte ich mich immer, was für ungewöhnliche Orte wir in den nächsten Monaten wohl noch zu sehen bekommen würden. Abends bei den Sitzungen im Rathaus steckte ich oft die Nase in das Buch von Smith und Dickerman, anstatt aufzupassen. Es bekam Eselsohren, mein gelber Markierstift verfärbte die Seiten, und ich schrieb mit blauer Tinte Randnotizen. Immer wieder fragte ich mich, wie Atticus und ich es überhaupt auf diese Berge schaffen sollten. Einige davon ragten über die Baumgrenze hinaus in die alpine Zone, andere lagen mitten in der Wildnis und erforderten Umwege von 18 Meilen, um sie überhaupt zu erreichen. Es würden Bäche zu überqueren, Bergrutsche zu überwinden, schmale Simse zu bewältigen sein, und wir mussten mit dem Wetter fertig werden.

Es würde nicht leicht werden für einen kleinen Hund, der ungern nass wurde, und einen Mann mit so viel Höhenangst, dass ihm schon schwindelte, wenn er oben auf einer Stehleiter eine Glühbirne auswechseln sollte. Aber das war mir alles nicht wichtig. Es mag sich seltsam anhören: Die Berge hatten uns gerufen, und ich zweifelte nicht daran, dass wir einen Weg finden würden, sie alle zu erklimmen.

Als Ende Mai schließlich der Schnee schmolz, fingen wir an, unsere Pläne in die Tat umzusetzen. DeeDee, Atticus und ich bestiegen den Mount Hale, unseren ersten Viertausender des Jahres. Ich merkte es damals nicht, aber der Hale war ein guter Gipfel für Anfänger. Er galt als leicht. Die Strecke zum Gipfel betrug knapp über zwei Meilen, und die Steigung lag bei etwa 2000 Fuß. Nach dem Buch von Smith und Dickerman und dem White-Mountains-Führer des *Appalachian Mountain Club* (AMC), ebenfalls von Steve Smith herausgegeben, gilt eine Steigung von 1000 Fuß pro Meile als steil, und wir stiegen 2000 Fuß auf zwei Meilen. Als wir es hinauf- und wieder hinuntergeschafft hatten, wusste mein Körper, was er getan hatte, aber ich war so begeistert von dem ersten Gipfel des Jahres, dass ich den nächsten kaum erwarten konnte.

Am nächsten Wochenende war Memorial Day, und Atticus und ich brachen nach Norden zu einer dreitägigen Wanderung auf. Um mit ihr gleichzuziehen, wählten wir Gipfel, die DeeDee schon bestiegen hatte. Am ersten Tag ging es auf den Mount Tecumseh. Wie der Hale galt er als eines der leichteren Ziele. Am zweiten Tag kletterten wir auf den Cannon Mountain, wieder nur eine kurze Strecke. Die letzte Tour des Wochenendes führte uns dann auf die Gipfel von Osceola und East Osceola.

Zurück in Newburyport konnte ich weder meine Begeisterung zügeln noch abwarten, DeeDee von unseren Heldentaten zu berichten. Wir hatten immer geplant, dass Atticus und ich DeeDee einholen und dann im Lauf des folgenden Sommers den Rest der achtundvierzig Gipfel mit ihr zusammen erobern wollten. Aber statt sie nur einzuholen, überholten wir sie sogar. Ich konnte einfach nicht anders. Am Ende wanderten wir noch ein paarmal mit ihr und dreimal mit meinen Brüdern. Aber nach den ersten drei Wochen waren es meist nur noch Atticus und ich.

Etwas geschah mit ihm und mir in den Bergen, und wir fingen an, die Welt mit ganz neuen Augen zu sehen.

Ein Geschenk

In uns allen steckt ein bisschen von Adam und Eva. In unserer Jugend erreichen wir früher oder später einen Punkt, an dem wir unsere Unschuld verlieren und das Gefühl haben, wir würden mit Fußtritten aus dem Garten Eden verjagt. Ob wir es zugeben oder nicht, jeder würde gern dorthin und in die Zeit davor zurückkehren. Doch verlorene Unschuld ist schwer zu finden. Trotzdem suchen wir nach ihr. Wir sehnen uns danach, träumen davon und bekommen sie nicht aus dem Sinn. Manchmal zeigt sie sich für einen kurzen Augenblick, vielleicht im Lachen eines Kindes, im ersten Schneefall zur Weihnachtszeit oder wenn wir einen kleinen Welpen im Arm halten. Und dann verschwindet sie blitzartig wieder, und wir vermissen sie umso mehr. Aber ich möchte gern glauben, dass wir, wenn wir unser Leben so gestalten würden, wie es wirklich sein sollte, wenn wir das werden würden, was wir immer sein wollten – die Menschen, von denen wir träumten, als wir jung und unschuldig waren –, dass wir dann und nur dann den Weg zurück finden können.

Ich denke nicht, dass viele das schaffen. Es gibt einfach zu viele Ablenkungen und Hindernisse. Aber ich bin überzeugt davon, dass der größte Fehler, den wir begehen können, darin liegt, dass wir die Suche aufgeben.

Wenn mein Vater, als ich noch ein Junge war, ausrastete oder das Haus so voller Trauer war, dass ich einfach daraus fliehen musste, verschwand ich immer in dem Wald am Ende unserer kleinen

Straße. An der Neelon Lane standen nur drei Häuser, und das letzte davon war ein heruntergekommenes Farmhaus, das einem alten Paar gehörte. Ich bekam die beiden fast nie zu Gesicht. Hinter ihrem Haus lag ein vergessenes, zugewachsenes Feld, begrenzt von ein paar Mauerresten und ein paar Bäumen, die einfach emporgewachsen waren, weil alles so vernachlässigt war. Das Land war leicht abschüssig und endete an einem Wald, der zuerst einladend wirkte, dann aber rasch dicht und bedrohlich wurde. Er führte hinab zum Charles River.

Ich ging nie allein dorthin, dazu hatte ich viel zu viel Angst. Ich nahm meine Brüder oder Freunde mit. Selbst am hellen Tag konnte es dort wie in der Nacht sein. Der Wald war urzeitlich, geheimnisvoll und magisch – wie in einem Märchen. Der Legende nach hatten dort einst Indianer gelebt, und ab und zu hörte man, dass jemand am steinigen Flussufer eine Pfeilspitze gefunden hätte. Meine Phantasie flüsterte mir zu, die Indianer lauerten immer noch dort – im Augenwinkel sichtbar – und bewachten jeden unserer Schritte. Vielleicht war da auch etwas anderes, das uns beobachtete, etwas Übernatürliches, denn es schien, als könnten die Bäume sich selbstständig bewegen und die Schatten hätten Augen.

Als Atticus und ich uns in diesem Sommer in das Abenteuer stürzten, die Viertausender zu erobern, war es dieser Wald, in den ich innerlich zurückkehrte. Es war das gleiche Eindringen in die Wildnis wie in meiner Kindheit und ganz und gar anders als das Leben, das ich mir in Newburyport aufgebaut hatte mit seinen Cafés, den Sitzungen im Rathaus, dem ständigen Austausch von Informationen und dem endlosen Theater. Ich erholte mich in der Anonymität, die ich in den Bergen wiedergefunden hatte, in den stillen Wäldern, beim Gesang der Flüsse und Bäche. Atticus und ich brauchten nur die Straße zu verlassen, und wir verschwanden sofort in einem verzauberten Königreich. Wenn wir wortlos durch den sonnengesprenkelten Wald wanderten, war es, als liefen wir durch eine Welt von Elfen und Hobbits, Waldnymphen und Feen. Das Leben im Wald schien weniger kompliziert, sauberer und hoffnungsvoller.

Der eigentliche Vorgang des Bergsteigens hatte etwas Therapeutisches, fast Kathartisches. Da war zunächst der einfache Schritt in den Wald, hinaus aus der Welt. Dann das Hinaufsteigen selbst, bei dem der Körper arbeitete: Muskeln spannten und entspannten sich; Lungen hoben und senkten sich; das Herz schlug. Es war, als lösten sich alle Schwierigkeiten meines Lebens auf und ich hätte keine andere Sorge, als den nächsten Punkt für meinen Fuß zu finden oder einen Halt, an dem ich mich hochziehen konnte. Auf die große Anstrengung, den Gipfel zu erreichen, folgte die Aussicht von oben.

Der gescheiterte Katholik in mir sah es als spirituelle Reise an, ähnlich den Wanderungen heiliger Männer, welche die Gesellschaft der Menschen bewusst hinter sich gelassen hatten. Christus, Buddha, Mohammed – sie alle hatten es getan und schließlich Klarheit gefunden. Für mich war das Bergsteigen eine Beichte, das Verarbeiten meiner problematischen Vergangenheit. Auf dem Gipfel zu sitzen war meine Kommunion. Bei jedem Aufstieg ließ ich mich in Stücke reißen, damit sich am Ende alles wieder zusammenfügte.

Jedes Wochenende fuhren Atticus und ich nach Norden, wo ich jeweils für ein paar Nächte eine kleine Hütte in Lincoln gemietet hatte. Tagsüber wanderten wir, abends saßen wir am Kamin, und nachts schliefen wir beim Rauschen des Pemigewasset River ein. Gipfel um Gipfel arbeiteten wir unsere Liste ab und erlebten so wunderbare Dinge, dass ich sie bis heute nicht vergessen habe. Ich verwandelte mich von einem Mann, der anscheinend alles wusste, was in Newburyport vor sich ging, sich aber selbst kaum kannte, in jemanden, der zum ersten Mal seinen eigenen Atem und Herzschlag hörte. Jeder Ausflug in die Berge war ein Sprungbrett in ein neues Leben, eine Reise unter vielen Reisen. Atticus und ich eroberten einen Berg nach dem anderen, und jedes Mal gewann ich etwas von meiner Unschuld zurück.

Leicht wurde mir die Kletterei dabei nie. Es war immer mühsam, so viele Meilen zu laufen und dabei Hunderte von Höhenmetern zu überwinden, aber allmählich machte mir die Aufgabe Spaß. Oft war es genau wie damals auf dem Mount Garfield. Der Aufstieg strengte mich an. Ich kämpfte, machte häufig Ruhepausen, japste nach Wasser und Luft. Je besser es mir ging, desto mehr drängte ich vorwärts, bis ich wieder völlig erschöpft war. Und immer wartete Atticus auf mich.

Doch sosehr mein Selbstvertrauen auch wuchs, meine Höhenangst blieb, und wenn ich eine offene Bergflanke überqueren musste, klammerte ich mich an Bäume oder Felsen. Stand ich am Rand einer Steilwand und schaute nach unten, zitterten mir die Knie. Jedes Mal fürchtete ich, Gott könnte die Hand ausstrecken und mich hinabziehen, damit ich kopfüber zu Tode stürzte. Als ich einmal den steilen Bergrutsch am Hang des Owls Head hinaufkletterte, setzte ich mich hin, um einen Moment auszuruhen. Das war ein großer Fehler. Ich saß minutenlang da und wagte nicht aufzustehen, aus Angst, ich würde vom Berg hinunterfallen. Ich musste mich rückwärts auf meinen Rucksack legen und dann langsam auf den Bauch drehen, sodass ich den Berg und nicht die leere Luft vor mir hatte. In dieser Stellung kam ich auf alle viere und dann wieder hoch. Und oh, wie ich es hasste, über diesen Bergsturz und überhaupt alle steilen Pfade, die durch offenes Gelände führten, abzusteigen. Ich konnte an nichts anderes mehr denken als ans Abstürzen. Doch das hielt mich nicht auf. Ja, es gab Zeiten, in denen ich mich fragte: »Was zum Teufel mache ich eigentlich hier oben?«, während ich mit meiner Furcht kämpfte. Aber wir gaben nie auf.

Atticus, der es hasste, nass zu werden, weigerte sich am Anfang des Sommers, Fußstege über kleinere und größere Bäche zu benutzen. Er wartete dann auf mich, krümmte seinen Rücken, damit ich ihm die Hand unter den Bauch schieben konnte, und ließ sich ans andere Ufer tragen. Er trank aus den Bächen, wollte sie aber nie durchqueren.

Doch selbst sein Terrier-Sturkopf beugte sich am Ende unserer großen Aufgabe. Er fing an, ohne Hilfe über die Stege zu laufen, und wenn ein Bach nicht zu tief war, sprang er von Fels zu Fels auf die andere Seite. Wenn er, was selten vorkam, ausrutschte und hineinfiel, schüttelte er das überflüssige Wasser ab und setzte den Weg fort, als sei nichts geschehen.

Das Überwinden von Wasser war so ziemlich die einzige Herausforderung für ihn. Alles andere fiel ihm leicht. Er war ein Waldgeist, der nach Hause gefunden hatte. Es war, als kenne er den Ort und verstehe ihn. Einmal, als er wieder die üblichen zwanzig Meter vor mir lief, blieb er stehen und setzte sich mitten auf den Weg, der an dieser Stelle in eine Baumgruppe abbog. Ich wunderte mich, aber als ich ihn einholte, erkannte ich, dass er einer Elchkuh zusah, die vorsichtig Blätter von einem Baum zupfte und verspeiste. Langsam hockte ich mich neben ihn, und wir beobachteten die sanfte Riesin ein paar Minuten. Sie spürte, dass wir da waren, und warf uns ab und zu einen Blick zu, fühlte sich aber nicht bedroht. Ich wusste nicht, ob ich mehr über diese Begegnung staunen sollte oder darüber, dass Atticus die Elchkuh zu respektieren schien und weder zu ihr hinrannte noch sie anbellte. Er konzentrierte sich ganz darauf, sie zu beobachten. Sie entfernte sich erst, als vier Wanderer aus der Gegenrichtung kamen.

Eine Woche danach, wir waren gerade aufgebrochen, verließ Atticus den Pfad und verschwand im Wald, um seiner Verdauung nachzugehen. Ich folgte ihm ins Unterholz, während er schnüffelte und sich im Kreis drehte, um die beste Stelle zu finden. Als er so weit war, entschied ich mich, seinem Beispiel zu folgen. Erst in diesem Moment merkte ich, dass meine neuen Wandershorts keinen Reißverschluss hatten. Also streifte ich sie nach unten auf die Knöchel. Was für einen Anblick müssen wir geboten haben! Ein kleiner Hund, hingehockt, um sein Häufchen zu machen, und ein erwachsener Mann mit zum Pinkeln heruntergelassener Hose!

Gleich darauf hörten wir einen Zweig knacken und blickten auf. Da stand – keine zehn Meter von uns entfernt – ein riesiger Bär und glotzte uns an. Wir erstarrten, als er in unsere Richtung witterte. Dann stellte er sich auf die Hinterbeine und schnüffelte nochmals. Wenn Blicke sprechen könnten, hätten Atticus und ich beim Anschauen wohl dasselbe gesagt: »Jetzt keine einzige beschissene Bewegung!«

Jäh erwachte der Zeitungsmann in mir, und ich malte mir aus, wie meine Konkurrenz, die »Daily News«, meinen frühen Tod melden würde. Ich war sicher, die Story würde einen unpassenden Aufmacher haben, in dem stand, dass man mich mit heruntergelassenen Hosen tot im Wald gefunden hätte.

Der Bär schien dagegen wenig beeindruckt von uns. Er fühlte sich nicht bedroht, ließ sich wieder auf alle viere nieder und trottete gemächlich davon. Es war fast komisch, dass Atticus und ich, sobald er zwischen den Bäumen verschwunden war, dort weitermachten, wo wir aufgehört hatten, und erst dann wieder auf den Weg zurückkehrten.

Durch die vielen Meilen, die wir gewandert, und die Berge, auf die wir geklettert waren, geschah in diesem Sommer etwas Sonderbares mit uns. Wir tauschten die Rollen. Ich hatte immer darauf geachtet, dass wir möglichst gleichberechtigt waren, aber Newburyport war nun einmal mein Revier, und die Regeln der Zivilisation sind für Menschen und nicht für Hunde gemacht. Folglich musste sich Atticus stets nach mir richten, auch wenn er mehr Freiheit genoss als alle anderen Hunde, die ich je gekannt habe. Doch im Wald war er in seinem Element und ich nicht. Für mich war es eine fremde Welt, während er sich sofort zu Hause fühlte und mir immer ein paar Schritte voraus war. Manchmal wartete mein kleiner Naturführer einfach in diesem Abstand, wenn ich eine Pause machte. Stets blieb er zehn bis zwanzig Meter vor mir, auch wenn wir anhielten, es sei denn, ich stolperte oder stürzte oder nahm den Rucksack ab. In diesen Fällen kam er zurückgetrottet. Den Rucksack abzunehmen bedeutete, dass es etwas zu essen oder zu trinken gab, und wir teilten glücklich und schweigend unsere Mahlzeit. Oft war das Einzige, was wir dabei hörten, der Wind in den Bäumen und das vielstimmige Lied der Vögel über uns.

Wenn es ums Klettern ging, war Atticus voll bei der Sache. Wenn wir unterwegs am Berg eine Pause gemacht hatten und ich dann aufstand und den Rucksack schulterte, wusste er, dass wir jetzt den Anstieg fortsetzen würden. Wenn es nach ihm ging, marschierten wir, bis wir ganz oben waren und es nicht mehr weiterging. Es war unheimlich, wie er diesen Punkt voraussah.

Wenn wir die Spitze erreicht hatten, gab es ein Ritual. Ich hob ihn hoch wie einst als Welpen, er saß aufgerichtet in meiner Armbeuge, und gemeinsam betrachteten wir die Aussicht. Dabei war das Einzige, was ich von ihm hörte, ein zufriedener Seufzer. Ich sagte dann immer »Danke«, ohne genau zu wissen, wem ich dankte. Es war eine unwillkürliche Bemerkung, die mir herausgerutscht war, als ich ihn damals auf dem Mount Hale hochgehoben hatte, und die mir auf jedem neuen Gipfel wieder einfiel. Wenn wir den Ausblick in uns aufgenommen hatten, aßen und tranken wir miteinander. Danach entfernte sich Atticus ein paar Schritte, setzte sich und richtete den Blick in die Ferne. Er legte sich nicht hin. Er saß nur da und bewegte lediglich seinen Kopf. Der »kleine

Buddha« meditierte. Einmal sah ich dabei auf die Uhr. Er harrte aus, bis ich ihn störte – nach 45 Minuten.

In den Bergen wurde Atticus mehr zu dem, was er immer gewesen war, und ich weniger – weniger überhitzt, weniger gestresst, weniger ängstlich und weniger abgehetzt. Ich fühlte mich wohl, wenn ich ihm die Führung überließ, und er schien zu wissen, was mir guttat. Er wählte immer die beste Route, wenn es verschiedene Möglichkeiten gab, und ich brauchte ihm nur zu folgen. Am wichtigsten aber war – und das war unser größtes Glück –, an einem Ort zusammen zu sein, an dem wir beide gleichberechtigt waren und es keine vorgeschriebenen Regeln gab.

Und doch, wenn er so auf einem Berggipfel saß, gab es etwas, was mich daran hinderte, ihn zu stören. Dort war er am selbstständigsten.

Paige Foster hatte damals recht gehabt, als sie sagte, er sei anders. Das war er wirklich. Ich fragte mich oft, was er da oben sah oder woran er dachte. Aber alles, worauf es ankam, war, dass er glücklich war, so wie ich.

Was Paige betraf, so telefonierten wir nicht mehr so viel wie im ersten Jahr, aber ich schickte ihr ab und zu eine E-Mail und in diesem Sommer mehrere Fotos von Atticus, wie er auf einem Gipfel saß und die Aussicht genoss. Früher waren ihre Antworten immer so heiter und freudig gewesen, dass ich im geschriebenen Text fast ihr Kichern hören konnte. Doch jetzt klangen ihre Erwiderungen anders. Der Herausgeber einer Zeitung lernt, wie man etwas deutet – auch wenn es nicht ausgesprochen wird. Und genauso ging es mir mit Paiges Mails. Etwas Rätselhaftes lag in dem, was zwischen den Zeilen stand, und ich spürte, dass selbst sie von Atticus' Verhalten überrascht war.

Anfangs erwanderten wir vor allem die leichter zugänglichen Berge, doch mit dem Fortschreiten des Sommers nahmen wir die höheren Gipfel in Angriff. Obwohl es immer anstrengend war, bis zur Spitze zu kommen, war es nicht so schwer, wie ich ursprünglich gedacht hatte. Der Mount Washington, mit 6288 Fuß der höchste Berg im Nordosten der USA, hatte mir große Sorgen bereitet, weil das Wetter dort in jeder Jahreszeit gefährlich sein konnte. Aber an dem Tag, als wir ihn erstiegen, bestand unsere größte Herausforderung darin, ein Gipfelfoto zu machen. Dort wartete nämlich schon eine lange Schlange sandalentragender Touristen, die mit dem Auto auf der Straße oder mit der Zahnradbahn nach oben gekommen war. Es war unser erstes unerfreuliches Erlebnis auf einer Bergspitze. Ich hatte das Gefühl, die Außenwelt hätte uns eingeholt.

Das zweite Mal passierte es oben auf dem Mount Liberty, einem eindrucksvollen Gipfel der Franconia Ridge mit atemberaubender Fernsicht in alle Richtungen. Auch dort war es voll, aber wenigstens waren die Menschen alle zu Fuß heraufgekommen. Dann ergab aber eine rasche Zählung elf Personen, die gleichzeitig mit dem Handy telefonierten. Wir ergriffen eilig die Flucht und wanderten ein Stück weiter zum Nachbarberg Mount Flume. Als wir später auf dem Rückweg zum Auto wieder an der Stelle vorbeikamen, war es weniger belebt, sodass wir uns noch eine Weile hinsetzten.

Es gab Tage, an denen wir keiner Menschenseele begegneten; die gefielen mir am besten. Und es gab Tage, an denen wir unterwegs auf ein paar andere Wanderer stießen. Und natürlich Tage wie auf dem Washington und dem Liberty, an denen so viel Betrieb war, dass wir genauso gut auf dem Marktplatz in Newburyport hätten sitzen können.

Wenn wir Leute trafen, machten sie fast immer Bemerkungen darüber, dass Atticus so klein war. Ich wurde gefragt, ob er denn den ganzen Weg allein gelaufen wäre.

Ich antwortete dann mit »Ja« und fand die Frage albern.

»Sie brauchen ihm überhaupt nicht zu helfen?«

»Nein, nur manchmal über einen Bach, oder ich helfe ihm irgendwo hoch.«

»Toll! Ich habe schon von Labradoren oder Retrievern gehört, die die *Weißen* bestiegen haben, aber noch nie von einem Zwergschnauzer. Darf ich ein Bild von ihm machen?«

Im Lauf des Sommers verbreitete sich die Nachricht von einem kleinen schwarzen Hund, der die Achtundvierzig eroberte, und regelmäßig blieben Leute stehen, um ihn zu fotografieren oder zu fragen »Ist das Atticus?«.

Noch etwas anderes geschah in dieser Zeit. Die Beziehung zu meinem Vater wurde enger. Wir waren zuletzt gut miteinander ausgekommen, hauptsächlich weil ich glücklich war und nicht viel von ihm erwartete. Ich suchte nicht mehr nach diesen »Vater ist der Beste«-Momenten, die es nie gab, und hatte begriffen, dass er lange Telefongespräche normalerweise hasste. Ich begnügte mich mit dem, was er geben konnte, und entschied mich dafür, nicht mehr zu erhoffen. Als Antwort auf eine E-Mail von Paige, die sich einmal nach Newburyport, meinen Freunden und meiner Familie erkundigt hatte, hatte ich ihr eine kleine Familiengeschichte geschrieben, und sie hatte gemeint: »Das tut mir leid mit Ihrer Familie, Tom. Ich versuche immer, nicht zu vergessen, dass man nicht geben kann, was man selbst nicht hat.« Und sie endete mit der ermunternden Bemerkung: »Aber wenigstens haben Sie Atticus! Der ist nun wirklich Ihre Familie.«

Aber seitdem Atticus und ich jedes Wochenende in den Bergen verbrachten, einer Gegend, die meinem Vater durch unsere einstigen Familienferien ans Herz gewachsen war, hatten wir mehr Gesprächsstoff als je zuvor.

Mein Vater hatte früher davon geträumt, einmal die 2100 Meilen des *Appalachian Trail* von Georgia nach Maine zu wandern. Leider ging es ihm damit wie mit vielen anderen Träumen, und als er endlich die Freiheit dazu gehabt hätte, war er zu alt. In unserer Kindheit machten wir zwar Wanderungen in den Weißen Bergen, bestiegen aber nie einen der Viertausender. Wir nahmen die Bahn zum Gipfel des Mount Washington oder die befahrbare Straße und waren auch in der Sommersaison mit den Skigondeln auf den Cannon Mountain und den Wildcat Mountain gefahren. Mein Vater wurde dann zu einem anderen Menschen. Wenn er so nachdenklich auf die verschiedenen Bergspitzen schaute, machte er einen friedlichen und zufriedenen Eindruck. Es herrschte Schweigen, aber kein unbehagliches, sondern eher ein einträchtiges. Dort in den Bergen konnte sich selbst sein jüngster Sohn auf gleicher Wellenlänge mit ihm fühlen, denn wir empfanden die gleiche Ehrfurcht.

Und so geschah es, drei Jahrzehnte nach diesen Momenten schweigender Nähe, dass ich Jack Ryans Berge bestieg. Jedes Wochenende rief ich ihn aus der kleinen Hütte in Lincoln an und erzählte ihm von den Abenteuern des Tages. Es waren die ersten Gespräche mit ihm, an die ich mich erinnere, bei denen er nicht plötzlich auflegte. Wir redeten zunächst über die Berge, kamen dann auf die *Red Sox* und blieben tatsächlich am Telefon hängen, weil keiner von uns aufhören wollte.

Nach der dritten oder vierten Bergtour bekam ich Lust, meinem Vater etwas zu schenken.

Steve Smith, der Mitverfasser des Smith-und-Dickerman-Buchs, war in diesem Sommer ein Freund geworden. Wir verließen uns auf seine Ratschläge für unsere Wanderungen und fanden es tröstlich, dass er auch zum örtlichen Such- und Rettungsteam gehörte. Er ist außerdem der Besitzer und Betreiber des Buch- und Landkartenladens für Bergwanderer in Lincoln, nicht weit von unserer gemieteten Wochenendhütte. Neben einer beachtlichen Menge von Wanderbüchern verkauft er auch andere Dinge. Besonders beliebt ist ein T-Shirt mit den Namen aller Viertausender der *Weißen*. Schon als ich es das erste Mal sah, wollte ich meinem Vater eins kaufen, fand dann aber, ich müsste es erst für ihn »verdienen«.

Elf Wochen nachdem wir mit DeeDee auf dem Mount Hale gewesen waren, brachen Atticus und ich eines Morgens um sechs zu einer 23-Meilen-Tour auf, der längsten unserer Viertausenderbesteigungen. Wir wollten unsere letzten drei Spitzen erobern: Bondcliff, Bond und West Bond. Während wir durch die stille Wildnis wanderten, musste ich an all die Berge denken, die ich in diesem Sommer kennengelernt hatte. Vierundvierzig Jahre lang hatte ich die meisten nur von der Straße aus gesehen und mir gewünscht, ihre Rätsel zu lösen, zu erfahren, was sie mich lehren konnten, ihre Herausforderungen zu bewältigen, ihre sensationellen Ausblicke zu genießen. Vierundvierzig Jahre lang hatte ich mich sogar gefragt, wie sie wohl heißen mochten. In mancher Hinsicht waren mir diese überlebensgroßen Riesen meiner Kindheit fremd geblieben, aber immer verfolgten sie mich, riefen nach mir. Und während wir – Atticus wie üblich vorneweg – den Bondcliff hinaufstiegen, musste ich an unsere Reise durch diesen Sommer denken und an das, was wir dabei erlebt hatten. Seit elf Wochen freute ich mich über unsere Flucht aus der Stadtmitte von Newburyport. Früher hatte ich über das geschrieben, was mit der Welt nicht stimmte, jetzt sah ich, was es in ihr Gutes gab: »Die große, frische, unverdorbene, unerlöste Wildnis«, um es mit den Worten von John Muir zu sagen.

Ich entdeckte, dass ich gern allein war. Wenn ich unterwegs anderen Wanderern begegnete und ein Stück mit ihnen zusammen ging oder mit meinen Brüdern oder DeeDee unterwegs war, bedeutete es eher ein äußeres Erlebnis für mich. War ich mit Atticus allein, fühlte ich mich innerlich mehr berührt. Und beim Alleinsein lernte ich, dass ich hier nicht nur körperlich, sondern auch seelisch auf die Probe gestellt wurde. Es kann schwer sein, wenn man über Stunden ohne Ablenkung mit seinen Gedanken allein ist. Und dennoch, je tiefer wir in die Wälder eindrangen, desto besser lernte ich mich selbst kennen.

Jeder Berg war auch eine Gefühlserfahrung. Ein weiteres Geschenk an meinen Vater, dem es mit fünfundachtzig schwerfiel, sich noch für irgendetwas zu begeistern, vor allem nachdem die *Red Sox* bereits zu seinen Lebzeiten die Weltmeisterschaft im Profi-Baseball gewonnen hatten. Es gab mitten in diesem Sommer Nächte, in denen ich sagenhafte Träume davon hatte, wie er Atticus und mich auf einer Wanderung begleitete – allerdings nicht der Vater, den ich kannte: vom Leben verbraucht und erschöpft, sondern ein Mann in meinem Alter, mit dem ich den Wald gemeinsam erlebte.

Wenn ich die vielen Meilen wanderte, konnte ich ihn in mir fühlen. Der Träumer in ihm hätte unsere Reise geliebt.

Während ich Atticus über eine kleine Kletterstrecke nach oben zum Bondcliff trug und wir über den Klippenrand ein paar Hundert Meter ins Tal hinabblickten, tobte in mir ein Sturm der Gefühle. Wir hatten unser Ziel fast erreicht und standen vor dem krönenden Abschluss. Ich war nicht sicher, was ich dabei empfand. Irgendwie wollte ich nicht, dass damit alles aufhörte.

Es folgte der qualvolle Aufstieg zum Mount Bond. Ich sage »qualvoll«, weil ich mir bei der Tour davor eine Fußsehne zerrissen hatte und sich jeder Schritt anfühlte, als träte ich auf einen Nagel. Oben auf dem Gipfel befanden sich mehrere Leute, sodass Atticus und ich uns nicht lange aufhielten, sondern zum West Bond weiterwanderten, unserer Nummer achtundvierzig.

Eine meiner Freundinnen, die sich für Berge, Natur oder das einfache Glücksgefühl des Windes im Gesicht nicht begeistern kann, hat mich einmal gefragt: »Was ist denn so besonders daran? Du steigst auf einen Gipfel und hast von dort die gleiche Aussicht wie vom Gipfel davor. Ich kapiere das nicht.«

Damals fehlte mir die passende Antwort, aber als ich jetzt dort oben auf dem West Bond stand und auf einen großen Teil der Achtundvierzig schaute, die wir in diesem Sommer kennengelernt hatten, wusste ich sie: »Wie oft im Leben kannst du das Antlitz Gottes sehen?«

Es war lange her, dass ich 300 Pfund gewogen hatte und schon aus der Puste geriet, wenn ich einen kleinen Fünf-Pfund-Welpen einen Block weit, also von *Fowles News* auf der State Street bis zu meiner Wohnung trug. Und nun standen wir hier auf der Spitze des West Bond, und ich war sogar dankbar, dass wir noch 11,3 Meilen zurück zum Auto laufen mussten. Es gibt Zeiten, in denen man solche 11,3 Meilen braucht, um seine Gedanken und Gefühle zu ordnen. Das war so eine Zeit.

Wie nach allen guten Reisen gab es Erinnerungen, die man sortieren, und Dank, den man aussprechen musste. Während ich so dahinhinkte, dankte ich meinen Brüdern, die mich zum Wandern gebracht hatten, und DeeDee, die mir half, den nächsten Schritt zu tun. Ich war glücklich, dass ich in Steve Smith einen Freund gefunden hatte, der Atticus und mich nach jeder Wanderung in seinem Laden willkommen hieß. Und natürlich war ich dankbar, dass ich Atticus hatte. Er beschwerte sich nie, überwand sogar seine Angst vor Brücken und am Ende vor Bachdurchquerungen. Er verlor selbst auf den längsten und heißesten Strecken nie seinen federnden Schritt. Ich konnte mir keinen treueren Wandergefährten vorstellen.

Tags darauf machten wir beim Wanderladen halt und kauften das blaue T-Shirt für meinen Vater. Dann fuhren wir zweieinhalb Stunden hinunter nach Medway. Es war heiß, und mein Vater saß ohne Hemd vor seiner Klimaanlage. Es war das erste Mal, dass ich ihn als alten Mann mit bloßem Oberkörper sah, und ich begriff, wie zerbrechlich sein Leben geworden war. Ich zeigte ihm Bilder, und wir sprachen über die Berge und unseren fantastischen Sommer.

Ich hatte ihm früher schon eine Wandkarte der White Mountains geschenkt, und jedes Mal, wenn wir einen weiteren Berg erobert hatten, klebte ich einen Sticker darauf. Jetzt saß ich in seinem Wohnzimmer und betrachtete voller Stolz die Karte mit den Stickern auf allen achtundvierzig Gipfeln. Für mich bedeuteten sie achtundvierzig Geschenke an ihn. In solchen Augenblicken merkt man, falls man das Glück hat, noch einen Vater zu haben, dass die Rollen sich umgekehrt haben: der Vater wird zum Kind und lebt durch den Sohn. Das wurde mir an diesem Tag klarer als je zuvor.

Mein Vater war nie gefühlvoll oder redselig, es sei denn im Zorn, und als ich ihm das T-Shirt überreichte, bedankte er sich und legte es dann gleich zur Seite. Ich kannte ihn gut genug, um nichts anderes zu erwarten. Ich verabschiedete mich und ging.

Gerade als ich losfahren wollte, merkte ich, dass ich meine Fotos vergessen hatte, und ging noch einmal ins Haus. Da stand er ganz stolz in seinem neuen T-Shirt mit den achtundvierzig Gipfeln auf dem Rücken und bewunderte sich im Spiegel.

Und genau damit war die Reise beendet.

»Da oben stirbt man im Winter«

Atticus und ich waren der lebende Beweis dafür, dass, wenn ein übergewichtiger Typ mittleren Alters mit Höhenangst und ein knapp zwanzig Pfund leichter Zwergschnauzer die Viertausender bezwingen konnten, so ziemlich jeder andere das auch konnte. Und viele hatten das bereits getan. Der *Appalachian Mountain Club* (AMC) hatte 1957 seinen *Viertausender-Klub* gegründet, und als Atticus und ich oben auf dem West Bond standen, waren schon über achttausend Menschen und dreiundachtzig Hunde die gesamte »Liste« abgegangen und hatten die Mitgliedschaft errungen.

Und doch war klar, dass es bei uns anders war. Erstens kommt es selten vor, dass man es in so kurzer Zeit schafft; die meisten Leute brauchen Jahre. Zweitens traute man es uns einfach nicht zu. Der eine von uns war viel dicker als der normale Wanderer, der andere viel kleiner. Nicht, dass es wirklich einen »Otto Normalwanderer« gäbe, aber die meisten Leute bezweifelten, dass wir nach einem Paar aussahen, das erfolgreich die Achtundvierzig erobern könnte, und dazu noch derart schnell. Atticus und mir war das nicht weiter wichtig, manchen anderen aber offenbar schon.

Oft stießen wir auf Bergsteiger, die uns misstrauisch musterten. Einer begegnete uns in der vorletzten Woche dieses ersten Sommers. Wir waren unterwegs zum Mount Jefferson, dem dritthöchsten Gipfel, und hatten einen kurzen, aber anspruchsvollen Pfad gewählt. Als wir in den Wald kamen, näherte sich uns der Mann und bemerkte ohne weitere Einleitung: »Sie können den Hund nicht mit dort hoch nehmen!«

»Bitte?«

»Sie können mit dem Hund nicht auf den Berg. Er ist zu klein.«

Atticus setzte sich neben mich und sah zu uns auf.

Ich lächelte. »Das schafft er spielend.«

Der Mann schaute auf Atticus, dann auf mich und sagte in einem Ton, als versuche er, Geduld mit einem Kind zu haben, das einfach nicht begriff: »Sie wandern noch nicht lange, nicht wahr?«

»Ja, wir haben vor ein paar Monaten angefangen.«

»Das dachte ich mir«, meinte er. »Ich mache das schon seit einigen Jahren und habe fast alle von den Achtundvierzig bestiegen. Ihr Hund ist wirklich zu klein dafür.«

Ich grinste, sagte aber nichts.

»War er schon einmal auf einem Viertausender?«

Ich hielt einen Moment inne, sah erst auf Atticus, dann auf den Mann und antwortete mit mildem Lächeln: »Das hier ist unser zweiundvierzigster innerhalb der letzten zehn Wochen.«

Der Typ verstummte. Er wurde rot, nickte mehrmals mit dem Kopf, als wollte er etwas hinunterschlucken, und zog ab.

Wenn es Atticus möglich gewesen wäre, hätte er mich jetzt abgeklatscht. Stattdessen sprang er auf dem Weg voran. Zwei Stunden später saßen wir auf dem Gipfel des Mount Jefferson, teilten uns Erdnussbutterkekse und genossen die Aussicht.

So unfair ich es fand, wenn man meinen kleinen Freund allein nach dem Aussehen beurteilte, so sehr stimmte ich denen zu, die der Meinung waren, Atticus hätte zwar im Sommer Großartiges geleistet, aber weder er noch ich sollten solche Touren im Winter unternehmen. Ich lachte dann immer und erwiderte, man solle sich keine Sorgen machen, denn nichts liege mir ferner.

Das trifft übrigens auf die meisten Bergwanderer zu. Die AMC-Statistik bestätigt das. Während insgesamt über achttausend Menschen auf allen achtundvierzig Gipfeln gewesen waren, hatten weniger als dreihundertfünfzig davon sie im Winter bezwungen und das »Winter-Abzeichen« sowie die Urkunde dazu beantragt. Auf der Liste stand ein einziger Hund, der es im Winter auf alle geschafft hatte. Es war ein 160-Pfund-Neufundländer, eine Rasse, die für das Wandern im Winter von vornherein besser geeignet ist als für den Sommer. Er hieß Brutus und war der einzige Hund, der je das Abzeichen für die Winter-Achtundvierzig bekam. Und das wird er auch bleiben. Nach seinem Erfolg stürzten ein anderer Hund und sein Besitzer an einem Wintertag von einem vereisten Felssturz auf dem Weg in die Wildcats zu Tode, und der Viertausender-Ausschuss entschied, dass derartige Wintertouren für Hunde zu gefährlich waren. Wanderern, die ihre Hunde während der gefährlichen Jahreszeit auf Touren in die White Mountains mitnahmen, wurde die Unterstützung verweigert.

Als wir das hörten und man uns riet, Wanderungen im Winter zu unterlassen, musste man mir das nicht zweimal sagen, und auch der typische Schlusssatz, der jede Empfehlung begleitete – »Da oben stirbt man im Winter« –, war unnötig.

Tatsache ist, dass »da oben« zu jeder Jahreszeit Menschen sterben, und zwar aus allen möglichen Gründen. Doch selbst einem Anfänger wie mir war klar, dass der Spielraum für Fehler im Winter weit geringer ist. Ein einziges Versehen, und man kann meilenweit entfernt von der Zivilisation feststecken und bei Temperaturen unter null gegen Unterkühlung kämpfen und beten, dass ein Such- und Rettungsteam einen findet, bevor der Tod es tut.

Als der Sommer zu Ende ging und der Herbst einkehrte, wanderten wir nur noch selten. Mein Fuß tat weiterhin weh, und so viel Ruhe ich ihm auch gönnte, er wollte nicht heilen. Ich beschloss, das Tauwetter im Frühjahr abzuwarten und erst dann wieder loszuziehen.

Doch ach – die Berge hatten ganz anderes mit uns im Sinn. Ich gebe meinen Träumen die Schuld an allem, was folgte. Fast jede Nacht fühlte ich die geheimnisvolle Anziehungskraft der *Weißen*. Morgens erwachte ich oft im flüchtigen Nebel eines Traums, in dem Atticus und ich auf einem verschneiten Gipfel standen. Ich wehrte mich gegen diese Träume und versicherte mir, dass wir im Winter nicht zum Frieren in die Berge, sondern nach Newburyport gehörten, wo es heiße Suppe und Kakao gab. Außerdem hatte ich vom Winterwandern keine Ahnung … *und* die Ausrüstung war viel zu teuer … *und* Atticus nicht für kaltes Wetter und tiefen Schnee geschaffen.

Und doch war da das nagende Gefühl, dass die Berge uns riefen. Sie riefen und riefen.

Gegen alle Vernunft gab ich den Widerstand Ende November auf und begann mit dem kostspieligen Härtetest, mir eine Winterausrüstung anzuschaffen. Weil ich nicht recht wusste, wo ich anfangen sollte, studierte ich erst einmal ganz genau die beiden beliebten Webseiten über die White Mountains: »Views from the Top« und »Rocks on Top«. Dort tauschten erfahrene Bergwanderer Informationen über Ausstattung, Zustand der Wege und Techniken aus. Außerdem fand ich ein weiteres Buch von Steve Smith über Schneeschuhwanderungen in den White Mountains. Eines der Kapitel darin handelte davon, was jeder Anfänger über die ersten Schritte beim Winterwandern wissen sollte.

Es gab viel zu besorgen: Schneeschuhe, Steigeisen, Trekkingstöcke, Skibrillen, Mützen, Handschuhe, Socken, Stiefel, Wasserflaschen, Stirnlampen, viele Schichten Kleidung und einen größeren Winterrucksack, um den ganzen zusätzlichen Kram zu transportieren. Es ging so weit, dass die Verkäufer, wenn ich das Sportgeschäft betrat, schon wussten, dass sie ihr tägliches Verkaufssoll in der Tasche hatten. Wenn mich einer von ihnen fragte, was ich denn mit so viel Ausrüstung vorhätte, erzählte ich ihnen, Atticus und ich wollten wiederholen, was wir in einem Sommer geschafft hatten – alle achtundvierzig Gipfel der White Mountains in *einem* Winter zu erobern. Dann schauten sie mich an, als sähen sie mich zum letzten Mal, und wiesen darauf hin, dass »man da oben stirbt«. Das hinderte sie freilich nicht daran, mir jede Menge überflüssiges Zeug zu verkaufen. Berücksichtigt man noch meine Unwissenheit und Furcht, kaufte ich vermutlich doppelt so viel an Ausrüstung und Kleidung wie nötig. Sie hätten mir einfach alles andrehen können, und ich wäre glücklich gewesen, dafür zu zahlen. So wenig Ahnung hatte ich.

Immerhin hatte ich es noch leicht, verglichen mit Atticus. Er war immer von Natur aus Nudist gewesen. Er hasste Halsband und Leine und alles, was ihn in irgendeiner Weise einschränkte. Aber wenn wir im Dezember in die White Mountains wollten, brauchte er einen Schneeanzug, der ihn warm und trocken hielt. Außerdem musste er regelmäßig seine *Muttluks* tragen. Muttluks sind raffinierte, fleecegefütterte Hundestiefel. Er trug sie in den Wintermonaten in Newburyport sehr oft, damit das Salz auf den Gehwegen ihm nicht die Pfotenballen verätzte. (Der Name *Muttluks* ist ein Wortspiel aus »Mutluks«: pelzgefütterte Eskimostiefel – und »Mutt«: Hundetöle.)

Ich hatte Glück und fand bei *Pawsitively Best Friends*, nur einen Block weiter auf der State Street, einen Anzug für ihn (noch ein Wortspiel aus »Paws«: Pfoten – und »positively«: unzweifelhaft). Atticus hasste das Ding vom ersten Augenblick an.

Als ich ihm den Anzug zum ersten Mal überstreifte, waren wir noch im Laden. Er sah sofort aus, als käme er vom Tierpräparator – steif wie ein frisch ausgestopfter Hund. Er bewegte den Kopf nicht, ja nicht einmal die Augen. So blieb er minutenlang mitten im Laden stehen. Ich konnte ihn zu keiner Regung bringen.

Ich kniete mich neben ihn hin und gab ihm einen winzigen Stups, weil ich hoffte, er würde dadurch das Gleichgewicht verlieren und ein Bein bewegen, um sich zu halten. Nichts. Ich versuchte es noch einmal. Nichts. Ich wiederholte es ein wenig fester. Immer noch nichts. Noch etwas energischer – und diesmal, anstatt die Beine zu bewegen und sich aufrecht zu halten, kippte er um. Ein toter, ausgestopfter, steifbeiniger Hund. Die Todesursache: Demütigung. Die Leichenstarre trat sofort ein.

Ich rollte ihn vorsichtig auf den Rücken. Er sah aus wie ein umgedrehter Tisch.

Schon gut, ich hatte verstanden. Aber trotzdem brauchte er einen Schneeanzug, wenn wir im Winter wandern wollten.

Ich hob ihn wieder auf, stellte ihn auf die Füße und versuchte, ihn mit Worten und dann mit Leckerchen zu locken. Ich ging aus dem Laden, überzeugt davon, er würde mir folgen, aber zum ersten Mal kam er nicht mit. Nichts – ich brachte ihn nicht von der Stelle. Der innere Zwergschnauzer trat zutage, entschlossen, durch Sturheit den Kampf zu gewinnen.

Mitten in diesem Drama stürmten drei Frauen mittleren Alters den Laden. Offenbar hatten sie ihren Stadttag und klapperten die diversen Boutiquen ab. Völlig absorbiert von ihrem Kaufrausch, achteten sie gar nicht darauf, wer oder was ihnen im Weg stand, während sie in das kleine Geschäft einfielen. Damit sie nicht auf Atticus traten, nahm ich ihn hoch, setzte ihn in meine Armbeuge und stellte mich an die Seite. Immer wieder rief eine der Frauen den anderen zu, sie sollten sich dies oder das anschauen. Dann rannten sie alle hin, um irgendeine kostbare Neuentdeckung zu untersuchen, die sie unbedingt haben mussten.

Plötzlich bemerkte eine von ihnen meinen Freund, der aussah, als trüge er einen nicht jugendfreien Superman-Anzug. Starr aufgerichtet saß er auf meinem Arm, und nur Kopf, Pfoten und Genitalien waren unverhüllt und für die Welt sichtbar. Die Frau rief ihre Freundinnen: »Meine Güte! Seht doch nur den süßen kleinen Hund in seinem Anzug!«

Sie umdrängten uns. Die lauteste und kesseste der drei riskierte einen Blick und sagte: »Und seht mal, was er für einen großen Penis hat!«

Was doch die Leute für ein Zeug reden! Wie soll man auf eine solche Bemerkung reagieren? Ich tat, was jeder anständige, schlagfertige Ire an meiner Stelle getan hätte – ich grinste und sagte: »Schönen Dank auch.«

Und sie: »Ich meinte den Hund.«

»Ja, das sagen sie immer.«

Am Ende löste ich das Problem von Atticus und seiner Anzug-Totenstarre, aber es dauerte ein paar Tage, in denen ich ihm das Ding immer wieder anzog und ihn damit im Wohnzimmer stehen ließ wie ein komisches kleines Sofatischchen. Am Ende trug ich den Sieg in unserer Auseinandersetzung davon, als ich ihn in den Anzug steckte und meinen toten, ausgestopften Hund nach Moseley Pines fuhr, wo Atticus sonst gern herumrannte und Eichhörnchen jagte. Ich trug ihn etwa fünfzig Meter in den Wald – steifbeinig wie immer – und setzte ihn dann hin. Nichts. Dann rief ich laut: »Schau mal! Eichhörnchen!« Und in derselben Sekunde rannte er los. Erst als er das kleine Pelztier auf einen Baum gejagt hatte, begriff er, dass ich ihn bei seinem Versuch, mich davon zu überzeugen, der Anzug sei aus Blei, durchschaut hatte.

Sein Gesichtsausdruck in diesem Augenblick war unbezahlbar. Er bedeutete ganz einfach: »Oh, Scheiße!«

Wieder fiel mir der alte Satz von Paige Foster ein: »Sie werden es schon schaffen.« Und es stimmte wieder einmal. Nicht, dass Atticus besonders glücklich darüber gewesen wäre. Und er hätte es auch nie zugegeben, aber in diesem Winter kamen Zeiten, in denen er froh über den Anzug war, der ihn warm hielt.

Die AMC-Regeln für Winterwanderungen sind einfach. Man tut das Gleiche wie in den Warmwettermonaten, darf aber mit der ersten Tour nicht vor der Wintersonnenwende beginnen und muss bis zum Ende des Winters den Weg verlassen haben. Das gab uns neunzig Tage für alle achtundvierzig Gipfel.

Bergsteiger warnten mich auf den beiden Webseiten, dass im Winter alles anders wäre. Ständig sprachen sie von den Gefahren, davon, dass viele Wanderungen im Finstern beginnen oder enden würden, weil das Tageslicht kürzer war. Sie rieten mir außerdem, unbedingt mehr als eine Stirnlampe mitzunehmen, falls eine davon ausging. »Sie wollen bestimmt nicht nachts bei Minustemperaturen auf einem Berg hängen bleiben, wo Sie nicht die Hand vor den Augen sehen können!«

Ich war vielleicht ehrgeizig, ich war aber auch nervös. Darum sorgte ich dafür, dass ich drei Stirnlampen und zusätzliche Glühbirnen und Batterien hatte.

Sie warnten mich auch, dass Wege im Winter trügerisch aussehen, Schnee und Eis die Farbmarkierungen verdecken und selbst Wegweiser von bis zu anderthalb Metern Höhe im Schnee, wenn er hoch genug lag, verschwinden konnten. Sie erklärten mir, dass viele von den Bergen, die wir im Sommer bestiegen hatten, jetzt noch größere Anstrengungen erforderten, weil die Zugangsstraßen im Winter gesperrt und die Wege darum manchmal länger waren.

Ich brauchte nicht lange, um die Wahrheit ihrer Worte einzusehen. Wandern im Winter war etwas völlig anderes, und das merkte ich gleich am ersten Tag. Ich hatte vor, unmittelbar nach der eigentlichen Sonnenwende aufzubrechen – nachmittags um 13 Uhr 35, dem exakten Winterbeginn und kürzesten Tag des Jahres –, aber es dauerte fast eine Stunde, bis ich herausfand, wie man die vielen Kleiderschichten anlegte und den Rest der Ausrüstung im Rucksack verstaute. Als ich endlich fertig war, schwitzte ich so, als hätte ich den verdammten Berg schon hinter mir. Der letzte Akt der Vorbereitung bestand darin, mir den Riesenrucksack auf die Schultern zu hieven – mit dem Ergebnis, dass ich fast unter dem Gewicht zusammenbrach. Keuchend unter der dicken Klamottenlast und dem noch dickeren Rucksack stolperte ich in den Wald und sah dabei aus wie das Michelin-Männchen.

Ich hatte den Mount Tecumseh als ersten Wintergipfel für uns ausgesucht, weil er mit 4003 Fuß der niedrigste ist und die Strecke von der Straße bis zur Spitze nur zweieinhalb Meilen beträgt.

Das erste Wegdrittel kreuzt zwei Bäche, schlängelt sich durch lichten Wald und steigt nur sanft an. Der mittlere Teil führt über einen weiteren Bach und wird danach steil. Mein Konditionstraining vor dem Aufbruch – mich anzuziehen – setzte mir schon zu, als wir gerade erst in den Wald kamen, aber vom dritten Bach an musste ich mich richtig quälen. Ich war das Bergsteigen im Schnee nicht gewöhnt, auch wenn er gar nicht besonders tief war. Außerdem schonte ich immer noch den kranken Fuß, der mich monatelang am Wandern gehindert hatte, sodass ich im Vergleich zum Sommer völlig aus der Form war. Aber irgendwo in der Mitte dieses langen, gnadenlosen Aufstiegs bekam ich plötzlich neuen Schwung und fing an, mich umzuschauen, anstatt nur auf meine Füße zu starren.

Gott, war das schön!

Ich konnte sehen, warum es Menschen gab, die die Winterzeit liebten. Ab und zu musste ich innehalten, um die Bäume mit ihrer dicken Eisschicht anzustaunen. Ich kam mir wieder wie ein Kind vor, als sei ich an einen Ort gestolpert, von dem ich nie etwas geahnt hatte. Ich fühlte mich beinahe schuldig, weil ich dort war. Es war zu schön, um wahr zu sein. Die Freude war riesig, fast sündhaft.

Als uns ein Wanderer entgegenkam – der einzige, den Atticus und ich an diesem Tag trafen –, sagte er uns, dass niemand auf dem Gipfel sei. Plötzlich fand ich es aufregend, auf unserem ersten Winterberg mit Atticus ganz allein zu sein.

Beim Bergsteigen gibt es einen Punkt, an dem man still wird und die Einsamkeit einen einhüllt. Die Wanderung wird zur Lauf-

Meditation, eine Art Zen. Man hört auf, sich zu sehr anzustrengen, der Schritt passt sich Herz und Lungen an, und der Kopf folgt dem Beispiel.

Ich hatte diesen Punkt erreicht, und meine Gedanken streiften beglückt umher. Nach einer Weile fühlte ich mich in die Zeit der Unschuld und des Staunens zurückversetzt, in der ich als kleiner Junge zusammengerollt mit Spot, unserem Beagle, auf dem Fußboden lag, um mich herum die ganze Familie, im Fernsehen Rudolph, das rotnasige Rentier. Denn an diesen Film erinnerten mich die Bäume auf dem Tecumseh, diese dick bereiften Bäume im Schnee.

Wir kamen gut voran, und das Winterwandern schien ein Klacks zu sein. Als wir kurz vor dem Gipfel auf einen schmalen Pfad stießen, sah ich, dass der Schnee dort noch unberührt war. Ich beschloss spontan, diese Viertelmeile bis zum einzigen guten Aussichtspunkt auf dem Gipfel noch mitzunehmen, auch wenn wir den Weg dann doppelt machen mussten. Der Schnee war tiefer als erwartet, und ich musste immer wieder stehen bleiben, um vornübergebeugt nach Luft zu schnappen. Atticus, ungeduldig über mein mühsames Dahinstapfen, drängte vorwärts, wobei ihm der Schnee bis zur Brust ging. Als wir endlich eine grobe Holzbank auf dem Aussichtspunkt erreichten, gab es drei Reihen von Fußspuren: Atticus', meine und die eines Schneeschuhhasen.

Der kleine Umweg hatte mich erschöpft. Ich fühlte, wie mir die Kälte in die Knochen kroch. Ich fing an, von meinem behaglichen Zuhause zu träumen – sah mich im großen Ledersessel sitzen, ein Buch in der Hand, Atticus auf dem Schoß, eine dampfende Tasse Kakao neben mir. Aber ich wurde jäh herausgerissen, als meine Kopfhaut auf einmal wie Feuer brannte. Ich griff nach oben, strich mit den Fingern darüber und fühlte völlig überrascht, dass Eiszapfen in den Haaren hingen. Ich sah auf das Thermometer an meinem Rucksack – die Temperatur war auf minus 13,3 Grad Celsius gefallen.

Wo war die Sonne mit ihrer Wärme geblieben?

Es war, als hätte jemand einen Schalter umgelegt. Unsere angenehme, wenn auch anstrengende Wanderung war urplötzlich zu etwas ganz anderem geworden. Der Tag wich der Nacht. Nach einer kurzen Ruhepause traten wir auf demselben Pfad den Rückweg an, jetzt mit eingeschalteter Stirnlampe. Ich hatte noch nie eine Nachtwanderung gemacht und merkte jetzt, wie die Dunkelheit uns einhüllte und noch größere Kälte mitbrachte. Die fröhlichen Bilder aus dem Rudolph-Trickfilm waren zu etwas Unheimlichen geworden. Meine Stirnlampe tat, was sie konnte, um die Finsternis aufzuhellen, aber ich hatte das Gefühl, in einen Tunnel hineinzulaufen. Der dünne Lichtstrahl hob hervor, was unmittelbar vor uns lag, ließ aber alles andere in Schwärze verborgen bleiben. Es war gespenstisch und traurig, und ich fühlte mich zutiefst unwohl. Die ganze Wärme der Welt war verschwunden, und ich dachte, so müsse der Tod sich anfühlen – spröde, unnachgiebig, gefroren.

Als wir den Hauptweg wieder erreicht hatten, folgte ich Atticus auf dem letzten kurzen Anstieg über Stock und Stein am Westrand des Berges. Je höher wir kamen, desto geisterhafter schien alles, und desto tiefer sank ich in die Nacht, drehte mich in einem Wirbel von Erinnerungen, die mich nicht losließen, Erinnerungen, wie sie einen im Unterbewusstsein verfolgen, nur selten im Traum an die Oberfläche kommen und den Schläfer dann schweißgebadet und nach Atem ringend aufwachen lassen.

Bei jedem Schritt verlor ich mehr an Hoffnung und Zuversicht. Immer öfter dachte ich daran umzukehren, aber wir waren dem Gipfel so nah, und etwas zog uns unerbittlich weiter bergauf. Die Stirnlampe fing an, mir Streiche zu spielen. Sie warf Schatten, welche die spitzen Baumäste in Hunderte von knochigen Händen verwandelten, die nach mir griffen. Manchmal verfing sich ein Ast in meiner Jacke oder dem Rucksack, und ich fuhr herum, um zu sehen, wer da war. Jedes Mal machte das Licht dann die Äste lebendig. Wieder dachte ich an mein gemütliches Heim, von dem wir uns immer weiter entfernten, tiefer hinein in diesen tristen, melancholischen Traum.

Als wir auf dem Gipfel ankamen, erkannte ich ihn nicht wieder, so anders sah er aus als im Sommer. Er war voll – nicht mit Menschen, sondern mit Tannenbäumen. In ihren Mänteln aus Schnee und Eis schienen sie riesig und harsch, fast bedrohlich; nicht üppig und grün wie die warmen, liebenswerten Bäume, die mir vor kaum einer Stunde ein Lächeln ins Gesicht gezaubert hatten. Sie wirkten grausam und ließen mich bis ins Mark erschauern.

Meine Verzweiflung wuchs. Wie seltsam, sich so leer und hoffnungslos zu fühlen! Ich bin normalerweise ein fröhlicher Mensch, der gern lächelt und lacht, und auf einem Berggipfel fühle ich mich immer besonders ruhig und zufrieden. Jetzt aber spürte ich eine unerträgliche Traurigkeit.

Mir kam es vor, als wären wir nicht allein, doch da war niemand. Der Gipfel hatte etwas Unheimliches, die Bäume etwas Gespenstisches, als könnten sie Böses tun. Sie ragten über mir auf wie riesige Engel – nicht die süßen Engelchen auf den Grußkarten, sondern grimmige Engel in Rüstungen, die für Gott in den Krieg ziehen und Chaos, Zerstörung und Hoffnungslosigkeit bringen.

Ohne Warnung erlosch meine Stirnlampe. In Panik fummelte ich daran herum, aber sie wollte nicht wieder angehen. Ich kniete mich hin und öffnete den Rucksack, um fieberhaft nach der zweiten Lampe zu suchen. Während ich so herumwühlte, blickte ich wieder zu den Bäumen auf. In der Dunkelheit, in der ich unter einem sternenlosen Himmel kniete, wirkten sie noch gewaltiger. Ich konnte kaum atmen. Die Leere in mir war unerträglich, Trauer strömte aus mir heraus. Ich ergab mich, hörte auf, meine Lampe zu suchen, und kniete nur da, gelähmt vor Entsetzen. Ich habe keine Ahnung, wie lange ich so verharrte, doch am Ende drängte sich Atticus in meine Arme. Er sah mich dabei nicht an, sondern blickte zu den Bäumen auf, und so verharrten wir, Mann und Hund, während die Bäume düster auf uns herabstarrten.

Immer tiefer ließen sie mich in Gedanken und Erinnerungen voller Gefühle versinken. Ich hatte etwas Ähnliches schon früher einmal erlebt. Es lag mehrere Jahrzehnte zurück und hatte sich in ebendieser Woche vor Weihnachten abgespielt.

Ich war sieben Jahre alt, und gleich nach dem Abendessen hatte mein Vater uns zu sich gerufen. Das bedeutete normalerweise, dass wir bestraft werden sollten. Dazu mussten wir uns in einer Reihe aufstellen und »Haltung für den Gürtel annehmen«. Also näherten wir uns beklommen. Ich als Jüngster stand ganz hinten, aber mein Vater zog mich nach vorn, vor die Gruppe. Er hatte uns etwas zu sagen.

Meine Mutter hatte damals im Krankenhaus gelegen. Seit meiner Geburt litt sie an multipler Sklerose und musste im Rollstuhl sitzen. Einen Monat zuvor hatten einige von meinen Geschwistern sie zum Lebensmittelladen gefahren, um den Truthahn für Thanksgiving zu besorgen, und es hatte einen Unfall gegeben. Sie sollte gerade wieder aus dem Krankenhaus entlassen werden, als ihr eine brennende Zigarette auf das Bett fiel und die Flammen sie einschlossen. Bevor man zu ihr gelangen konnte, war ihr Körper voller Verbrennungen dritten Grades. Sie starb an den Folgen der Verbrennungen – sechs Tage vor Weihnachten.

Ich war wieder dort, wieder sieben, wieder bei meiner Familie, während ich auf dem Berg kniete und in die Bäume sah. Meine Verzweiflung galt weniger mir selbst, meinen Geschwistern oder der Mutter, die ich nie gekannt hatte, sondern meinem Vater. Als meine Mutter starb, starb auch viel von dem, was ihm noch geblieben war. Er erholte sich nie mehr. Nie wieder würde er ein an Leib und Seele gesunder Mensch sein, weder für seine Kinder noch für sich selbst. Er hatte zu viel Arbeit damit, sein eigenes Leben zu retten, als dass er uns hätte helfen können.

Ich brauchte Jahre, um zu begreifen, dass mein Vater, so schlecht er auch dafür gerüstet war, mit solchen Schicksalsschlägen fertig zu werden, sich dennoch große Mühe gab. In dieser Nacht, auf den Knien am Fuß der Bäume, war mein Herz voller Mitleid für ihn, der so lange gelitten hatte.

Ich dachte auch daran, dass er vor Kurzem entschieden hatte, unser Familienweihnachten nicht im alten Elternhaus zu feiern. Es war seine letzte Kapitulation. Er hatte erklärt, er sei zu müde und wolle sich nicht mit dem Besuch der ganzen Familie belasten. Ich hatte nicht weiter darüber nachgedacht, als er es ankündigte, aber am Ende kam es darauf auch nicht an. Die Bäume, die Nacht und der Berg hatten sich verschworen, mich mehr empfinden zu lassen, als ich eigentlich wollte.

Nachdem ich lange so gekniet hatte, tief versunken in meine traurigen Erinnerungen, sahen die Tannen auf einmal nicht mehr so finster aus. Sie standen genauso groß und stattlich da, aber plötzlich waren sie schön. Es war, als hätten sie ihre Botschaft übermittelt und ihren Zweck erreicht. In diesen stillen Augenblicken hielt ich weiter Atticus im Arm und dachte über das nach, was ich gerade erlebt hatte. Beide schauten wir noch immer zu den Baum-Engeln auf.

Und weil ich nun schon kniete, wollte ich auch ein paar Gebete sprechen. Ich betete für meine Geschwister und betete für meine Mutter, am innigsten aber für Jack Ryan.

Irgendwann flackerte meine Stirnlampe wieder auf. Ich holte ein paar Würstchen für Atticus und mich aus dem Rucksack und suchte weiter, bis ich die beiden anderen Lampen gefunden hatte. Sicherheitshalber steckte ich sie in die Jackentasche, bevor wir den Gipfel verließen. Aber ich hatte das Gefühl, dass ich sie nicht brauchen würde.

Die Nacht war nicht mehr so dunkel. Ein paar Sterne erschienen und verdrängten die Wolken. Mein Thermometer zeigte nicht mehr minus 13,3 Grad Celsius, sondern nur noch minus 7,7 Grad. Der Weg bergab in der Dunkelheit war irgendwie anders geworden – angenehmer und heller. Wir beendeten ihn ohne weitere Vorfälle.

Später bei der Heimfahrt verstand ich ein bisschen besser, wovor die erfahrenen Wanderer mich gewarnt hatten: dass das Wandern im Winter ganz anders ist als im Sommer und dass seltsame Dinge geschehen können – vor allem nachts. Man muss wirklich auf alles vorbereitet sein. Ich dachte auch an die Abenaki-Indianer, die nicht auf die Spitzen der hohen Gipfel stiegen, weil sie glaubten, dort wohnten die Großen Geister.

Erst als wir nachts in Newburyport ankamen und Atticus und ich zu Bett gingen, wurde mir plötzlich klar, dass wir heute unseren ersten Wintergipfel bezwungen hatten. Ich konnte mir nicht richtig erklären, was dort oben geschehen war, aber es war so ungewöhnlich, dass ich mehr davon wollte. Beim Einschlafen fragte ich mich, was unser Winter in den *Weißen* uns wohl noch alles lehren würde.

Im Lauf des Winters erwiesen sich Atticus' Muttluks und sein Anzug mehrfach als unverzichtbar. Wir bekamen es mit kälteren Temperaturen und tieferem Schnee zu tun, als wir beide es je erlebt hatten. Ich lernte, seinen Anzug im Rucksack zu lassen, bis es für Atticus ungemütlich wurde; dann zog ich ihm das Ding über, und er freute sich, weil es so bequem saß und das Fleecefutter wärmte.

Doch das wertvollste Stück unserer Ausrüstung hatte ich nicht gekauft. Es war etwas, was wir schon besaßen: gesunder Menschen-(und Hunde-)Verstand. Wir übertrieben nicht und nahmen nur, was die Berge uns gaben. An den besten Tagen, wenn die Temperatur gemäßigt, der Himmel klar und die Wettervorhersage günstig war, wählten wir einen der höheren, weniger geschützten Gipfel. Leider waren solche Tage selten. Wenn es nicht so schön, aber noch nicht zu gefährlich war, wanderten wir dort, wo es Bäume gab und wir nicht so viele offene Flächen überwinden mussten. An den ganz schlimmen Tagen blieben wir einfach zu Hause. Das kam häufig vor.

Auch wenn sich manche Leute meinetwegen Sorgen machten, war ich der Meinung, den meisten etwas vorauszuhaben. Wäre ich allein gewesen, wäre ich sicher öfter losgezogen, aber Atticus hätte ich auf keinen Fall durch Stürme, Starkwind, übermäßige Kälte oder Wege, die vereist oder so tief mit Neuschnee bedeckt waren, dass wir nicht durchkommen würden, gefährdet. Und weil ich Atticus keinen ungünstigen Bedingungen aussetzen wollte, sorgte ich zugleich für meine eigene Sicherheit.

Manche Leute fanden, Hunde gehörten im Winter nicht auf die Wanderwege, weil ein Hund den Unterschied zwischen einem schlechten und einem guten Tag zum Wandern nicht erkennt und einfach seinem Besitzer überallhin folgt. Aber das traf auf Atticus und mich nicht zu. Wie immer in unserem Zusammenleben konnte Atticus seine Meinung äußern, und wenn er das Gefühl hatte, diesmal wollte er nicht mitgehen, zwang ihn auch niemand dazu.

Zweimal geschah es in diesem Winter, dass er sich gegen eine Wanderung entschied. Beim ersten Mal waren wir die zwei Stunden von Newburyport ins Gebirge gefahren und an der Stelle, an welcher der Weg beginnt, angekommen. Der Wind war bösartig und die gefühlte Windkälte weit unter null. Kleine Schneetornados wirbelten umher. Atticus sprang aus dem Wagen, machte sofort kehrt und war mit einem Satz wieder drin. Er hatte gesprochen.

Beim zweiten Mal war das Wetter viel besser. Ein idealer Tag zum Wandern. Aber es war unser dritter Tag in Folge, und Atticus war müde. Als wir am Anfang des Wanderwegs parkten und ich mich marschbereit machte, blieb er zusammengerollt auf dem Vordersitz liegen. Ich rief ihn, aber er zuckte nur mit den weißen Augenbrauen, als wollte er sagen: »Weck mich, wenn du wiederkommst.« Ich legte meinen Kram wieder ab, verstaute alles im Auto, und wir fuhren nach Hause. Wir waren Partner, und wenn einem von uns nicht nach Wandern zumute war, dann ließen wir es eben bleiben.

Ein weiterer Vorteil war, dass Atticus die angeborene Gabe besaß, Dinge zu erkennen, die andere Hunde vielleicht nicht sahen. Er wusste, wann man einen zugefrorenen Bach nicht überqueren durfte, auch wenn es sicher aussah, und wann man es unbesorgt tun konnte, auch wenn es nicht so schien. Das Gleiche galt für manchen vereisten Bergrutsch, mit dem wir es zu tun bekamen. Bei einigen schritt er als Erster mutig voran und führte mich auf die andere Seite. Andere wieder veranlassten ihn, zurückzubleiben und mir den Vortritt zu lassen oder zu warten, dass ich ihn aufhob und eine kleine Strecke trug. Diese Fähigkeit, den Zustand der Wege zu lesen und die eigenen Grenzen zu kennen, war von großem Vorteil für uns, denn es waren ganz andere Berge, die uns jetzt herausforderten, und es gab weit weniger Spielraum für Fehler. Es waren dieselben Berge, die wir im Frühling und Sommer bestiegen hatten, nur dass sie jetzt anders aussahen und sich entschieden anders anfühlten.

An den besten Tagen war der Winter in den *Weißen* ein Wunderland. Man lief durch einen kristallenen Wald, über sich ein azurblauer Himmel, und wenn man durch die letzten verschneiten Koniferen zum Gipfel vorstieß, so war es, als stolpere man in C. S. Lewis' magischen Garderobenschrank, dränge sich durch die Reihen der Mäntel und wisse schon, dass etwas Verzaubertes dahinter liegen müsse. Trat man dann aus den Bäumen heraus und stand auf einem freien Kamm oder einer Bergspitze, war es, als hätte sich die Rückwand des Schranks geöffnet und wir wären in unserem eigenen, ganz besonderen Narnia angekommen. Es war eine Welt für sich, eine Welt, die nur uns beiden gehörte.

Im schlimmsten Fall waren die Wälder tief unten verödet, die Farben des Waldes verschwunden, ersetzt durch ein ausdrucksloses Schwarzweiß. Es gab keinen süßen, schwülen Sommerduft, kein Vogel sang, und kaum ein Tier ließ sich blicken. Es war der einsamste und verlassenste Ort auf der Welt. Der Wind heulte wie eine Banshee, eine irische Todesbotin, oder brüllte wie ein Drache, der mit donnernden Schwingen über die Baumwipfel kreist. Die Kälte drang mir bis ins Mark.

Meistens hatten wir die Wege für uns allein. Ich lernte einen ganz neuen Grad an Einsamkeit kennen und erfuhr, wie diese brutale und schweigende Welt meinem Verstand Streiche spielen und mich mit Sehnsucht nach Newburyport und den freundlichen Gesichtern dort erfüllen konnte. Den ganzen Winter über erlebten wir, was es zu erleben gab. Es waren beängstigende und auch großartige Momente, Momente des Erfolgs und solche des Scheiterns. Und es gab sogar komische Momente.

Mein schönstes Erlebnis letzterer Art hatte ich auf dem Mount Washington, einem der tödlichsten Berge der Welt. Er hat bisher einhundertfünfunddreißig Menschenleben gekostet und bis vor Kurzem die höchste Windgeschwindigkeit für sich in Anspruch genommen, die je auf der Erde gemessen wurde – fast 231 Meilen pro Stunde. Die durchschnittliche Windgeschwindigkeit liegt bei 45 Meilen pro Stunde, die Durchschnittstemperatur im Winter bei minus 15 Grad Celsius. Wie der White-Mountain-Führer des AMC feststellt, sind das Wetterbedingungen, mit denen man in der Antarktis rechnet, nicht aber in New Hampshire.

Bei meiner Planung für den Winter hatte ich mich gefragt, ob wir es wohl schaffen würden, Atticus heil auf den Gipfel des Washington zu bringen. Aber als wir zwei Monate gewartet hatten, gab es ein enorm seltenes, fünfstündiges Wetterfenster, während dessen es windstill sein sollte. Wir brachen sofort auf. Vier Stunden später saßen Atticus und ich ganz allein auf dem windstillen Gipfel. Die Temperatur lag bei »lauen« minus 1,1 Grad Celsius, fühlte sich aber so mild an, dass ich statt der dicken Jacke nur ein Fleeceoberteil trug und Mütze und Handschuhe gleich zur Seite gelegt hatte.

Nach einiger Zeit erschien am Horizont eine Gruppe von acht Männern, geleitet von einem professionellen Bergführer, dem sie viel Geld für die Tour bezahlt hatten. Es waren lauter sportliche junge Büroleute. Ihre Ausrüstung war vom Feinsten und brandneu. Jeder trug einen Eispickel, Kletterseile, einen Winteranorak wie für den Mount Everest; Schneebrillen und diverse andere teure Gegenstände waren auf ihre Rucksäcke geschnallt oder baumelten daran. Sie wollten den gewaltigen Washington herausfordern und es mit seinen Starkwinden und Eistemperaturen aufnehmen. Sie waren gekommen, um dem Tod ins Auge zu blicken und am nächsten Montag im Büro kräftig damit anzugeben.

Doch anstelle des Todes stießen sie auf etwas noch weit Entsetzlicheres: einen kleinen Hund und einen dicken Kerl, die unter dem Gipfelzeichen saßen und so gemütlich ein Brot mit Erdnussbutter und Marmelade verspeisten wie bei einem Picknick im Stadtpark von Boston mitten im Sommer.

Als sie in Hörweite kamen, blieben sie alle zugleich stehen, so schwer atmend, dass ihre Brillen beschlugen. Es war so warm, dass sie unter ihren schweren Jacken mit den hochgeschlagenen Kapuzen und den Sturmhauben fürchterlich schwitzen mussten. Weder Atticus noch ich rührten uns. Ich nickte ihnen grüßend zu. Atticus musterte sie gelassen und genoss ein weiteres Stückchen Erdnussbutterbrot.

Es war ein unbezahlbarer Augenblick starren Schweigens. Endlich ermannte sich einer der Kerle und sprach für alle. Mühsam seine Fassungslosigkeit überwindend, fragte er: »Wie ... wie sind Sie hier heraufgekommen?«

Ich biss noch einmal von meinem Brot ab und warf auch Atticus ein Eckchen zu. Er nahm es. Dann ließ ich sie warten, während ich kaute.

»Wir sind gelaufen.«

»Gelaufen?« Ungläubig betrachteten sie meinen schlichten Rucksack, den kleinen Hund und schließlich mich. »Sie ... Sie und dieser kleine Hund ... Sie sind einfach hier hochgelaufen?«

Ich nickte und schenkte ihm ein kleines Lächeln.

Als wir uns von ihnen verabschiedeten und gingen, hatte ich große Zweifel, dass sie ihren Kollegen und Freunden diese Geschichte erzählen würden, aber ich wusste, dass ich es tun würde. Es war eine Reaktion, der wir häufig begegneten: ein ungläubiger Blick, wenn die Leute hörten, dass so ein kleiner Hund tatsächlich im Winter auf Berge stieg.

Es war ein erstaunlicher Winter, und wir waren gut, aber alle achtundvierzig Gipfel schafften wir doch nicht. Zwei anstrengende Touren fehlten uns am Ende. Trotzdem hatten die beiden ungewöhnlichsten Neulinge in der Winterwandererszene mühelos allgemeine Aufmerksamkeit erregt. Und wieder banden die gemeinsamen Erlebnisse uns nur noch enger aneinander. In gewisser Weise schufen Atticus und ich uns ein eigenes kleines Universum, und wir wussten, dass wir darin, ganz gleich, was die Welt noch für uns bereithielt, mit allem fertig werden würden, solange wir nur zusammenhielten.

Gegen Ende des Winters schrieb ich einen Brief an meinen Vater. Ich erzählte ihm, dass es eine meiner liebsten Kindheitserinnerungen war, wie ich mit ihm und meinen Brüdern Stephen, Jeff und David im herannahenden Schatten des Sommerabends auf dem kühlen Rasenbecken vor dem Lafayette-Place-Campingplatz stand und zum gewaltigen Grat der Franconia Ridge aufsah. Sie gehörte zu jenen Erinnerungen, die oft in mir hochkamen und bei denen ich daran dachte, wie sicher und geborgen ich mich damals gefühlt hatte. Es war ein Augenblick gewesen, in dem ich zum ersten Mal begriffen hatte, wie wundervoll die Welt ist.

An dem Abend, als ich ihm den Brief schrieb, saßen Atticus und ich in unserer gemieteten Hütte zusammengekuschelt auf dem Boden vor dem Kamin. Er schnarchte selig vor sich hin. Den Schlaf hatte er sich nach der harten Wanderung redlich verdient. Wir waren an diesem Tag auf genau diesem gewaltigen Grat gewesen, ganz oben, mehr als 5000 Fuß über dem Meeresspiegel. Die Temperatur lag über null, doch der Wind trieb sie nach unten. Es war Mittag, aber ohne die Uhr auf meinem Höhenmeter hätte ich es nicht gemerkt, denn es war dunkel und trübe und ich mit Atticus ganz allein. Wir hatten die Bäume hinter uns gelassen und waren auf unserem Weg zum Mount Lincoln und weiter zum Mount Lafayette völlig schutzlos. Windböen spielten mit uns und bewarfen uns mit Schnee und Eis. Ich musste Schneebrille und Sturmmaske aufsetzen, um mein Gesicht zu schützen und nicht blind zu werden. Die Elemente tobten so heftig, dass man bei dem Zwei-Meilen-Marsch über den offenen Kamm nicht viel sehen konnte. An einem sonnigen Tag gibt es kaum einen schöneren Ort. Aber an einem Tag wie diesem, als sich das Wetter auch noch verschlechterte, sah alles nur öde aus – wüstes Land rechts und links von einem schmalen, steinigen Pfad.

Während es immer ungemütlicher wurde, versuchte ich wieder an die kleinen Freuden zu denken, die in all diesen kalten Monaten nach mir gerufen hatten: die Tasse Kakao, das warme Bad, das gute Buch, der dicke Pullover und der gelegentliche Sonnenschein. Das hatte ich mir zur Angewohnheit gemacht. Doch die Wirklichkeit drängte mit einer Böe nach der anderen auf uns ein, und ich fragte mich, wie so oft in diesem Winter, ob ich es schaffen würde. Das passierte mir häufig, wenn wir ganz allein auf einer Höhe standen, ohne ein Zeichen menschlichen Lebens ringsum, und ich fühlte mich dann so schwach, wie man sich nur fühlen kann. Ich griff nach Stärke, die ich nicht zu besitzen schien, und musste unwillkürlich an Guy Waterman denken, einen Schriftsteller und hochberühmten Bergsteiger aus der Gegend, der genau diesen Bergkamm gewählt hatte, um sich hinzulegen und sein Leben zu beenden. Auch wenn ich nicht unter der Depression litt, gegen die er gekämpft hatte, dachte ich daran, dass ein Wetter wie dieses einem Menschen Hoffnung und Vernunft rauben und ihm ein Gefühl von Einsamkeit und Leere geben kann. Ich überlegte mir, wie einfach es doch wäre, sich hinzusetzen und nicht länger durch Wind und Finsternis zu laufen. Aber ein Hinsetzen hätte das Wiederaufstehen schwerer gemacht. Trotzdem ermüdete mich der Nebel und raubte mir allen Leistungswillen, sodass ich mich zum Weiterlaufen zwingen musste.

Ich war erschöpft, und mein Körper wog immer schwerer. Es war eine dieser Situationen, in denen es mir ganz besonders schwer fiel, ganz oben allein zu sein. Aber vermutlich war gerade das einer der Gründe, weshalb ich mich auf mein Winterabenteuer eingelassen hatte. Ich wollte mich selbst herausfordern, um stärker zu werden. Ich wollte in diesem fürchterlichen Wetter und einer Umgebung, die ich stets gefürchtet hatte, mir selbst gegenübertreten, in der Hoffnung, als ein anderer Mensch zurückzukehren.

Nicht zum ersten oder letzten Mal an diesem Tag blickte ich auf den nebelverhangenen Pfad vor mir. Ich konnte kaum etwas sehen. Auf beiden Seiten, nicht weit entfernt, versank der Kamm im Nebel – mehr gab es nicht. Nur einen grauen Abgrund. Meine Höhenangst plagte mich. Ich sagte mir, dass nur ein paar falsche Schritte auf dem Eis genügten, und die Sache würde mir leidtun.

Darum bewegte ich mich auf meinen Steigeisen äußerst vorsichtig und wartete jedes Mal erst darauf, dass sich das Metall im Eis festbiss, ehe ich den nächsten Schritt wagte. Und während ich mich so mutterseelenallein fühlte und die Sicht auf meine Umgebung zwischen fünfzig und ein paar Hundert Fuß schwankte – je nach Böen und Wolken –, verließ mich die Lust, und ich bereute meinen Entschluss, die Berge im Winter zu besteigen.

Wo ist die Sonne, wenn man sie braucht? Diese Frage habe ich mir dort oben an solchen stürmischen Tagen oft gestellt. Doch noch während ich darüber nachdachte, brauchte ich den Blick nur etwa 15 Meter nach vorn durch den Nebel schweifen zu lassen. Dort, auf einem Steinhaufen, den eine abziehende Wolke soeben freigab, direkt vor mir, saß mein Ansporn – ein Zwanzig-Pfund-Hund.

Der kleine Atticus hatte – *zum Teufel mit den heftigen Böen!* – die Führung übernommen. Kopf und Schlappohren vor dem Wind eingezogen, marschierte er, leicht seitlich geneigt, vorwärts – wie John Wayne.

Nie hatte ich so viel Liebe für ihn empfunden wie in diesem Augenblick, nie war ich so stolz auf ihn gewesen. Er war mein absoluter Held, stets bereit, meine Stimmung zu heben, mich zu verblüffen und manchmal zum Lachen zu bringen. Dabei war er doch für solche Anstrengungen gar nicht geschaffen. Aber da stand er, nicht einfach nur so, sondern als Bergführer, der mich in Sicherheit brachte. Unaufhaltsam stiefelte er auf die beiden Gipfel zu. Wie konnte ich ihn je im Stich lassen? Wie konnte seine Beharrlichkeit mir nicht neuen Mut geben?

Voller Bewunderung sah ich zu, wie er kraftvoll und selbstsicher voranschritt, sein kleiner Körper ungebeugt vom Sturm, unbeeindruckt von den großen Bergen. Dieser kleine Hund, vermutlich eher dazu gezüchtet, auf dem Schoß, in einem Fahrradkorb oder auf Autopolstern am offenen Fenster zu sitzen, erinnerte mich in diesem Winter immer und immer wieder daran, dass wir uns Grenzen allenfalls selbst setzen.

Ein paar Tage nach dieser Tour kaufte ich für 300 Dollar eine Digitalkamera, als Ersatz für einen Fotoapparat, der mir bei einer anderen Wanderung heruntergefallen und eine vereiste Klippe hinuntergerutscht war. Als ich ihn zu Beginn des Winters kaufte, wollte ich damit Videos aufnehmen, um meinem Vater jene Berge zu zeigen, auf deren Spitze er selbst nicht mehr stehen konnte. Jetzt aber hatte ich einen weiteren Grund. Ich wollte Atticus für alle Zeit auf Film bannen, damit ich, wenn ich einmal alt und grau bin, diese Videos anschauen und sagen kann: »Ich kannte da mal einen höchst erstaunlichen Hund …«

Paige und ich führten keine ausgedehnten Telefongespräche mehr. Nicht, dass etwas nicht in Ordnung gewesen wäre, es war nur so, dass sie ihr Leben hatte und ich meins. Ich hatte mich auch immer ein bisschen schuldig gefühlt, weil wir in Atticus' erstem Jahr so oft und so lange geredet hatten – manchmal hatte es den ganzen Tag gedauert. Wenn wir am Telefon hingen, wurden aus Minuten Stunden. Ich ermahnte mich, dass es ja schließlich viele Leute gab, die bei ihr Welpen kauften, und dass ich ihre Zeit nicht für mich allein beanspruchen durfte. Das bedeutete jedoch nicht, dass ich sie nicht auf dem Laufenden hielt. Ich mailte ihr Neuigkeiten von unseren Winterwanderungen und schickte Fotos des kleinen Hundes, den sie gezüchtet hatte, wie er in seinen Muttluks auf schneebedeckten Berggipfeln stand. Ihre Antworten kamen immer atemlos und voller Ausrufezeichen. Es lag etwas Fröhliches und Optimistisches in den Worten, mit denen sie mir dafür dankte, dass ich Kontakt hielt. Ich konnte fast ihren texanischen Akzent hören, wenn sie tippte: »Noch viel mehr Erinnerungen, bitte … am liebsten waggonweise!«

Sie war voller Staunen, dass Atticus im Sommer die Achtundvierzig bestiegen hatte. Doch noch viel mehr verblüffte sie unsere Leistung im Winter. Wir hatten zwar nicht alle Gipfel geschafft, aber in Paiges Augen trotzdem nicht versagt. »Ich habe Ihnen ja gesagt, dass er mir immer schon anders vorkam als die anderen, aber das hätte selbst ich ihm nicht zugetraut«, schrieb sie. »Ich frage mich nur, was er in Zukunft noch mit uns vorhat!«

Damals wusste ich es noch nicht, aber dieser erste Sommer und Winter waren die Vorbereitung auf das, was danach kommen würde – ein Abenteuer, das alles Bisherige in den Schatten stellte. Es sollte unser ganzes Leben verändern.

Für die Kinder

Viele Jahre war ich ein selbsternannter amtlicher Überwacher von Schneestürmen und Starkregenfällen und erfüllte getreulich meine Pflicht, obgleich ich nie dafür bezahlt wurde.
HENRY DAVID THOREAU

Genau das war ich – der Henry David Thoreau von Newburyport. Ich war der »selbst ernannte amtliche Überwacher von Schneestürmen und Starkregenfällen«, ich »erfüllte getreulich meine Pflicht«, und ich wurde zwar dafür bezahlt, allerdings nicht gerade üppig. Aber ich hatte es selbst so gewollt.

Ich liebte meine Arbeit mit der »Undertoad«, liebte es, über Stürme in der Politik zu schreiben, eine brandaktuelle Nachricht als Erster zu veröffentlichen, den Blickwinkel, aus dem die Stadt sich selbst sah, zu verändern und Chronist einer Gemeinschaft vieler unterschiedlicher Persönlichkeiten zu sein. Alle zwei Wochen gab es neue Geschichten, eine Besetzung von Helden und Schurken – manche neu auf der Bühne, andere aus früheren Auftritten bekannt, gelegentlich sogar mit vertauschten Rollen –, dazu die laufende Fortsetzungsgeschichte einer Stadt im Wandel der Gentrifizierung.

Doch besser als all das war, dass ich mich als Teil einer Gemeinschaft fühlen konnte. Alle zwei Wochen luden mich Menschen, die meine Zeitung gekauft hatten, zu sich nach Hause ein, und von vielen bekam ich Zuspruch. Ausgenommen natürlich der Abteilungsleiter, dem Schwindeleien vorgeworfen wurden; der amtierende Polizeichef, den man dabei erwischt hatte, wie er seinen Stundenzettel fälschte, um beim Golfspielen Gehalt zu kassieren; die Bürgermeisterin, die in flagranti ertappt wurde bei dem Versuch, heimlich eine Straße durchzudrücken, von der einer ihrer Mitarbeiter finanzielle Vorteile, der Rest der Stadt aber nur Nachteile haben würde – sie alle hassten mich. Aber die alteingesessenen Einwohner von Newburyport, die immer wieder Dinge wie diese erlebt hatten, waren begeistert, dass es endlich jemanden gab, der alles ans Licht brachte. Diese dankbaren Leser waren weit zahlreicher als die wütenden. Ohne ihre Freundlichkeit und Unterstützung hätte ich nie so lange durchgehalten. Weil ich kein Personal hatte, waren sie meine Stützpfeiler.

Ich kam als Fremder in die Stadt, gründete ein Jahr später die »Undertoad« und fing sofort an, mich mit einer bunten Mischung von Leuten anzufreunden. Als ich die ersten Briefe an meinen Vater veröffentlichte, fand man darin ein persönlicheres Bild des Mannes, der die Intimitäten von Newburyport aufdeckte, und das brachte mir die Menschen noch näher. Sie hatten das Gefühl, mich zu kennen, und in gewissem Maß stimmte das auch. Sogar meinen Vater glaubten sie zu kennen. Das war wohl einer der Gründe, weshalb so viele von ihnen auf mich zukamen, als Max starb, und dass sie dann auch Atticus in der Stadt willkommen hießen.

Es gab kaum Tage, an denen ich mich nicht mit dem einen zum Frühstück, dem anderen zum Mittagessen und wieder anderen zwischendrin auf einen Kaffee oder Tee traf. Mein Terminkalender war immer voll. Es waren nicht nur Leser, die neue Geschichten für mich hatten, sondern Menschen, die zu Freunden geworden waren. Meine Kritiker würden bei dem Gedanken erblassen, aber ich kam auf meinen Runden mit so vielen Leuten zusammen, dass ich mir fast vorkam wie der sprichwörtliche alte Gemeindepriester. Selten passierte etwas, von dem ich nichts wusste. Das betraf nicht nur die Politik. Wenn jemand krank war oder ein Baby bekam, wenn die Kinder ihren Collegeabschluss machten oder die Hauptrolle im Highschooltheaterstück spielen durften, erfuhr ich es. Es war ein wunderbares Gefühl, hier zu Hause zu sein, verwoben mit dem Leben der Stadt und ihren Bewohnern.

Eine meiner liebsten Freundinnen war Vicki Pearson. Immer wenn wir sie in der Gerberei besuchten, überwältigte mich die enorme Menge ihrer Aufgaben, denn sie erledigte einen großen Teil von David Tanners Geschäften. David betrieb nicht nur die Gerberei – diese wunderbare Ansammlung einzigartiger Läden –, ihm gehörte auch eine Vielzahl von Immobilien in der ganzen Stadt, und es war Vickis Job, den Überblick über alle Mieter zu behalten. Es schien ihr mühelos zu gelingen. Doch noch beeindruckender als ihre Fähigkeiten als Geschäftsfrau war ihr Herz aus Gold. Ich glaube, es gab niemanden, der Vicki nicht gern hatte. So etwas kam wirklich selten im kleinen Newburyport vor.

Sie war verheiratet, hatte einen Sohn aus einer früheren Ehe und viele Freunde. Mich adoptierte sie als einen der Letzteren. Sie liebte die »Undertoad« und hatte sie gleich von Anfang an abonniert. Darüber hinaus aber liebte sie Hunde, fand mich nicht nur als Herausgeber, sondern auch als Mensch sympathisch, und verlor dann ganz und gar ihr Herz an Atticus. Darum bestand sie auch darauf, dass wir in der *Lila Zwiebel* aßen, weil Atticus dort mitkommen durfte.

Eines Tages rief ihr Sohn mich an und sagte, Vicki liege im »Anna Jacques«, dem Krankenhaus von Newburyport, und wolle mich sehen. Ich hatte gewusst, dass sie krank war, aber nicht, wie schlecht es um sie stand.

Als ich ihr Krankenzimmer betrat, hatte sie keine Ähnlichkeit mehr mit der Vicki, die ich schätzen und lieben gelernt hatte. Die Haut hing ihr lose von den Knochen, die Augen waren aus den Höhlen getreten. Sie wirkte müde, hinfällig und gebrochen. Dann aber fing sie an zu reden, und die alte Vicki war wieder da und verlor keine Zeit, um mir Befehle zu erteilen.

»Ich brauche ein bisschen Hilfe«, erklärte sie. »Ich plane gerade meine Beerdigung.« Es kam mit einem kleinen Lachen, so als plane sie die Party zu ihrem fünfzigsten Geburtstag, den sie letztes Jahr gefeiert hatte.

Bald hatte sie auch mich zum Lachen gebracht. Es war wie immer. Jede Menge Witze und Scherze über ihre kurze Zukunft – und gleich darauf die »Zur Sache!«-Vicki.

»Ich sterbe.«

Ich schluckte hart.

»Und wissen Sie, Tom, was das Gute daran ist? Man bringt die Leute dazu, einem etwas zu versprechen, und sie können es nicht ablehnen.«

Dann äußerte sie verschiedene Wünsche und ließ mich versprechen, dass ich sie erfüllen würde. Dazu gehörte, dass ich ihr bei der Planung der Beerdigung half. Ich war tief gerührt, weil sie ihren Abschied so organisieren wollte, dass die Belastung für Mann und Sohn nicht zu groß würde. Selbst am Ende ihres Daseins wollte sie es ihnen nicht zu schwer machen, und sie bewies Stärke, Mut und Haltung. Es kam mir alles unwirklich vor. Sie war viel zu lebendig, um zu sterben.

Früh am Morgen des nächsten Tages waren Atticus und ich wieder bei ihr. Ich saß auf dem Stuhl neben ihrem Bett, und er lag obendrauf. Atticus war fast bei jedem Besuch dabei, und selbst als sie immer abwesender wurde – eine Folge sowohl des Morphiums als auch des Krebses selbst, der sich wie Efeuranken ihr Rückgrat hinaufschlängelte –, schlug sie jedes Mal bei unserer Ankunft langsam die Augen auf und sagte: »Hallo, Atticus.«

»Und ich?«, fragte ich.

»Ja, ja, du auch.«

Ein Nachbar von Vicki erzählte mir einmal eine Geschichte. Eines Tages war der Hund eines Nachbarn weggelaufen. Vicki fand ihn auf der Straße und nahm ihn auf. Sie hatte nichts gegen den Nachbarn, wollte ihm den Hund aber nicht zurückgeben, weil sie fand, das Tier hätte etwas Besseres verdient.

Ich glaube, Atticus – und andere Hunde – standen ihr nahe, weil sie Dinge fühlen, die den meisten Menschen entgehen. Vicki ihrerseits sah in allen Hunden zweifellos das Beste.

Als es zu Ende ging und sie zu schwach zum Sprechen war, las ich ihr vor. Einmal wählte ich das Stück über die Tiere aus Walt Whitmans »Grashalmen«:

> *Ich glaube, ich könnte hingeh'n und mit den Tieren leben,*
>   *sie sind so still und beschlossen in sich,*
> *Ich stehe und schaue sie an, lange und lange.*
> *Sie schwitzen und wimmern nicht über ihre Lage,*
> *Sie liegen nicht wach im Dunkeln und weinen*
>   *über ihre Sünden,*
> *Sie empören mich nicht durch Erörterungen*
>   *über ihre Pflichten vor Gott,*
> *Keines ist unzufrieden, keines besessen von dem Wahnsinn,*
>   *Dinge besitzen zu wollen,*
> *Keines kniet vor dem anderen oder vor seinesgleichen,*
>   *das vor Jahrtausenden lebte,*
> *Keines ist Respektsperson oder unglücklich auf der ganzen*
>   *Erde.*
> *So zeigen sie mir Verwandtes und ich nehme es an,*
> *Sie bringen mir Zeichen meiner selbst und erweisen sie*
>   *deutlich an sich.*

Vickis Augen blieben geschlossen, aber sie lächelte ein winziges Lächeln und strich mit der Hand langsam über den Kopf von Atticus, der an ihrer Seite ruhte.

Was Vicki so kostbar machte, war, dass sie sich zwar von der Natur, den Blumen und Hunden und so ziemlich allem, was dazugehört, beeindrucken ließ, aber überhaupt nicht von Leuten, die von sich selbst beeindruckt waren. Das war selten in Newburyport. Darum war es eine so interessante Konstellation, als sie im Vorstand der Handelskammer saß. Wie in den meisten solcher Gremien gab es dort viele Leute, die ganz besonders von sich überzeugt waren. Vicki dagegen waren Status und Stellung völlig egal, und sie kümmerte sich weniger als irgendjemand sonst, den ich je gekannt hatte, darum, wer und was sie selbst und wer und was andere waren. Und obwohl sie Blender nicht mochte und über manche Leute, die dann zu ihrer Beerdigung kamen, »weil es sich so gehörte«, gelacht hätte, ließ sie andere leben, wie es ihnen gefiel – solange sie sich nicht mit ihr anlegten.

Mit fünfzig Jahren war sie in den Ruhestand gegangen. Sie wollte mehr Zeit für ihren Garten und ihre beiden »Lieblingsblumen« haben – ihre Enkel, von denen sie einen ins Disneyland nach Florida mitnahm, weil sie jetzt die Freiheit dazu hatte. Damals beschloss sie, für den Schulausschuss zu kandidieren, und legte ihrem Wahlkampf eine sehr einfache Aussage zugrunde: »Für die Kinder«. Bei einem unserer Mittagessen gestand sie mir, dass es viele Gründe gab, warum sie das Amt anstrebte, dass aber auch ich sie dazu motiviert hätte – wegen einiger Dinge, über die ich in der »Undertoad« geschrieben hatte.

»Alle zwei Wochen habe ich die ›Toad‹ gelesen und gedacht, ›die Kinder haben etwas Besseres verdient‹, darum nahm ich mir vor, nicht länger davon zu reden und lieber etwas zu tun.«

Mitglied des Schulausschusses zu sein war eine undankbare Position. In der Hierarchie der Wahlämter stand der Ausschuss auf Rang drei von drei. Zuerst und ganz vorn kam die Bürgermeisterin, gefolgt von den elf Stadträten, und zum Schluss kamen die sechs Mitglieder des Schulausschusses. Alle diese Ämter, mit Ausnahme des Bürgermeisteramtes, wurden von Bürgern, die tagsüber ihrem Beruf nachgingen, ehrenamtlich ausgeübt. Die Zeit, die diese Wahlbeamten opferten, grenzte ans Unermessliche.

Da die Fördermittel für Schulen anscheinend jedes Jahr weiter gekürzt wurden, machte es wenig Freude, Mitglied des Schulausschusses zu sein und ständig mit erbosten Eltern zu tun zu haben. Man musste schon vollkommen von seiner Arbeit überzeugt sein und auch wirklich Kinder lieben. In beiden Punkten lag Vicki weit vorn.

Die Wahl gewann sie mit Leichtigkeit, aber kurz danach fingen die Brustschmerzen an. Sie dachte an Herzprobleme und ließ sich entsprechend behandeln. Es folgte Taubheit in den Gliedern. Zu Thanksgiving, drei Wochen nach der Wahl, konnte sie nicht mehr ohne Hilfe einer Freundin duschen. Sie konnte nicht stehen. Man sagte ihr, das sei nur eine Reaktion auf ihre Medikamente. Doch weitere Tests ergaben einen großen Tumor im Rücken, und bevor man überhaupt begriff, was hier geschah, war die dynamische Frau, die noch vor einem Jahr an einem Sechzig-Meilen-Dreitagemarsch gegen Krebs teilgenommen hatte, von der Mitte abwärts gelähmt. Sie ließ sich operieren, würde aber nie wieder laufen können.

Am Tag der Amtseinführung saß sie ganz allein im Rollstuhl unten vor der Bühne. Die anderen Mitglieder des Schulausschusses hatten oben bei den Stadträten und der Bürgermeisterin ihren Platz. Um mit ihr den Amtseid zu leisten, kamen die beiden anderen neuen Ausschussmitglieder zu ihr herunter, kehrten danach aber wieder auf die Bühne zurück und ließen Vicki allein sitzen, zusammengeschrumpft und erschöpft.

Alle dachten, sie würde gut zurechtkommen. Ihre Beine nicht benutzen zu können würde für Vicki Pearson kein Hindernis bedeuten. Bald stellte sich aber heraus, dass sich der Tumor an ihrem Rückgrat verschlimmerte und es keine Hoffnung mehr gab.

In einem Brief an meinen Vater schrieb ich: »Vicki war noch klar genug im Kopf, um zu verstehen, dass wir einen Tag länger oben im Norden geblieben waren. An dem Abend, als wir zurückkamen, haben wir noch lange miteinander geredet – nach der Besuchszeit, aber darum kümmerten wir uns nicht. Es war unser letztes gutes Gespräch. Wir hatten Pläne für ein Interview, aber sie war schon zu abwesend. Doch auch wenn sie schon weit entfernt und vom Kampf um ihr Leben erschöpft scheint – wenn ich sie sehe, bemerke ich die schlaffe Haut oder die trockenen Lippen nicht mehr. Ich achte nicht auf das spröde Haar und höre weder die Morphiumpumpe, noch rieche ich den Urinrest in ihrem Katheterbeutel. Ich sehe auch die bewegungslosen Beine nicht. Was ich sehe, ist die Vicki, die ich kenne, seitdem ich in Newburyport wohne. Ich sehe sie in den Gesichtern der Krankenschwestern, die sie pflegen, in denen sie etwas geweckt hat, die an ihr gewachsen sind. Ich sehe die Vicki, die kein schleichender Tumor mir oder der Stadt oder irgendjemandem sonst wegnehmen kann. Lange nachdem sie zu atmen aufgehört hat und ihr Körper erkaltet und verwest ist, nachdem wir so viel geweint haben, dass keine Tränen mehr kommen, wird sie immer noch da sein – ein wunderbarer Geist, der bei denen, die sie einst berührt hat, bleiben wird, solange sie sich an sie erinnern.«

In diesen Tagen in ihrem Krankenzimmer erzählte Vicki mir ihre Lebensgeschichte, die – wie sie es nannte – unredigierte Fassung.

»Sie müssen das wissen, Tom.«

»Warum?«

Sie leckte sich die trockenen Lippen, schloss die Augen, dachte nach und öffnete die Augen wieder. »Ich weiß nicht ... ich glaube, es hat etwas mit der ›Toad‹ zu tun. Nachdem ich sie so viele Jahre gelesen habe, kommt es mir vor, als seien Sie der Einzige, der die Dinge beim Namen nennt. Wahrscheinlich möchte ich Ihnen einfach erzählen, wie es wirklich war. Und außerdem«, fügte sie hinzu, bereit, die Bombe platzen zu lassen, »werden Sie und Atti in der Kirche vorn stehen und meine Grabrede halten.«

»Was?«

»Sie haben gehört, was ich gesagt habe.«

»Ja, aber das mache ich nicht. Lassen Sie Ihren Mann oder Ihren Sohn oder einen von Ihren Freunden reden.«

»Aber Sie sind doch meine Freunde – Sie und Atti. Ich kann mir nichts Schöneres vorstellen, als dass mein Freund, der Herausgeber der ›Undertoad‹, und mein Neffe Atti in der Kirche meine Lebensgeschichte erzählen.«

Ich wehrte mich weiter, aber sie kam noch einmal mit ihrem Witz von neulich: »Sie wissen doch noch, was das Beste am Sterben ist, Tom?«

»Ja, schon – ich muss tun, was Sie wollen.«

Doch am Ende konnte ich ihren Wunsch nicht erfüllen. Man erlaubte es mir nicht. Als sie starb, gab es nichts Schriftliches, und die ihr Nahestehenden, ich weiß nicht, warum, änderten ihre Pläne. Vermutlich fand es jemand passender, wenn einer der örtlichen Bankvorstände die Trauerrede hielt und nicht der aufsässige Herausgeber der »Undertoad«.

Aus Respekt vor Vicki ging ich nicht zu ihrer Beerdigung. Das hätte ihr gefallen. Schließlich war es ja nicht mehr die Beerdigung, die sie haben wollte. Stattdessen machten Atticus und ich an dem Tag einen Strandspaziergang auf Plum Island. Ich hatte keinerlei Probleme mit meiner Entscheidung, die Veranstaltung zu schwänzen, wohl aber damit, dass ich nicht wusste, wie ich ihr meinerseits die letzte Ehre erweisen sollte. Es dauerte eine Weile, bis mir endlich etwas einfiel. Ich würde mich an Vicki erinnern, indem ich etwas »für die Kinder« tat.

Alljährlich unterbricht WEEI, ein Sportradiosender in Boston, für ein paar Tage seine Sportberichte und widmet diese Zeit dem Sammeln von Spendengeldern für den Jimmy-Fonds und das Dana-Farber-Krebsinstitut. Es sind bewegende achtundvierzig Radiostunden, in denen Sportstars die Statistenrolle neben krebskranken Kindern spielen.

Ich bin in Neuengland aufgewachsen und *Red-Sox*-Fan, darum kannte ich auch den Jimmy-Fonds gut. Seit den Zeiten von Ted Williams haben Spieler der *Red Sox* Kinder besucht, die im Dana-Farber-Krebsinstitut um ihr Leben kämpfen. Der Sender WEEI, der die Spiele der *Red Sox* überträgt, verstand diese Verbindung und hielt es für sinnvoll, auch den dazugehörigen Radiomarathon – *Radiothon* – zu veranstalten.

An einem Freitagabend waren Atticus und ich unterwegs nach Norden in die Berge, dabei hörten wir Radio. Was ich da erfuhr, war bemerkenswert. Krebs und Kinder – furchtbar, wenn beides in einem Atemzug genannt wird. Aber diese Kinder und die Schlachten, die sie schlugen, brachten mich auf eine Idee. Viele, die man interviewt hatte, zeigten einen unglaublichen Lebenswillen.

Wir fuhren irgendwo bei Plymouth auf der I-93, dort, wo der Berg zum ersten Mal die Faust erhebt, als der WEEI-Empfang versagte. Schade, ich hätte gern noch mehr von diesen erstaunlichen Geschichten gehört. Ich bekam Lust, selbst irgendwie mitzuhelfen, und genau da fiel mein Blick auf die Berge, über die sich die Dämmerung senkte. Ich hatte meine Antwort.

Ein paar Tage dachte ich über alles nach, bevor ich den Jimmy-Fonds anrief und sagte, dass ich Geld für ihn sammeln wollte. Die Frau, mit der ich sprach, war freundlich, aber ein wenig verwirrt, als ich ihr erklärte, dass ich das Geld einwerben wollte, indem ich mit meinem Hund Berge bestieg. Nachdem ich es ihr aber erläutert hatte, gefiel ihr die Idee, und sie meinte, es sei eine der ungewöhnlichsten Sammelaktionen, von denen sie je gehört habe.

Der Gedanke, zur Erinnerung an Vicki auf Berge zu klettern, passte zu ihr, denn eines ihrer denkwürdigsten Erlebnisse war der Drei-Tage-Marsch gegen Krebs gewesen, bei dem sie bis an ihre Grenzen gegangen war. Ich beschloss, dass Atticus und ich in ihrem Namen Geld auftreiben würden, indem auch wir an unsere Grenzen gingen – indem wir etwas taten, was mir früher nie im Traum eingefallen wäre: Wir würden alle achtundvierzig Viertausender in den neunzig Wintertagen *zweimal* besteigen ... »für die Kinder«.

Der ganz große Plan

Ich nannte unsere Sammelaktion »Ein Winter für die Gesundheit« und stellte sie in der »Undertoad« und auf den beiden Webseiten für Wanderer, »Views from the Top« und »Rocks on Top«, vor. Wir wollten versuchen, im Winter 2006/07 alle achtundvierzig Viertausender zweimal zu besteigen – sechsundneunzig Gipfel in neunzig Tagen. Das war schon einmal gelungen, aber nur ein einziges Mal.

Cath Goodwin ist die erfolgreichste Winterwanderin in den White Mountains. Im Frühling, Sommer und Herbst betreibt sie ein Unternehmen für Landschaftsgestaltung. Aber wenn der Winter kommt, sind die Berge ihr Geschäft. Cath und zwei ihrer Freunde, Steve Martin und Cindy DiSanto, waren die Ersten, die in nur einem Winter – 1994/95 – alle Achtundvierzig bezwangen. Diese Leistung wiederholte sie mehrfach, und so wurde sie 2004/05 der erste Mensch, von dem bekannt ist, dass er es im selben Winter zweimal geschafft hatte.

Ich wusste, dass Atticus und ich vor einer großen Herausforderung standen. Nicht nur körperlich bedeutete es eine harte Prüfung für uns. Da Atticus so winzig war, würden wir auch nur an einer begrenzten Anzahl von Tagen aufbrechen können. Für Touren oberhalb der Baumgrenze mussten wir Tage mit besserem Wetter nutzen.

Während für die meisten Wanderer vermutlich schon die Besteigung des Mount Washington an einem Wintertag eine Leistung war, planten wir, vom Washington gleich weiter zum Monroe, Eisenhower und Pierce zu laufen. Während andere zufrieden damit wären, auf dem Lafayette und dem Lincoln bis über die Baumgrenze zu kommen, wollten wir noch den Flume und den Liberty hinzufügen, zwei weitere Spitzen der Franconia Ridge. Wann immer es ging, wollten wir Gipfel aneinanderreihen und so viele wie möglich in einen einzigen Tag quetschen. Es würde sogar Tage geben, an denen wir mehr als einmal loszogen.

Zur Vorbereitung unternahmen wir im Sommer mehrfach längere Touren, um ausdauernder zu werden. Dabei marschierten wir zwischen 18 und 24 Meilen. An einem Augusttag wagten wir uns sogar auf den anspruchsvollen Pemi-Ring. Er ist 33,5 Meilen lang und führt über zehn der höheren Gipfel der Pemigewasset-Wildnis. Wir brachen morgens um ein Uhr auf, sahen den Sonnenaufgang auf dem Mount Liberty, unserem zweiten Gipfel des Tages, und kamen gut voran – bis zur 15-Meilen-Marke, als ich mich plötzlich schwindlig und fiebrig fühlte. Ich rief vom Handy aus Freunde an und brach die Wanderung ab. Wir liefen die vier Meilen zurück zur Straße, wo man uns erwartete und in unser Zimmer im Motel brachte. Danach schlief ich fast 24 Stunden und glaubte, ich hätte mich erkältet.

Doch in den folgenden vier Monaten kam die rätselhafte Krankheit immer wieder. Die Symptome verschlimmerten sich und zeigten sich mit der Zeit immer häufiger. Ich hatte lähmende Kopfschmerzen, mein Blick verschwamm, Gelenke wurden steif und schwollen an; meine Hände verwandelten sich manchmal in arthritische Klauen. Ich wurde immer müder. Es gab Tage, an denen ich morgens um sieben aufstand, nur um drei Stunden später wieder ins Bett zu fallen. An manchen anderen Tagen konnte ich noch wandern, aber es wurden weniger. Als auf einigen Touren die Symptome auftauchten, verdrängte ich mein Unwohlsein und fühlte mich schließlich sogar gut. Doch in den folgenden Tagen bezahlte ich mit noch stärkerer Erschöpfung. Allmählich glaubte ich, dass auch mein zweiter Versuch, Vicki Pearson die letzte Ehre zu erweisen, misslingen würde.

Als der Dezember nahte, war klar, dass es mir nicht besser gehen würde. Tatsächlich ging es mir schlechter. Alles, was Atticus und ich im Sommer an Ausdauer gewonnen hatten, war verloren. Ich dachte an Borreliose und ließ mein Blut untersuchen. Der Test war negativ. Aber genau das ist das Problem bei Borreliose: Sie ist im Bluttest nicht immer zu erkennen. Uns lief die Zeit davon. Endlich fand ich einen Arzt, der sich darauf spezialisiert hatte, Borreliosepatienten aufgrund ihrer Symptome und nicht ihrer Bluttestergebnisse zu behandeln. Er war meine letzte Hoffnung.

Er verordnete mir zwei Medikamente und mehrere Vitamine und Nahrungsergänzungsmittel. Ich begann mit der Einnahme genau zwei Wochen vor Winteranfang, drückte mir selbst die Daumen und vertraute darauf, dass alles gut gehen würde.

Mein Leben organisierte ich so, dass wir den größten Teil des Winters in den Bergen verbringen konnten. Es würde Tage geben, an denen ich in die Stadt zurückmusste, um die »Undertoad« zu schreiben, aber ich teilte meinen Lesern mit, dass die Zeitung im ersten Wintermonat nicht erscheinen würde. Einige Geschäfte in Newburyport spendeten Geld für unsere Unterkunft, und die Firma *Muttluks* unterstützte uns mit sechs Paar Hundestiefeln für Atticus. Dawn und Jeff Price, die Inhaber von *The Natural Dog*, halfen mit einer Dreimonatsration ihres besten Hundefutters und Leckerchen für Atticus.

Ich gründete einen Blog, um unsere Abenteuer aufzuzeichnen, Geld für den Jimmy-Fonds zu sammeln und die Leser an unseren Fortschritten teilhaben zu lassen. Unsere Sammelmethode war einfach. Die Spender suchten sich einen Gipfel aus und widmeten ihn einem Menschen, den sie kannten und der gerade gegen

Krebs kämpfte, seinen Krebs besiegt hatte oder daran gestorben war. Dafür schickten sie uns Schecks, die auf den Jimmy-Fonds ausgestellt waren.

Am ersten Wintertag standen Atticus und ich oben im Norden startbereit, wenn auch nicht in bester Verfassung. Ich hoffte, dass die Borreliose mir keinen Strich durch die Rechnung machen und die Medikamente ihre Wirkung tun würden. Außerdem hoffte ich, dass unser Geld für den ganzen Winter reichte.

Cath Goodwin erfuhr von einer Webseite für Wanderer von unserem großen Plan und fragte uns, ob wir bei einer Wandergruppe mitgehen wollten, die sie für eine Wintersonnenwanderung zum Cannon Mountain zusammengestellt hatte. Wir nahmen an, und mit exaktem Beginn des kalendarischen Winters, am 21. Dezember morgens um 7 Uhr 22, ging es los.

Es war dunkel und eisig, aber alle Teilnehmer waren winterbegeistert und in bester Stimmung. Ich würde gern berichten, dass Atticus und ich den ersten kurzen Steilanstieg von etwa zwei Meilen großartig bewältigten, aber das wäre nur die halbe Wahrheit. Atticus hielt sich wacker, aber ich war erschöpft. Ich konnte mit den anderen nicht Schritt halten und sank mehr als einmal außer Atem in die Knie, um auszuruhen. Trotzdem schafften wir den Gipfel, feierten im schneidenden Wind unseren Erfolg und traten dann den Rückweg an.

Zu den Freuden einer Nachtwanderung auf dem Cannon gehört, dass man die Skipisten benutzen kann. Tagsüber, wenn dort Skiläufer sind, ist das nicht erlaubt, aber nachts gab es nur uns und die Pistenraupen. Beim Abstieg über die offenen Hänge sahen wir unten im Tal die Lichter und über uns die funkelnden Sterne glitzern, und ich dachte an meinen geliebten Thoreau, der gesagt hatte: »Der Himmel liegt ebenso unter unseren Füßen wie über unseren Köpfen.« Ich wusste, dass wir in diesem Winter viel atemberaubend Schönes sehen würden, und betrachtete diese erste Nacht unter Gottes Firmament und über dem der Menschheit als idealen Anfang einer Reise, die uns in den nächsten drei Monaten zwischen beiden Welten wandeln lassen würde.

Am nächsten Morgen trafen wir uns mit einer anderen Gruppe zur Zehn-Meilen-Wanderung auf den Mount Carrigan. Es war die gleiche Geschichte – ich kam beim Klettern nicht mit. Ich wusste nicht, ob es an der Borreliose oder an meinem Formtief lag – oder an beidem zusammen –, aber Atticus blieb wie immer bei mir und passte auf, dass mir nichts passierte. Als wir endlich den Gipfel erreichten und die anderen wiederfanden, ging es mir besser, und der Weg bergab war leicht.

Am dritten Tag regnete es. Ich war noch nie so glücklich über einen Regentag in den Bergen gewesen, und wir nutzten ihn, um im Bett zu bleiben und die meiste Zeit zu verschlafen. Am Morgen von Heiligabend wachten wir auf und wanderten mit Cath Goodwin und Steve Martin die kurze Strecke auf den Mount Tecumseh – ich fühlte mich wieder gut. Danach wünschten wir den beiden frohe Weihnachten, verabschiedeten uns und kehrten in unsere gemietete Hütte zurück. Wir aßen zu Mittag, ich zog mich um, und wir setzten uns erneut ins Auto, um nach Norden zum Mount Waumbek zu fahren.

Es war die erste von vielen Wanderungen, bei denen Atticus und ich allein waren. Als wir den Beginn des Wegs erreicht hatten, war ich so müde, dass ich nicht aus dem Auto wollte. Auch Atticus schien glücklich damit, zur Kugel eingerollt auf seiner Fleecedecke liegen bleiben zu können. Das war eins der Probleme bei unseren Alleingängen: Den ganzen Winter über gab es immer wieder Momente, in denen wir einfach keine Lust zum Losgehen hatten. Das Wandern mit anderen konnte da helfen, aber eigentlich wollte ich gar nicht so oft in der Gruppe laufen.

Keine der Touren, die ich für jenen Tag geplant hatte, gilt als schwierig. Der Höhenanstieg ist nicht besonders groß, und der Rundweg um den Tecumseh beträgt nur fünf Meilen, der um den Waumbek etwa sieben. Aber zusammengerechnet und am selben Tag waren sie doch zu viel für mich – mental und physisch. Nachdem ich eine Weile mit mir gekämpft und an das gedacht hatte, was wir uns für diesen Winter vorgenommen hatten, stiegen wir dann aber doch aus dem Auto aus.

Es war ein trüber Nachmittag, melancholisch und grau, und ich musste mich zum Gehen zwingen. Mein Rucksack wog so schwer wie meine Beine. Zum ersten Mal – und nicht zum letzten Mal in diesem Winter – spielte mein Kopf mir Streiche. Ich dachte daran, wie sich alle Leute, die ich kannte, jetzt mit ihrer Familie und mit Freunden trafen, um gemeinsam Weihnachten zu feiern, und dass wir hier am Nachmittag vor dem Fest allein im öden, froststarrenden Wald herumliefen. Lustlos und schwitzend trottete ich vor mich hin und fluchte und betete mich den unteren Teil des Bergs hinauf. Endlich wurde mir die ungeheuerliche Herausforderung klar, vor der wir standen.

Was hatte ich mir nur gedacht? Ich gehörte nicht in diese Berge und Atticus auch nicht.

Doch noch während mir dieser Gedanke durch den Kopf schoss, blickte ich auf und sah den kleinen Hund, der vor mir hersprang. Mit seinen Schlappöhrchen, den dünnen Beinchen und dem hin und her wackelnden winzigen Hinterteil passte er so wenig hierher, dass ich laut lachte. Atticus blieb stehen, drehte sich um und musterte mich mit strenger Miene, um mich daran zu erinnern, dass noch Arbeit auf uns wartete. Er würde mich auf diesen Berg schleppen – auf seine Weise.

Der Waumbek wird oft unterschätzt. Bei den Wanderern gilt er als unbeliebtester Berg, weil er keine Aussicht bietet. Aber ich habe das immer anders empfunden. Der steilste Anstieg scheint gleich am Anfang zu liegen, und wenn es dann weiter bergauf geht, werden die Bäume immer dicker und wilder, der Wald undurchdringlicher und geheimnisvoller. Eine Meile unter dem Waumbek-Gipfel führt der Weg über die Höhe des Mount Starr King (3907 Fuß), benannt nach Thomas Starr King, dem ersten Schriftsteller, der sich Hals über Kopf in die White Mountains verliebte. Sein Buch mit recht schwülstiger Prosa, »Die Weißen Berge – Ihre Legenden, Landschaften und Lieder«, zog die Touristen scharenweise in die *Weißen*.

Der Pfad vom Starr King zum Waumbek ist eine Strecke von unvergesslicher Schönheit. Die Rinde der Bäume ist mit Greisenbart behangen, einer Pflanze, die dem Spanischen Moos der amerikanischen Südstaaten ähnelt. Wenn es bereift ist, bekommen die Stämme etwas Gespenstisches. Über den Sattel zwischen den beiden Gipfeln pfeift mit unheimlichem Kreischen ein schneidender Wind und zieht eine Spur der Verwüstung nach sich. Überall liegen tote Bäume. Und doch sprießt aus den umgestürzten Stämmen dort, wo Schösslinge wachsen können, neues Leben. Das ist der Teil des Waumbek, der mich fasziniert. Dieser Durchlass von einer Meile, der in einem einzigen Bild Anfang und Ende des Lebens vereint, bezaubert mich immer wieder.

Als wir an diesem Heiligabend hinaufstiegen, erschien uns der Berg trostlos und öde. Nebel zogen langsam über das Joch, Winde flüsterten und stöhnten, und die Bäume ächzten. Ich zog den Reißverschluss meiner Jacke bis hoch zum Kragen, damit Kälte und Einsamkeit nicht eindringen konnten. Als wir endlich ganz oben waren, verstummte der Wind, und die Wolken am westlichen Horizont schoben sich gerade so weit in die Höhe, dass die sinkende Sonne einen goldenen Schein auf die Tannen werfen konnte. Plötzlich schien die Stimmung des Waldes eine andere zu sein. Es war, als hieße er uns jetzt, nachdem wir die Prüfung bestanden und trotz unserer Erschöpfung weitergegangen waren, willkommen; als würde er dazu einladen, uns hinzusetzen und zu entspannen. Und genau das taten wir. Ich setzte mich auf einen umgefallenen Baum, und Atticus sprang auf meinen Schoß. Wir teilten uns Geflügelwürstchen und Käse. Es war nicht ganz das Festmahl, das die Freunde zu Hause jetzt bei ihren feiertäglichen Treffen genossen, aber uns genügte es und füllte unsere hungrigen Mägen.

Ich schaute auf Attis unschuldiges Gesicht und die außergewöhnliche Umgebung, in der wir Weihnachten verbrachten. Es war keinesfalls ein Ort aus Martha Stewarts heimeliger Fernsehwelt, und doch schien mir, dass wir genau dort hingehörten. Unser Abenteuer hatte begonnen, und ich konnte nur vermuten, was vor uns lag.

Ich prostete meinem kleinen Freund mit einem Fläschchen Eierpunsch zu und brachte auf diesen so ganz anderen Heiligabend einen Toast aus – er stammte aus Frank Baums »Zauberer von Oz«: »Wir sind nicht mehr in Kansas, Toto.«

Ja, das waren wir wirklich nicht.

Wir standen erst am Anfang unserer großen Aufgabe, aber unser Leben hatte sich längst verändert. Die Borreliose hielt sich so weit zurück, dass wir zwei Touren pro Tag schafften. Sie gestattete uns sogar am ersten Weihnachtstag eine Wanderung auf den North und den South Kinsman, bevor sie mich wieder zwei Tage ins Bett schickte.

Es sollte nicht lange dauern, bis Borreliose unsere geringste Sorge sein würde.

Der kleine Riese

Wir lebten recht bescheiden, und das spiegelte sich auch in unserem improvisierten Quartier wider. Es war eine sehr kleine Hütte in Lincoln, am Fuß des Franconia Notch, mit nur einem einzigen Zimmer, in dem ein Kamin, Bett, Stuhl, Tisch, Fernsehapparat (selten in Betrieb), eine Kommode, eine Mikrowelle, ein kleiner Kühlschrank und mein Laptop Platz hatten. Alles war vollgestopft mit Wanderausrüstung, Lebensmitteln, Getränkeflaschen, Vitaminen und Nahrungsergänzungsmitteln. Und Büchern. Ich hatte mir zur Gesellschaft ein paar Freunde mitgebracht: Ralph Waldo Emerson, Henry David Thoreau, John Muir, Thomas Merton, Alfred Tennyson und Joseph Campbell. Und wie immer bei Freunden war es wunderbar, mit ihnen zusammen zu sein. Aber wie es eben so ist, wenn man auf engem Raum miteinander lebt, gab es manchmal auch Reibercien. Tatsächlich stritt ich mich einmal mit Thoreau, auch wenn er bestimmt nicht hörte, wie ich über ihn fluchte, weil ich nämlich mitten in der Pemigewasset-Wildnis mit der Nase im Schnee lag, elf Meilen entfernt von der nächsten Straße.

Der Stein des Anstoßes waren seine Worte: »Eine heulende Wildnis heult nicht; es ist die Phantasie des Reisenden, die da heult.«

Mit dieser Verteidigung der Wildnis hatte Thoreau recht, zumindest was die ersten acht Tage des Winters anbelangte. In dieser Zeit gab es meist keinen Grund zur Furcht. Der Winter zeigte sich freundlich. Der Dezember machte keinen besonders winterlichen Eindruck. Es gab wenig Schnee, eher Regen und etwas Eis, und bis auf einen wirklich klirrend kalten Tag waren die Temperaturen mild.

Meine Borreliose hatte sich leicht verschlimmert und mich nach Weihnachten für einige Tage ins Bett geschickt. Danach fühlte ich mich kräftiger als je zuvor seit dem Winteranfang, und wir wanderten durch sechs Zoll hohen Neuschnee auf die drei Spitzen der Willey Range. Am Tag darauf kletterten wir auf den Garfield und standen unter einem kristallklaren Himmel bei minus 23,3 Grad auf dem Gipfel, wo der Wind uns ins Gesicht schnitt. Es waren 23 Meilen in zwei Tagen, zweifellos unsere bisherige Bestleistung. Ich fühlte mich gesünder. Das war gut, denn ich brauchte alle Kraft für unseren dritten Wandertag in Folge.

Im Winter sind manche Touren länger, weil die Forstverwaltung einen Teil der Zufahrtsstraßen sperrt. Eine Überquerung des Zealand Mountain und der drei Bonds bedeutet darum 23 Meilen anstatt 19. Wegen dieser Marathonentfernung und des ungeschützten Geländes auf den mittleren vier Meilen des Wegs – der meist oberhalb der Baumgrenze verläuft – und weil es keine Ausweichmöglichkeiten gibt, war es für uns die gewagteste Tour des Winters. Die einzige Art, wieder von den Bonds herunterzukommen, besteht darin, dass man entweder umkehrt oder weitergeht. Genau deshalb hatten wir sie uns auch für einen guten Tag aufgehoben – einen Tag, an dem es nicht stürmt und der Wind schlimmstenfalls mäßig weht. Und auch wegen der atemberaubenden Fernsicht, die man dann hat.

Am Morgen nachdem wir auf dem Garfield gewesen waren, sah es aus, als bekämen wir genau das Wetter, das wir brauchten. Nicht ideal, aber gut genug, um die 23 Meilen südwärts quer durch die Pemigewasset-Wildnis zu laufen, von der Route 302 oben im Norden bis zu einem zweiten Auto, das am Rand des Kancamagus Highway im Süden abgestellt war. Dieses zweite Auto gehörte Tom Jones, einem Freund aus Newburyport.

Es mag Leute geben, die Tom als schlechte Partnerwahl für so eine Marathontour ansehen würden. Er verfügte nämlich kaum über Bergerfahrung. Richtig gewandert war er bisher nur wenige Male, und dann immer mit Atticus und mir. Dreimal in unserem ersten Winter und zweimal im zweiten Sommer. Aber Tom besaß Qualitäten, die mir wichtiger waren als Erfahrungen beim Wandern. Er war außerordentlich zuverlässig, bescheiden, in bester körperlicher Verfassung, zäh wie Leder und verstand als Freund von Atticus und mir vor allem, dass es bei jeder Tour darauf ankam, dass Atticus nicht gefährdet war und nicht litt. Wir hatten, als wir an diesem Morgen um fünf Uhr früh den Wald betraten, keine Ahnung, wie unvorstellbar schwierig es sein würde, den Hund in diesem Zustand zu halten.

Der Wetterbericht sprach von Temperaturen knapp über null Grad, mit einer dreißig- bis fünfzigprozentigen Wahrscheinlichkeit von Schneeschauern. Die Vorhersage für die Höhenlagen verkündete Windgeschwindigkeiten zwischen dreißig und fünfzig Meilen pro Stunde, wobei die stärkeren Böen nach Sonnenuntergang erwartet wurden. Aber dieser Höhenwetterbericht kommt immer aus dem Observatorium auf dem Mount Washington, das 1500 Fuß höher liegt als die Bonds, also konnten wir davon ausgehen, dass wir weit weniger Wind haben würden. Wenn der Wind auffrischte, würden wir mit unserer Tour schon fertig sein.

Die ersten sechs Meilen, auf denen der Weg kaum ansteigt, legten wir mehr oder weniger schweigend in der Dunkelheit zurück. Als wir dann zur ersten und schlimmsten Kletterstrecke des Tages, aufwärts zum Zeacliff, kamen, achteten wir nicht weiter auf die kleinen Schneeflocken, die unschuldig von dem dunkelgrauen Himmel schwebten.

Je höher wir stiegen, desto mehr schneite es. Aber so etwas hatten wir auch schon früher erlebt. Wir kamen gut voran. Oben am Zeacliff wurde der Schnee dichter und schon etwas tiefer. Von da an hielt Atticus sich instinktiv hinter mir, damit ich ihm den Weg bahnte. Als wir die Spitze des Zealand erreichten, war die Temperatur schlagartig abgesunken, und als wir eine Pause machten, um etwas zu essen und zu trinken, zitterten wir vor Kälte. Ich zog Atticus seine Muttluks und den Schneeanzug an.

Ein Gipfel erobert, bleiben drei.

Der Aufstieg vom Zealand zum Guyot, einem Nachbarn des West Bond, verläuft geschützt unter Bäumen, bis man ganz nach oben kommt. Unser einziges Problem war der feste Halt, denn wir liefen auf Neuschnee, der noch nicht an den Steinen haftete. Dazu kam die Temperatur, die immer weiter fiel. Kurz vor dem Gipfel machten wir noch einmal Pause und rüsteten uns für den Nordwestwind, den wir mit Sicherheit dort vorfinden würden. Wir wussten, dass er uns direkt ins Gesicht blasen würde, sobald wir auf dem ersten der beiden kahlen Höcker des Guyot ankamen. Doch als wir dann den höchsten Punkt erreichten und es keinen Schutz vor den Elementen mehr gab, waren wir auf das, was uns dort erwartete, überhaupt nicht vorbereitet.

Es war ein riesiges wildes Tier, jäh zum Leben erwacht, das da röhrte und Schnee auf uns schleuderte. Tom und ich schrien aufeinander ein, aber unsere Worte gingen unter. Wir rückten näher zusammen und brüllten einander in die Ohren. Ich drehte mich nach Atticus um, aber der kleine Hund – der sonst nie ein Problem damit hatte umzukehren – schob sich an mir vorbei und marschierte mitten in den Sturm hinein. Ich wusste nicht, ob wir weitergehen oder den Rückweg antreten sollten, aber er traf die Entscheidung für uns. Schon bald musste er fast vorwärts schwimmen, bis zum Hals im Schnee, aber er gab nicht auf. Ich befahl ihm zu warten, und Tom und ich übernahmen die Führung. Mit unseren Schneeschuhen trampelten wir einen Pfad, aber kaum hatten wir einen Schritt gemacht, füllte der Wind unsere Stapfen wieder auf. Der Schnee wehte knie- und hüfttief, und der starke Wind machte ihn lebendig. Wir kämpften mit jedem Schritt, durchgerüttelt von einer Windböe nach der anderen. Manchmal ging es einfach nicht weiter. Zum Denken blieb keine Zeit; wir konnten nur handeln. Ich sah hinüber zu den fernen Wäldern zwischen Guyot und West Bond und kam zu dem Entschluss, dass unsere beste Chance darin bestand, uns dorthin durchzuschlagen.

Sobald wir uns südwärts hielten, fiel der Sturm von der Seite über uns her, und wir drehten den Kopf, damit das seitlich heranfliegende Eis und der Schnee uns nicht in die Augen stachen. Wir wurden vom Weg weggedrückt und brauchten unsere Trekkingstöcke, um uns aufrecht zu halten.

Für Atticus wurde es noch anstrengender, aber er lief weiter. Sein Gesicht war eisverkrustet, und schließlich kniete ich nieder, nahm ihn in den Arm und bürstete ihm das Eis aus den Augen. Um uns herum wirbelte ein ohrenbetäubender Wind, Schnee und Eis sausten uns entgegen, und ein anderer Hund wäre froh gewesen, wenn ich ihn weiter festgehalten und vor den Elementen beschützt hätte. Nicht so Atticus. Kaum hatte ich mich sekundenlang umgedreht, strebte er schon weiter.

Als wir die Bäume erreichten, fühlten wir uns, als wären wir einem Schlachtfeld entronnen und säßen jetzt in einem Luftschutzbunker. Über den Bäumen hörten wir den Krieg toben. Trotzdem konnten wir nicht an diesem Ort bleiben. Um Atticus warm zu halten, mussten wir uns bewegen. Frierend kauerten wir uns aneinander und stellten fest, dass drei von Atticus' Muttluks im Tiefschnee stecken geblieben waren. Danach zu suchen war zwecklos – sie waren verloren. Ich holte einen Reservesatz aus dem Rucksack, streifte sie ihm über und fütterte ihn mit Rinderhack. Tom und ich zogen neue Handschuhe und Mützen an, weil die anderen dabei waren festzufrieren. Wir kippten ein paar Smoothies herunter. Das war etwas, was ich von Cath Goodwin gelernt hatte. An kalten Tagen »aß« ich so am besten, denn wir brauchten nicht anzuhalten und riskierten nicht, dass Atticus sich erkältete.

Danach war es an der Zeit herauszufinden, was der West Bond an Überraschungen für uns bereithielt. Gnädigerweise schenkte das Schicksal uns eine Atempause. Der schmale Halbmeilenpfad zum Gipfel lag im Schutz von Bäumen, sodass der Wind uns nichts anhaben konnte. Um unseren Rücken zu entlasten, hängten wir die Rucksäcke dort, wo der Pfad abgeht, an Baumäste. Der Aufstieg erwies sich als leicht, und auf dem Gipfel herrschte weitgehend Windstille. Es war kalt, aber in keiner Weise vergleichbar mit dem, was wir gerade erst überlebt hatten. Als wir allerdings zu unseren Rucksäcken zurückkamen, waren die Schulterriemen beinahe hart gefroren. Wir mussten sie hin und her biegen, um sie zu lockern, bevor wir die Arme durchstecken konnten.

Der Aufstieg zum Bond erwies sich als mühsame Plackerei durch immer tieferen Schnee. Ich ließ Atticus wieder als Dritten gehen, und wir machten ihm den Weg frei. Diesmal füllte der Schnee unsere Stapfen nicht wieder auf. Ich vermutete, dass der Gipfel des West Bond in unserem Rücken als Windbrecher fungierte und uns schützte. Es war ein anstrengender, aber ereignisloser Marsch, und wir kamen recht gut vorwärts. Oben rasteten wir und fotografierten uns gegenseitig.

Drei Gipfel erobert, bleibt einer.

Es war ruhiger, als ich erwartet hatte, und ich hoffte, der Sturm habe sich endlich gelegt und wir könnten die letzte Meile über den offenen Kamm bis zum Bondcliff ungefährdet hinter uns bringen. Von dort wollten wir durch die Bäume nach unten absteigen und auf einem langen, aber geschützten Weg unser Auto erreichen.

Aber es war, als hätte der Sturm seinen eigenen Kopf und verfolgte uns. Die letzten anderthalb Meilen hatten uns eingelullt.

Als wir dann auf den langen Weg, der am Hang bergauf führte, kamen, hinaus aus dem Schutz der Bäume, war auf einmal der Teufel los. Ich gab Atticus ein Zeichen, hinter mir zu bleiben, und wurde beim Umdrehen fast umgeweht. Tom und ich brüllten uns etwas zu, aber wir hätten es genauso gut lassen können. Es gab nur noch das pausenlose Heulen des Untiers.

Der Schnee lag hier tiefer. Manchmal reichte er mir bis zur Taille, manchmal nur bis zu den Knien. Außerdem war er glatt, und die Zähne unserer Schneeschuhe fanden nichts zum Beißen. Mehr als einmal glitten Tom und ich aus, während wir zum Joch abstiegen. Ich ging voran. An einem steilen Abhang blieb ich mit dem Bein zwischen zwei Felsen hängen, fiel vornüber und hörte ein lautes Knacken. Ich rutschte bergab und blieb mit dem Gesicht nach unten liegen. Ein mörderischer Schmerz schoss durch meinen Schenkel.

Ich fürchtete das Schlimmste und wagte mich nicht zu rühren. Wir befanden uns elf Meilen von der nächsten Straße entfernt. Um mich herum tobte der Blizzard, und ich konnte, als ich den Kopf hob, kaum zehn Meter weit sehen. Ich bemühte mich ruhig zu bleiben, auch wenn es in meinem Bein pochte, und wagte eine Bestandsaufnahme meines Körpers, denn ich fragte mich, ob mein Oberschenkelknochen gebrochen war.

Die Zeit stand still. Auf meinen Augenbrauen und Wimpern wuchs Eis. Meine Wangen brannten. Mir war klar, dass ich nicht hier bleiben konnte, aber ich wagte erst nicht, mich zu bewegen. Die Wildnis war lebendig geworden. Sie heulte; sie brüllte!

Komisch, woran man an einem Tag, der vielleicht der letzte sein könnte, denkt. Denn das war eine dieser Situationen, von denen ich gelesen und vor denen ich mich gefürchtet hatte – dass das Wetter umschlägt, man zu weit draußen ist und erst gefunden wird, wenn es zu spät ist. In diesem Augenblick dachte ich auch an Thoreaus Worte: »Eine heulende Wildnis heult nicht; es ist die Phantasie des Reisenden, die da heult.«

Alles, was mir jetzt dazu einfiel, war: »Scheiß drauf, Henry. Du hast ja keine Ahnung!«

Dann dachte ich an Atticus und Tom. Ich musste etwas unternehmen. Als ich versuchte, mich mithilfe des Trekkingstocks umzudrehen, merkte ich, dass er zerbrochen war. Langsam begriff ich, dass es dieses Knacken war, das ich gehört hatte, und nicht etwa mein Bein. Einerseits eine wunderbare Nachricht, andererseits eine schlechte: Ich brauchte beide Stöcke, um mich durch den Sturm zu kämpfen und dabei das Gleichgewicht zu halten, vor allem, weil ich nicht wusste, wie ernsthaft mein Bein wirklich verletzt war.

Ich schaute mich nach Atticus um. Er arbeitete sich durch Schneewehen, die höher waren als er. Unter seiner Maske aus gefrorenem Fell war er, als er endlich bei mir ankam, kaum noch zu erkennen. Um sicherzugehen, dass ich in Ordnung war, stupste er mich mit der Nase an der Wange. Ich setzte mich auf, er kletterte auf meinen Schoß und leckte mir das Gesicht, überzeugt, alles reparieren zu können, was bei mir kaputt war. Sein Körper zitterte, und ich hielt ihn fest. Erst da merkte ich, dass sowohl meine Jacke als auch die Fleeceschichten darunter anfingen, an mir festzufrieren.

Wir mussten weiter.

Ich blickte auf Tom, der auf den Knien lag und fieberhaft den Schnee durchwühlte, um das untere Teil meines Trekkingstocks zu finden, und brüllte: »Vergiss es, Tom! Er ist weg!« Ich sah sein entsetztes Gesicht. Armes Schwein. Er hatte um jeden Preis mitgehen wollen, aber das hier hatte keiner von uns erwartet.

Und während ich so auf Atticus und Tom schaute, geschah etwas mit mir. Irgendetwas übernahm die Führung. Ich schluckte meine Angst hinunter, stand mithilfe des verbliebenen Trekkingstocks auf und prüfte mein Bein. Es tat weh, aber ich schien in Ordnung zu sein. Tom sagt, in dieser Minute hätte ich ein Gesicht gemacht, wie er es nie zuvor gesehen hätte. Es war, als zöge ich in den Krieg, entschlossen, mich von nichts besiegen zu lassen.

Wir setzten den Weg zum Bondcliff fort. Der Sturm wurde immer grimmiger, als spüre er die ermattete Beute. Er warf uns umher wie drei Schiffe in brodelnder See, aber unser einziger Ausweg führte durch ihn hindurch, und darum gaben wir nicht auf. Der Aufstieg zum Bondcliff war langsam und qualvoll. Ich ging voran, gefolgt von Tom und Atticus. Zuerst machten wir große Schritte, um schneller aus dem Sturm zu kommen, merkten dann aber, dass Atticus nicht mithalten konnte. Also gingen wir zu ganz kleinen Schritten über, um ihm den Weg zu bahnen.

Der Pfad war unsichtbar. Wir kämpften uns von Steinhaufen zu Steinhaufen. Manchmal konnte ich den nächsten nicht erkennen und versuchte nach besten Kräften, mich anhand unserer beiden früheren Touren über die Bonds an den Verlauf der Strecke zu erinnern. Wir gingen seitlich, dem Untier den Rücken zugewandt, und feuerten das kleinste Mitglied unserer Truppe zum Weiterlaufen an.

Bis an mein Ende werde ich mich daran erinnern, wie Atticus sich durch die Schneewehen kämpfte, manchmal sogar vorauslief, bevor wir ihm den Weg frei machen konnten. Ja, er war nicht der größte Hund, aber zweifellos war sein Herz an diesem Tag so groß wie das des größten Geschöpfs auf Erden.

Einige Tage später würde ich eine E-Mail von Tom bekommen. Darin hieß es: »Ich weiß, dass du das dauernd hörst, aber ich bin einfach total beeindruckt davon, wie Atticus sich auf dem Berg bewährt hat. Er muss erledigt gewesen sein, aber man konnte es ihm nicht ansehen, so hartnäckig, wie er weitergekämpft hat, mutig wie ein Preisboxer. Ich bin begeistert davon, wie zäh er ist.«

Während wir so vorwärtsstapften, teilten sich für einen kurzen Augenblick die Wolken und gaben den Blick auf einen weiteren schroffen Anstieg frei. Ich drehte mich zu Atticus um und wollte ihm Mut zusprechen, aber der Wind packte mich und riss mir die Worte vom Mund. Doch auch wenn die Böe mir die Stimme raubte, sie konnte mich genauso wenig wie der peitschende Schnee am Weitergehen hindern. Das lag allein an dem Anblick des kleinen Hundes. Zutiefst erstaunt beobachtete ich, wie er voranmarschierte, manchmal fast schwimmend, manchmal, indem er sich mitten in halshohe Schneewehen stürzte. Die Wut des Windes verstummte. Der Schnee erstarrte im Flug. Ich konnte mich nicht rühren, ich konnte nur zusehen – voller Bewunderung, Hochachtung und vor allem ... Liebe.

Ein letztes Mal stellten wir uns neu auf, um uns zum Gipfel des Bondcliff durchzuschlagen. Wie schon in den letzten Stunden hatten wir große Schwierigkeiten, die Steinhaufen zu finden, und der Wind nahm an Heftigkeit noch zu, als würde er begreifen, dass er uns jetzt und hier erwischen musste oder ganz verlieren würde. Jeder Schritt war mühsam, aber schließlich berührte meine Hand den größten Steinhaufen auf dem Gipfel. Ich wandte mich dem Sturm zu, der mich fast umwarf. Und dann stieß ich mein eigenes Geheul aus, nicht weniger wild als alles andere, das wir an diesem Tag gehört hatten. Ich heulte wieder und wieder, so lange, bis Tom und Atticus neben mir standen.

Nun mussten wir nur noch ein paar Hundert Meter gehen und unter den Bäumen verschwinden, um in Sicherheit zu sein. Kaum hatten wir das geschafft, verstummte auf einmal der Wind, als hätte jemand einen Schalter ausgeknipst. Eine unheimliche Ruhe legte sich über das Gebirge, als sei der Sturm nur da gewesen, um uns zu prüfen. Rasch wurde es Nacht. Die Wolken teilten sich, Mond und Sterne kamen hervor, und im Wald war es so hell, dass wir keine Stirnlampen brauchten. Die restlichen dreieinhalb Meilen auf dem Bondcliff-Weg verliefen unspektakulär, trotz jeder Menge Knöchel- und Knieverrenkungen im weichen Pulverschnee über unebenem Geröll. Auf diesem Stück und den übrigen sechs Meilen in dieser Nacht liefen wir im Gänsemarsch: zwei Männer und ein kleiner Hund, schweigend in der Dunkelheit, betäubt in Körper und Geist. Wir brauchten nichts zu sagen. Keine Worte konnten ausdrücken, was wir an diesem Tag erlebt hatten – dem Tag unserer längsten Reise.

Ich hatte Steve Smith, dessen Laden von der Stelle, wo wir Toms Auto geparkt hatten, nur wenige Meilen entfernt an der Straße lag, gesagt, dass wir davon ausgingen, unsere Tour würde nicht länger als elf, vielleicht zwölf Stunden dauern. Er sollte sich erst dann Sorgen machen, wenn er bis neun Uhr abends nichts von uns hörte. Als wir endlich, fast sechzehn Stunden nachdem wir aufgebrochen waren, mit buchstäblich am Leib gefrorenen Kleidern das Auto erreichten, war es ganz kurz vor neun.

Ich hatte recht gehabt mit Tom Jones. Ich hatte ihn aus Gründen, die nur wir verstanden, ausgesucht, und er erwies sich als unschätzbar wertvoll. An diesem Tag hatte er Atticus Mut gemacht, wenn der Weg schwiewrig wurde, ihn hochgehoben, wenn es nötig war, und ihn beim Rasten abwechselnd mit mir im Arm gehalten, damit er warm blieb.

Kurz danach berichtete ich auf den Wandererseiten im Internet von unserer Tour durch die Pemigewasset-Wildnis, und die Nachricht von unserer unglaublichen Reise verbreitete sich überall in der Bergwanderergemeinschaft. Andere Bergsteiger, die wir kannten, versuchten in den nächsten Tagen, es uns nachzutun, schafften es aber nicht und fragten sich, wie es uns gelungen war.

Atticus und ich ruhten uns ein paar Tage aus, und die Legende von dem kleinen Hund in den Bergen wuchs weiter. Ich bekam E-Mails von anderen Wanderern und vor allem viele Spenden. Eine Frau schrieb: »Ich kann es kaum erwarten, Sie und den kleinen Riesen irgendwann kennenzulernen.«

Den kleinen Riesen. Das gefiel mir.

Der kleine Riese benahm sich, als wäre nichts gewesen. Aber ich wusste, dass das nicht stimmte. Wir hatten uns verändert, er und ich. Wir hatten einen neuen Lebensabschnitt erreicht. Abenteuer können so etwas bewirken. Wir wuchsen, und wir wuchsen zusammen.

Sterne, die den Weg erleuchten

Etwas starb an diesem Tag, da oben auf den Bonds im Blizzard – etwas in uns.

Weil wir überlebten, hatten wir Neuland betreten und so die Schwelle zu unserem großen Abenteuer überschritten. Es gab kein Zurück mehr. Ich fühlte mich verwandelt: stärker, gelassener und selbstsicherer. Ich zerbrach mir nicht mehr den Kopf darüber, ob wir in der gefährlichsten Jahreszeit überhaupt auf die Berge gehörten. Es war klar, dass es so war.

Aber nicht immer wird man mit einer Veränderung, selbst einer zum Besseren, leicht fertig. So gespannt ich auf die Abenteuer war, die vor uns lagen, ich empfand auch eine gewisse Trauer. Newburyport war ein fester Bestandteil meines Lebens gewesen. Es *war* mein Leben. Nach vielen Jahren des Herumziehens, immer auf der Suche nach diesem Leben, war es der erste Ort, den ich Heimat nennen konnte. Meine Identität knüpfte sich an die Zeitung, die wiederum mit der Stadt verbunden war. Ich schrieb die »Undertoad« nicht nur, ich *war* sie. Jetzt schien mir all das zu entgleiten. Newburyport und ich waren wie ein Liebespaar, das sich auseinanderlebt.

Die Kleinstadtpolitik hatte keinen Reiz mehr für mich. Ich freute mich nicht mehr darauf, über Rathaussitzungen zu berichten, mit der Bürgermeisterin zusammenzusitzen oder die fragwürdige Moral gieriger Geschäftsleute aufzudecken. Das kleinliche Gezänk, die aufeinanderprallenden Egos und all die Stürme im Wasserglas, mit deren Schilderung ich mein Geld verdiente, waren ein Nichts, verglichen mit dem Sturm, den wir überlebt hatten. Meine Prioritäten verschoben sich. Es war, wie Walt Whitman schrieb: »Wenn man alles erschöpft hat, was in Geschäften, Politik, Geselligkeit und dergleichen steckt – wenn man herausgefunden hat, dass nichts davon am Ende befriedigt oder auf Dauer Bestand hat – was bleibt dann? Die Natur bleibt.«

Die Natur bleibt.

Wie immer wusste es mein Herz, bevor der Kopf folgte. Vielleicht war ich einfach noch nicht bereit loszulassen, oder ich hatte schlicht Angst. Ich klammerte mich an die Sicherheit unserer kleinen Stadt am Merrimack River, wo jeder unsere Namen kannte. Ich rief mir ins Gedächtnis, dass wir doch unsere Freunde in Newburyport hatten, und wir kehrten für ein paar Tage zurück, um uns bei ihnen zu melden. Es war schön, viele von ihnen wiederzusehen und sich mit ihnen zum Essen oder auf eine Tasse Tee zu treffen.

An einem Morgen hatten wir uns mit Tom Jones verabredet. Er war bei Weitem nicht so engagiert in unserem großen Plan wie Atticus und ich, aber seine Augen hatten einen anderen Ausdruck bekommen. Ich bemerkte es, weil in meinen der gleiche Glanz lag. Wir saßen hinten in einer Nische bei *Fowles* – zwei Mitglieder der Dreier-Bruderschaft, die die Bonds überlebt hatte. Nach dem Frühstück wollte Tom zur Arbeit und ich mit Atticus zurück in die Berge. Ich las die Sehnsucht in seinem Gesicht und wie sehr er sich wünschte mitzukommen. Ein Teil von mir wollte das auch, aber ein größerer Teil wusste, dass diese Reise nur Atticus und mir gehörte. Tom war ein willkommener Zuwachs gewesen, aber er spielte nur eine Nebenrolle in unserem Stück.

Nach dem Frühstück umarmten wir uns zum Abschied, und Atticus und ich fuhren zwei Stunden nach Norden und bestiegen den North und den South Hancock. Die Sonne schien, der Himmel war wunderbar blau, und es wehte kein Wind. Wir schwebten über den Pfad, als hätten wir Flügel an den Füßen. Es war mild und angenehm und hätte nicht gegensätzlicher zu unserer letzten Tour sein können.

Nach den beiden Hancocks wanderten wir am nächsten Tag auf den Osceola und den East Osceola und am dritten Tag auf den Cabot. Wir lagen gut in der Zeit für unser Ziel: In fünfzehn Tagen hatten wir neunzehn Gipfel geschafft.

Erst nach diesen drei Tageswanderungen merkte ich, dass noch etwas anderes auf den Bonds gestorben war – meine Borreliose. Nein, ich glaubte nicht, dass sie ganz verschwunden war, aber ich spürte die ständig quälenden Symptome und die große Müdigkeit nicht mehr. Umso besser; wir mussten noch viel leisten, und das Wetter würde nicht immer so günstig sein, darum mussten wir so viele Gipfel wie möglich bezwingen, bevor die schweren Winterschneefälle einsetzten.

Mein Selbstvertrauen war gewachsen, und ich fasste den Entschluss, mich an eine der schwierigeren Touren auf unserer Liste zu wagen.

Nach einem Ruhetag wollten Atticus und ich ostwärts zum Pinkham Notch fahren und von dort quer über die drei Berge der Carter Range wandern, dann hinab zum Carter Notch und auf der anderen Seite wieder nach oben klettern und schließlich über die beiden Viertausender der Wildcat Range laufen. Auch wenn die Entfernung nicht ganz so groß war wie beim Weg über die Bonds, würde die Herausforderung größer sein, denn der Anstieg war wesentlich steiler. Zudem würde eine neue Prüfung auf mich warten, eine, mit der ich nicht gerechnet hatte.

So ist das eben mit einem großen Abenteuer: Man löst nicht nur eine Aufgabe und hüpft dann vergnügt in den Sonnenuntergang. Nein, es gibt immer neue Herausforderungen. Man überwindet seine Borreliose und überlebt einen Blizzard in der Wildnis, aber hinter der nächsten Ecke lauert schon etwas anderes.

Zum Glück war nur ich es, dessen Mut auf den Carters und den Cats auf die Probe gestellt werden sollte. Es würde ein Test für mich sein, nicht für Atticus, und er würde in der Nacht stattfinden.

Schon vom ersten Tag an hatte Atticus eine starke Persönlichkeit. Nur wenige Monate alt, wägt er bereits den Zweck seiner Leine ab.

Ich konnte meine Höhenangst nie ganz überwinden, aber für dieses Foto auf dem Bondcliff habe ich mich einmal mehr sehr nah an den Abgrund gewagt.

Mein »kleiner Buddha« kann nie genug davon kriegen, auf dem Gipfel zu sitzen – egal zu welcher Jahreszeit.

Bei genauem Hinschauen erkennt man Atticus, wie er zum Gipfel des Mount Monroe eilt, dem vierthöchsten Berg der White Mountains.

Auf dem Gipfel des Mount Jefferson unter einem blauen Februarhimmel.
Es ist warm genug, um auf Mütze, Jacke und Handschuhe zu verzichten.

Der ungewöhnlichste Winterbergsteiger sitzt an einem Tag im März auf
dem Gipfel des sehr gefährlichen Mount Washington.

»Wir sitzen zusammen, der Berg und ich,
bis nur der Berg zurückbleibt.«
– Li Po

Der Schlechtwetterblick. Er bedeutet: »Wann können wir endlich wieder rausgehen und wandern?«

Nachdem wir einen ganzen Tag die Franconia Ridge durchquert haben, genießen wir den Ausblick vom Mount Flume.

Der Winter in den White Mountains kann bezaubernd sein, genauso wie hier auf dem Weg zum Mount Field über die Willey Range.

Für Atticus ist der Winter nicht gefährlicher, sondern einfach nur eine andere Jahreszeit zum Wandern.

Atticus ist am glücklichsten, wenn er draußen sein kann – vor allem im Unterholz oder auf dem Gipfel eines Berges.

Wir begannen den Tag mithilfe eines AMC-Mitglieds, das uns von den Wanderer-Webseiten kannte. Ich erkannte Woody nach seinem Foto auf »Views from the Top«. Er wartete auf einem Parkplatz auf Freunde, mit denen er wandern wollte, und ich fragte ihn, ob er uns eine kleine Starthilfe geben könnte. Freundlicherweise fuhr er hinter uns her zum Fuß des Wildcat Mountain, wo ich unser Auto abstellte, und nahm uns dann wieder mit zum Ausgangspunkt. Atticus und ich stiegen zum Kamm des Carter auf und von dort über den Middle Carter und South Carter zum Carter Dome. Das allein ist schon eine Tagestour, und im vorigen Winter waren wir danach ziemlich fertig gewesen. Diesmal aber lagen noch mehrere Meilen vor uns, und das Tageslicht schwand bereits. Wir kletterten hinunter zum Notch und von dort aus den Wildcat Ridge Trail wieder nach oben. Kurz nachdem wir unseren vierten Gipfel des Tages erreicht hatten, brach die Nacht an.

Ich möchte nicht sagen, dass ich mich vor der Nacht fürchte. Ganz und gar nicht. Ich schlief ohne Nachtlicht und konnte mitten in der Nacht durch die Straßen von Newburyport laufen oder am Strand von Plum Island sitzen, ohne überhaupt darüber nachzudenken; aber was Dunkelheit wirklich bedeutet, merkt man erst, wenn man mitten in der Nacht, meilenweit von der nächsten menschlichen Seele entfernt, im tiefen Wald steht.

Das Wort »schwarz« bekam eine ganz neue Bedeutung. Und obwohl ich schon früher Nachtwanderungen gemacht hatte, war ich dabei meist nicht allein gewesen, und die Spukgestalten, die in den dunklen Winkeln meiner Kindheit lauerten, blieben versteckt. Es liegt Kraft in Zahlen – zu mehreren ist man stark.

Ich holte die Stirnlampe aus dem Rucksack und war dankbar, dass ich zwei Ersatzbirnen dabeihatte. Aber es gibt ein Problem, wenn man Stirnlampen benutzt, vor allem, wenn man Angst vor Nachtgespenstern hat und sich allein an einem Ort wie der Wildcat Ridge befindet, wo die Bergspitzen dicht mit undurchdringlichen, vom rauen Wind zerfetzten Tannen bewachsen sind. Die Stirnlampe wirft ihren Schein nach vorn in die Nacht, doch sobald das Licht einen Ast berührt, wird er lebendig. Es erinnerte mich an unsere erste Winterwanderung auf den Tecumseh und war ebenso furchterregend. Die Äste wurden zu Händen, die nach mir griffen, und Krallen, die auf mich einschlugen. Und weil auf den Wildcats Tausende solcher Bäume standen, war es, als wanderten wir durch ein Meer von Toten, die nach uns griffen, um uns zu ihresgleichen zu machen.

Es war ein langer Tag gewesen, und ich war so müde, dass meine Phantasie die Kontrolle übernahm. Ich hätte glücklich sein sollen, dass ich heute schon vier Berge auf meiner Liste abhaken konnte, aber das letzte, dicht bewaldete, gewundene Wegstück hinauf zum letzten Gipfel des Tages brachte alle meine Kindheitsängste zurück. Meine Kehle war wie zugeschnürt; das kleinste Verhaken eines Astes an meinem Rucksack ließ mich herumfahren, voller Furcht, eine Hexe oder ein anderes unvorstellbar grausiges Wesen vor mir zu sehen. Es waren unglaublich unvernünftige Vorstellungen für den Herausgeber und Verleger der »Undertoad«, der alle zwei Wochen furchtlos die Leute attackierte, die andere schikanierten. Aber wenn ich dort kämpfte, konnte ich den Gegner sehen. In den Bergen, im Wald, in der Dunkelheit sah ich nichts als Schatten.

Wie schön wären jetzt gute Gesellschaft, ein herzliches Gespräch, ein paar alberne Witze gewesen! Zum ersten Mal wünschte ich, wir hätten noch jemanden mitgenommen. Ich versuchte mich mit Gedanken an alte Zeiten abzulenken, an Frauen, geliebt und verloren, an einfache, aber fröhliche Dinge. Ich ließ den Tag und den Winter Revue passieren, fiel aber immer wieder in die Einsamkeit zurück, mit der ich kämpfte.

Ich versuchte es damit, dass ich die Stirnlampe ausschaltete, aber dichte Wolken verdeckten jede Hoffnung auf Sterne und Mond, und es wurde nur noch schlimmer. Als ich sie wieder anknipste, stand Atticus vor mir und schaute mich an, als wolle er wissen, was nicht in Ordnung war. Ihm machte die Dunkelheit nichts aus, und so wie seine kleine rosa Zunge nur ein winziges Stück aus dem offenen Mund herausguckte, sah es aus, als lächelte er.

»Ich bin okay, kleiner Floh«, sagte ich. »Kein Grund zur Sorge.« Ich hoffte, ich könnte das glauben.

Er sprang davon und verschwand aus der Reichweite meiner Stirnlampe. Die Nacht verschluckte ihn. Gleich darauf sah ich ihn schon weit voraus, und er lief so ruhig, als machten wir unseren nächtlichen Spaziergang auf dem Bürgersteig in Newburyport.

Sosehr ich mir auch Mühe gab, an etwas zu denken, was mich von der Nacht und den hungrigen Krallenhänden ablenkte, es wollte mir nicht gelingen. Sie waren überall, schlugen ständig auf mich ein und rissen an meiner Mütze oder dem Rucksack.

Ich beschleunigte den Schritt, aber je schneller ich ging, desto schneller griffen die Hände nach mir – huschende Schatten, die um sich peitschten, mich festhalten wollten, immer näher kamen.

Fürchterlich keuchend rang ich nach Luft. Ich schloss die Augen vor der Nacht und sagte plötzlich laut: »Bitte, bitte hilf mir, das hier zu überstehen.« Ich wusste nicht, zu wem ich da sprach.

Und dann sah ich Vicki. Sie war in ihrem Krankenhausbett, aber sie sah nicht krank aus. Ihre Hand streichelte sanft den neben ihr liegenden Atticus.

»Ich brauche ein bisschen Hilfe«, erklärte sie. »Ich plane gerade meine Beerdigung.« Es kam mit diesem typischen kleinen Lachen, so als plane sie die Party zu ihrem fünfzigsten Geburtstag.

Ich musste an die Tage bei ihr im Krankenhaus denken, daran, wie sie gelitten hatte, wie ihr Leben endete, als sie es gerade neu beginnen wollte, und wie sie sich nie beklagte. Der Tod war wie die Geburt ein Teil des Gesamtpakets *Leben*. Sie hatte sich damit abgefunden. Wir, die zurückgeblieben waren, wehrten uns noch dagegen.

Während ich so über meine verstorbene Freundin nachsann, fielen mir ein paar Worte von Mark Twain ein. Ich hatte sie in einem Brief an meinen Vater zitiert, in dem ich ihm von Vickis letzten Tagen berichtet hatte.

»Mut bedeutet Widerstand gegen Furcht, Beherrschung von Furcht, nicht Abwesenheit von Furcht.«

So war Vicki. Ich wollte auch so sein.

Plötzlich schämte ich mich wegen meiner kindischen Ängste. Mit Vicki im Herzen marschierte ich weiter. Meine Furcht war nicht verschwunden, aber wenigstens hielt ich sie jetzt in Schach.

Nun begriff ich auch, dass Atticus und ich gar nicht allein auf dem Berg waren. Wir hatten Vicki bei uns, und sie brachte Verstärkung.

Der Hauptteil unserer Sammelaktion bestand darin, Spenden für den Jimmy-Fonds anzunehmen. Diese Spenden kamen von

Menschen, die ihren Lieben, die an Krebs gestorben waren, noch dagegen kämpften oder ihn überlebt hatten, einen bestimmten Berg widmeten. Immer wenn Atticus und ich einen dieser Gipfel erreicht hatten, sagte ich laut den Namen des Betreffenden, wartete einen Augenblick und sprach ein kleines Gebet für ihn. Dann gingen wir weiter.

Mitten in meiner Verzweiflung in dieser schwärzesten aller Nächte dachte ich an Vicki und an all die Bergspitzen, die wir seit der ersten Winternacht erobert hatten. Das half mir durchzuhalten, und bald standen wir oben auf dem letzten Gipfel des Tages, unserem vierundzwanzigsten in diesem Winter.

Vierundzwanzig Berge; vierundzwanzig Namen.

Es liegt Kraft in Zahlen, dachte ich wieder und sagte es laut: »Es liegt Kraft in Zahlen.«

Ich hob Atticus hoch und hielt ihn im Arm wie immer auf einem Gipfel. Dann sagte ich den Namen des Menschen, dem der Berg gewidmet war. Ich sprach ein kleines Gebet, und nach einer Pause fing ich ganz von vorne an. Ich zählte alle Berge und die jeweilige Person auf, die dazugehörte. Ich sagte es laut; ich sagte es mit dem Mut, den sie alle brauchten, um gegen den Krebs anzugehen; ich sagte es mit Liebe, der Liebe zum Leben und der Liebe derer, die ihnen in ihren dunkelsten Stunden beistanden.

Einige Minuten später standen Atticus und ich hoch oben über den Skipisten am Wildcat Mountain. Die Skiläufer waren schon vor Stunden gegangen und hatten uns den Berg überlassen. Auf unserem Weg nach unten wiederholte ich immer wieder laut die Namen. Sie wurden mein Mantra.

Zum zweiten Mal in diesem Winter gingen wir nachts über einen Skihang. Hinter dem Pinkham Notch ragte im Dunkel der Mount Washington auf. Für die Abenaki war er weiblich, und sie nannten ihn Agiochook, Heimat des Großen Geistes. Ich konnte vage die Umrisse des massiven Gipfels erkennen und stellte mir vor, dass er lebte und atmete. Noch vor wenigen Minuten hätte ich zu der unglaublichen Felsmasse aufgeschaut und mich verängstigt und verletzlich gefühlt, so frei und ungeschützt waren wir seinem wachsamen Blick ausgesetzt.

Wie seltsam müssen wir ihm vorgekommen sein, wenn uns der Agiochook wirklich beobachtet hätte – die zwei ungewöhnlichsten aller Winterwanderer. Im Vergleich zu dem Berg, auf dem wir uns befanden, waren wir winzig wie zwei Kaninchen und ebenso unbedeutend. Aber trotz des anstrengenden Tages sahen wir stärker und kühner aus, als er es wohl erwartet hätte. Er hätte gesehen, wie der kleine Floh den Weg entlanghüpfte, so keck und unbekümmert wie immer am Ende einer Wanderung, und er hätte auch gemerkt, dass ich mich zum ersten Mal seit Stunden ohne Furcht bewegte. Der Agiochook hätte immer wieder die vierundzwanzig Namen gehört, fast wie ein Lied, und wäre beeindruckt gewesen, wenn ich gerade zu ihm aufgeblickt und meine steif gefrorene Mütze für ihn gelupft hätte.

Die Strecke über die Carters und die Cats betrug über 15 Meilen mit 6000 Fuß Höhenunterschied – eine wirklich harte Bewährungsprobe. Am Ende kam es mir aber dann doch nicht so schlimm vor, wenn ich an all die Menschen dachte, für die wir hier unterwegs waren, an die, die sie liebten, an ihre Schlachten, die geschlagen, verloren und gewonnen worden waren, und an das, was sie durchlitten hatten. Die Nacht schien allmählich weniger dunkel, und sie jagte mir keine Furcht mehr ein. Wir befanden uns in großartiger Gesellschaft auf unserem Marsch zum Auto.

Als ich mich entschloss, in diesem Winter Geld für den Jimmy-Fonds und das Dana-Farber-Krebsinstitut zu sammeln, hatte ich keine Ahnung, welche Folgen diese Entscheidung haben würde. Ich wusste nicht, dass wir auf unseren Wanderungen nie wieder allein sein würden – dass bei jedem Schritt jemand bei uns war und selbst in der dunkelsten Nacht Sterne über uns leuchteten.

Das M ist wichtig

Nicht nur Paige oder meine Freunde wussten vom ersten Moment an, als sie Atticus sahen, dass er anders war. Auch fremde Menschen waren entzückt von ihm, aber was ihr Herz eroberte, war sein Charakter, selbst als er noch ein kleiner Welpe war.

»Wie heißt er denn?«, pflegten sie zu fragen.
»Atticus. Atticus M. Finch«, antwortete ich.

Manchmal erinnerten sie sich dann und sagten: »Wie in dem Roman ›Wer die Nachtigall stört‹?«

Die Leute liebten den Namen, weil sie Harper Lees Hauptfigur liebten, ganz gleich, ob sie das Buch gelesen oder den Film mit Gregory Peck gesehen hatten.

Es gab aber auch einige, die mit dem Namen nichts anfangen konnten. Ihre Reaktionen waren interessant, oft sogar komisch.

Ich hörte »Hallo, Attica«, als hätte ich ihn nach dem Hochsicherheitsgefängnis im Staat New York benannt, oder »Hi, Abacus«, als hieße er nach einer Rechenmaschine. Manche wussten noch, dass Atticus eine Figur aus einem Buch oder einem Film war, brachten es aber durcheinander und fragten: »War das nicht Russell Crowe in ›Der Gladiator‹?«

Doch ganz gleich, was sie hörten oder zu hören glaubten, der Name passte. Es war ein würdiger Name für einen würdevollen kleinen Hund. Aber auch wenn die Leute darauf eingingen, nie fragte einer nach dem Mittelbuchstaben. Und der war für mich am wichtigsten.

Das M war das Allerwichtigste. Es war die Fortsetzung eines Lebens; teils Dankbarkeit, teils Anerkennung. Denn das M stand natürlich für Max.

Es erinnerte mich daran, meinen kleinen Welpen gut zu behandeln und ihn richtig aufzuziehen. Ich wollte dafür sorgen, dass er nicht das erleben musste, was Max durchgemacht hatte: von einem zum anderen weitergereicht zu werden wie ein ausrangiertes Kleidungsstück. Ich bin immer zusammengezuckt, wenn ich sah, dass man mit Hunden umging wie mit einem Armband, einer Handtasche oder irgendeinem anderen Gegenstand, der zu einer bestimmten Person passen sollte. Von Anfang an war mir wichtig, dass Atticus, nun ja, Atticus war. Ich wollte mehr als nur ein Accessoire.

Das M half dabei. Nicht, dass ich Atticus so haben wollte, wie sein Vorgänger gewesen war; vielmehr erhoffte ich mir ein wenig Anleitung von Max. Zum Glück war Atticus von Anfang an ein anderer Hund, und ich kam zu dem Entschluss, dass meine Aufgabe allein darin bestand, ihn zu beschützen, ihm Futter, Wasser, ein Zuhause und ganz viel Liebe zu geben und ihm dann den Weg frei zu machen und ihn in Ruhe zu lassen.

Auch in anderer Hinsicht suchte ich Rat bei Max. An unserem ersten gemeinsamen Tag, gleich nach seiner Ankunft in Boston, fuhr ich mit dem acht Wochen alten Atticus nach Plum Island. Wir standen dort, wo Meer und Land sich berühren, und ich wärmte ihn gegen den kalten Wind, der Schnee nach uns spuckte.

Schnee Ende Mai? Eine schöne Begrüßung in Neuengland für den kleinen Welpen aus Texas und, wie sich herausstellen sollte, genau passend für einen Hund, der seine Liebe für die Berge im Winter entdecken würde.

Er war so winzig, so verletzlich und wog kaum fünf Pfund, als wir da so auf den gewaltigen Ozean hinausblickten. Und doch glaube ich, dass ich aufgeregter war als er. Ich wollte alles richtig machen für ihn, und das hieß auch, das Richtige für Max zu tun. Denn wie dankt man jemandem, der unser Leben berührt hat, wenn er nicht mehr bei uns ist? Ich glaube, am besten geht das, wenn wir nehmen, was uns geschenkt wurde, und das Beste daraus machen.

Der Augenblick am Strand war Abschied und Begrüßung zugleich. Ich nahm ein wenig von Max' Asche und warf sie ins Meer. Dann nahm ich noch etwas und rieb Atticus sanft damit ein: eine winzige Prise auf Pfoten, Stirn, Rückgrat und Herz, gerade genug, um zu hoffen, dass Max über ihn wachen würde.

Daran dachte ich, als Atticus mich durch Neuschnee und bei Temperaturen von unter minus 23 Grad auf den Mount Jackson führte. Wer hätte damals gedacht, dass so ein bibbernder kleiner Welpe die *Weißen* im Winter bezwingen würde?

Oder – wenn wir schon mal dabei sind – ich?

Ich hatte wie jeden anderen Berg auch den Jackson aus einem ganz bestimmten Grund ausgesucht. Es war an diesem Tag so brutal kalt und windig, dass ich mich fragte, ob Atticus überhaupt aus dem Auto steigen würde, als wir am Crawford Notch abbogen. Aber er tat es.

Ich wollte noch einen Gipfel schaffen, uns aber nicht allzu lange ungeschützt dem Wetter aussetzen. Der Jackson war ideal. Vom Auto bis zur Spitze waren es nur 2,6 Meilen, und bis auf die letzten etwa hundert Meter war das Gelände baumbestanden und windgeschützt. Wir würden uns höchstens fünf Minuten über der Baumgrenze aufhalten.

Wir kamen gut voran und überholten beim Anstieg eine Reihe anderer Wanderer. Es war ein Sonnabend, und wie es schien, war die ganze Welt wie wir auf die Idee gekommen, den Jackson zu besteigen. Immer wenn wir andere Gruppen passierten, standen sie am Wegrand und versuchten sich warm zu halten. Aber sobald sie den kleinen Hund mit seinen Muttluks und dem Schneeanzug vorbeilaufen sahen, vergaßen sie alles und starrten ihn verblüfft an. Eine Handvoll von ihnen erkannte ihn und wünschte uns alles Gute, aber die meisten froren zu sehr, um noch so freundlich zu sein.

Die Tatsache, dass wir so viele Leute überholten, zeigte, wie weit wir es in einem Monat gebracht hatten. Erst knapp unterhalb des Gipfels zog jemand an uns vorbei.

Wir hielten an, damit ich eine lange Windjacke, dickere Handschuhe und den Gesichtsschutz anlegen konnte. Ich trank einen Smoothie und gab Atticus ein paar Leckerchen. Als er aufgegessen hatte, saß er aufrecht in der Beuge meines Ellenbogens, und ich rieb ihm die Nase zum Schutz mit Creme ein.

Von hinten näherten sich zwei Männer. Sie sahen so trainiert und abgehärtet aus, als wären sie gerade einem Katalog für Wanderer entstiegen. Sie trugen Qualitätsausrüstung, hatten einen ernsten, zielstrebigen Gesichtsausdruck und bewegten sich mit festem Selbstvertrauen.

Knapp bevor sie uns überholten, nickte ich ihnen zu und brüllte ein »Hallo!« in den Wind. Der markigere von beiden – gespaltenes Kinn, kantiger Unterkiefer und dicker Schnurrbart – blieb, als er Atticus entdeckte, stehen und lachte. Er sprach mit frankokanadischem Akzent: »Ihr Hund … der sieht ja aus, als würde er einen Schlafanzug und Pantoffeln tragen. Ich glaube, er muss ins Bett.«

Sein Freund lachte ebenfalls, und sie sagten etwas auf Französisch zueinander und prusteten dann noch lauter.

»Was ist denn so komisch?«, fragte ich durch den Wind.

Wieder antwortete der mit den markanteren Gesichtszügen: »Wir sind uns einig … Ihr Hund sieht aus, als sollte er zu Hause auf dem Sofa sitzen und Bonbons essen.« Mit diesen Worten zogen sie an uns vorbei, und ihr Lachen wurde leiser, als sie um die Ecke bogen.

Nur wenige Minuten später trafen wir sie wieder. Sie standen an dem Punkt, wo die Krüppelkiefern aufhören und der nackte Fels beginnt. Mit aller Macht hielten sie sich an den Bäumen fest, und der Wind zerrte an ihrer Kleidung, die laut flatterte und sich blähte. Sie brüllten aufeinander ein, aber ich konnte nichts verstehen. Als ich näher kam, starrten sie mich mit aufgerissenen Augen an. Einer schrie mir etwas zu. Ich wusste nicht, welcher von beiden, denn sie hatten inzwischen ihren Gesichtsschutz angelegt. Ich legte die Hand ans Ohr, um anzudeuten, dass ich sie nicht hören konnte.

»Zu viel Wind! Wir kehren um!«, versuchte es einer von ihnen erneut. Während er rief, huschte sein Blick nach unten, und ich sah, wie er den Kopf bewegte. Er schaute auf Atticus, der sich an ihnen vorbeidrängte und dem Gipfel zustrebte. Er hatte den Kopf gesenkt und die Beine eingeknickt, um seinen Schwerpunkt zu senken. Seine geringe Größe schützte ihn vor dem heftigen Aufprall des Windes. Ich eilte ihm nach. Sofort krachte der Wind wie eine gewaltige Woge auf meinen Rücken und stieß mich vorwärts. Ich kämpfte um mein Gleichgewicht und senkte wie Atticus meinen Schwerpunkt.

Atticus schlängelte sich geduckt von Felsen zu Felsen, als wollte er dem Feuer von Heckenschützen ausweichen. Er war entschlossen, bis zum Gipfelzeichen, einem großen Steinhaufen, vorzudringen. Als er ankam, setzte er sich instinktiv dahinter, da ihn dort der Wind nicht packen konnte. Als ich ihn eingeholt hatte, nahm ich ihn auf den Schoß. Wir kuschelten uns gerade so lange aneinander, wie ich brauchte, um den Namen jenes Menschen zu rufen, dem der Jackson gewidmet war, und um nachzusehen, in welcher Verfassung wir waren. Außerdem machte ich etwas, was ich ganz im Stillen auch bereits auf allen anderen Bergen getan hatte. Ich zog die Handschuhe aus, griff in die Tasche, öffnete ein kleines Beutelchen und verstieß gegen die Grundregel der Wildnis – »Hinterlass keine Spuren!« –, indem ich etwas zurückließ. Es dauerte nur eine Sekunde, den Beutel zu leeren, aber als ich ihn wieder eingesteckt und die Handschuhe angezogen hatte, waren meine Finger feuerrot, verbrannt von der Kälte.

»Gehen wir nach Hause, kleiner Floh«, sagte ich zu Atticus. Wir verließen den Schutz des Steinhaufens, und der Wind knallte mir ins Gesicht und stemmte mich hoch. Gegen die stärkeren Böen kam ich nicht an; ich kämpfte, um nicht weggeblasen zu werden. Der Wind riss an meinen Kleidern, Tränen traten mir in die Augen, und die unbedeckte Haut um sie herum brannte. Ich musste mich anstrengen, während Atticus gut vorankam. Er duckte sich kopfüber in den Wind und bewegte sich wie ein kleiner Panzer. Ohne einen Augenblick zu zögern, steuerte er auf die sicheren Bäume zu.

Thoreau schrieb: »Der Wilde im Menschen ist nie ganz ausgerottet.«

So fühlte ich mich in diesem Wind, dessen Geschwindigkeit zwischen fünfzig und achtzig Meilen pro Stunde lag – und das bei Temperaturen von unter minus dreißig Grad. Der Wilde in mir streifte seine Fesseln ab, und zum zweiten Mal in diesem Winter stieß ich ein gellendes Heulen aus und warf die Arme in die Luft. Der Wind schüttelte mich, als wollte er mich zum Schweigen bringen, aber ich heulte weiter.

Nie im Leben hatte ich mich so kraftvoll, so wild und lebendig gefühlt wie in diesem Augenblick.

Wir waren der Kälte nur wenige Minuten ausgesetzt gewesen, aber als wir in den Schutz der Bäume zurückkehrten, wuchsen schon winzige Eiszapfen an meinen Augenbrauen und Wimpern. Ein anderer Wanderer, der dicht hinter uns gewesen war, hatte nach einem kurzen Abstecher zum Steinhaufen bereits erfrorene Wangen, bevor er die Bäume wieder erreichte.

Wir sammelten uns. Ich wärmte Atticus, indem ich ihn fest an mich drückte, und er kümmerte sich um mich, indem er mir das Eis vom Gesicht leckte. Über den Baumspitzen röhrte der Wind und zog immer neue Kreise, ohne uns etwas anhaben zu können. Wir waren in Sicherheit.

Eilig marschierten wir bergab. In meinem Kopf kreisten die Gedanken um ein warmes Mittagessen. Atticus ging zur Abwechslung hinter mir. Als ich stehen blieb und nachsehen wollte, ob er in Ordnung war, stellte ich fest, dass er seine Muttluks als Skier benutzte und damit die steileren Abschnitte des Weges hinunterfuhr. Als er mich eingeholt hatte, zog er vorbei und fiel dann wieder in seinen üblichen lässigen Trott, als gingen wir zu Hause in Newburyport auf der State Street spazieren.

Wir kamen gerade rechtzeitig am Auto an, um die beiden Frankokanadier davonbrausen zu sehen. Ich hatte das deutliche Gefühl, dass sie fort sein wollten, bevor wir zurückkehrten. Denn was hätten sie jetzt zu dem Hund in Schlafanzug und Pantoffeln sagen sollen? Er hatte den Gipfel bezwungen, und sie hatten gekniffen.

Es gab viele Gründe, warum wir in diesem Winter wanderten. Wir taten es »für die Kinder« des Jimmy-Fonds. Wir taten es für Vicki. Wir taten es für die, denen andere Menschen Berge gewidmet hatten, und wir taten es für jenen Hund, der Atticus den Weg bereitet hatte.

Mein lieber Maxwell Garrison Gillis hatte die Freiheit, die Atticus genoss, nie gekannt. Er hatte nie so viel Schönes gesehen und sich nie mit gesenktem Kopf gegen den Wind am Jackson stemmen müssen oder die kahle, aber herrliche Einsamkeit eines schnee- und eisbedeckten Berggipfels erlebt. Und doch begleitete uns Max bei jeder Wanderung, und das nicht nur im Geist. Wir hatten innerhalb von einunddreißig Tagen auf einunddreißig Gipfeln gestanden, und überall war ein winziges Stück Max verstreut.

Ich wusste selbst nicht recht, warum ich damals am Strand nicht die ganze Asche ins Meer geworfen hatte. Vielleicht verstand ich im tiefsten Inneren, dass es einen besseren Ort für Max gab. Es war die richtige Entscheidung. Ich freute mich, wenn ich daran dachte, dass auf jedem Viertausender, zu dem wir zurückkehrten, Max auf uns warten würde ... vereint mit all den anderen großen Geistern der White Mountains.

»Unser Glaube kommt in Augenblicken«

Der Winter schritt voran. Jeder Tag bescherte uns neue Prüfungen, manchmal in Form langer Wegstrecken, manchmal durch Höhenunterschiede – manchmal gab es auch beides. An anderen Tagen war es das Wetter, mit dem wir ringen mussten oder das uns gar nicht erst losgehen ließ; das war dann am schlimmsten. Wir wollten sechsundneunzig Gipfel in neunzig Tage quetschen und dabei heil bleiben. Das bedeutete körperliche und geistige Anstrengung.

Nachts saßen wir dann einsam vor dem Kamin unserer kleinen Hütte, fern unserer gewohnten Welt, isoliert von den ebenso fernen Freunden, denen es schwerfiel zu begreifen, was wir da eigentlich taten. Ich schrieb, und Atticus schlief, zu einer kleinen Kugel zusammengerollt, an meiner Hüfte, mehr Katze als Hund. Ich schaute zu, wie sich bei jedem Atemzug sein Körper hob und senkte, und lauschte auf sein Schnarchen, das die Hütte erfüllte. Ganz gleich, was wir an diesem Tag unternommen und wie leicht oder schwer wir es bewältigt hatten, er schlief, als hätte er auf dieser Welt keine Sorgen.

Wenn wir allein waren und ich ihn so beobachtete, schnürte es mir manchmal die Kehle zu. Es machte demütig, wenn man sah, wie dieser kleine Hund auf Bergen, die zu besteigen die meisten Menschen nicht im Traum wagen würden, durch Eis und Schnee furchtlos voranlief. Und selbst ich konnte kaum glauben, dass das tief schlummernde Tierchen neben mir wirklich solche erstaunlichen Dinge vollbrachte. Ich betrachtete es als Glück, einen solchen Freund zu haben, war aber auch glücklich darüber, von der vordersten Reihe aus zusehen zu können, wie sich etwas ganz Besonderes entwickelte.

Als Junge war ich begeistert von den Legenden der White Mountains. In diesem Winter aber wurde mir klar, dass an meiner Seite eine neue Legende entstand.

Ich hatte einmal gelesen, dass die besten Marathonläufer der Welt ihre Gedanken ausschalten, bis sie die Zwanzig-Meilen-Marke erreicht haben. Dann erst schalten sie sie für die letzten sechs Meilen des Rennens wieder ein. So hielt ich es auch mit unserem Winter: an nichts denken, bis man kurz vor dem Ziel ist. Tagsüber, wenn wir mit dem Bergsteigen beschäftigt waren, folgte ich dieser Strategie. Doch wenn die Sonne unterging und mein Kopf still wie die Nacht wurde, nahm ich mir Zeit und dachte über alles nach, was wir taten. Erst da verstand ich, dass wir uns einen Winter schufen, der nie ein Ende haben würde. Er würde so lange dauern, wie mein Kopf klar genug war, ihn zu bewahren.

Das ist einer der Gründe, warum ich so gern mit Atticus allein unterwegs war. Ich wollte ohne Ablenkung alles in mich aufnehmen, um es nie mehr zu vergessen.

Wenn wir mit anderen wanderten, gab es lebhafte Gespräche und Spaß, jedoch standen Wind, Bäume, Bäche, Berge und das ganze Gefühl für den Zauber eines Ortes nicht mehr im Vordergrund, sondern spielten nur noch eine Nebenrolle. Aber ich wollte hören, was der Berg mir sagte, und wenn ich mich unterhielt, vernahm ich weder den Wind noch das Knarren der Bäume. Ich hörte nicht, was der Berg von den Geheimnissen der Hügel flüsterte, die sich nicht immer in Worte fassen lassen – mir fehlte etwas.

So war es auch, als wir mit acht anderen Leuten zum abgelegenen Gipfel des Owls Head unterwegs waren. Im Sommer ist das ein Rundweg von 18 Meilen. Im Winter sind es eher 16 Meilen, weil es zwei Abkürzungen querfeldein gibt, die einen Teil der Bachübergänge vermeiden und den gefährlichen Owls-Head-Bergrutsch umgehen. Wir wanderten mit einer fröhlichen Gruppe, und von Anfang bis Ende gab es jede Menge Scherze und Gelächter.

Es war gut, dass wir uns ihnen angeschlossen hatten, sonst hätten Atticus und ich an diesem Tag den Gipfel nicht geschafft, weil so viel Schnee lag, dass man kaum durchkam. So aber gab es viele Schneeschuhe, die Atticus den Weg bahnten. Im Winter davor, als ich mit Atticus allein war, brauchten wir allein drei Stunden für die letzte Meile zur Spitze des Owls Head, darum war ich mehr als glücklich über die Hilfe.

Aber unser Gipfelerfolg hatte seinen Preis. Wegen der vielen Menschen und des Lärms hatte ich nicht mehr das Gefühl, dass unsere Wanderung ein Ziel und einen Sinn hatte, ich kam mir eher vor wie auf einer rauschenden Cocktailparty. Am Ende des Tages hatte ich viel weniger als sonst an Vicki oder an den Menschen, der seinen Krebs überlebt und dem jemand den Berg gewidmet hatte, oder sogar den Berg selbst gedacht. Der war einfach ein Haken auf einer Liste geworden. Ich hasste es.

Am nächsten Morgen schliefen wir lange. Erst nachmittags um halb eins brachen wir endlich zum North und South Hancock auf. Auf den ersten zwei Meilen trafen wir mehrere Leute, die ihre Tagestour gerade beendeten. Einige rieten uns umzukehren, weil es schon so spät war. Einer schrieb sogar auf einer Wanderer-Webseite: »Traf Tom & Atticus beim Spätstart. Hoffe, dass seine Stirnlampenbatterie durchhält.«

Ich wusste, dass es gut möglich war, dass wir erst im Dunkeln zurückkommen würden. Aber das war mir egal. Wir hatten den Berg für uns. Es war erfrischend, wieder allein zu sein. Eingebettet in die Ruhe des Waldes, kam es mir nicht darauf an, ob wir die ganze Nacht brauchen würden.

Die Hancocks waren die ersten Berge in diesem Winter, die wir zum zweiten Mal bestiegen. Der Tag davor war so anstrengend gewesen, dass wir die Strecke, obwohl sie zehn Meilen betrug, ideal fanden, weil die Gipfel relativ bequem zu erreichen sind. (Was für ein ulkiger Gedanke – ein Mann, der außer Puste kam, wenn er einen Block von seiner Wohnung zum Zeitungsstand ging, findet jetzt eine Zehn-Meilen-Tour im Januar vergleichsweise leicht. Das zeigt, wie sehr unser Leben sich verändert hatte.)

Der größte Teil der Route verläuft eben. Dann kommt ein berüchtigter steiler Abschnitt von einer halben Meile, der auf die Nordspitze führt. Eine Treppe zum Himmel, sozusagen. Bei früheren Wanderungen auf die Hancocks hatte ich gelernt, diese langsame, mühevolle Kletterstrecke als Ort der Bestrafung für meine Cremekuchensünden zu erkennen. Ich ging dann zwanzig Schritte, blieb stehen, beugte mich über die Trekkingstöcke, ließ mir den Schweiß vom Gesicht rinnen und schwor für immer dem Junkfood ab. Nach weiteren zwanzig Schritten wiederholte ich mein Bußgelübde. Es war wie beim Rosenkranzbeten – nur mit viel mehr Fluchen. Jedes Mal, wenn ich stoppte und an den Stöcken hing, sah ich beim Aufblicken, wie Atticus mit strenger Miene vor mir stand – einerseits um sich zu überzeugen, dass mir nichts fehlte, andererseits um festzustellen, warum ich so trödelte.

Der erste Anstieg des Tages – jedes Tages – war immer das Schlimmste. Mein Körper war nicht fürs Bergaufgehen geschaffen. Ich war zu schwer. Und doch war es oft gerade in diesen Momenten des Sauerstoffmangels, wenn ich gezwungen war, stehen zu bleiben und Luft zu holen, dass ich nichts hörte als den eigenen Atem, meinen Herzschlag und den Wald. An einem windstillen Tag im Winter schweigt der Wald, und aus der Minute größter Anstrengung wird ein halkyonischer Augenblick: Die Welt gleitet vorbei, alles wird klar und deutlich. Bei solchen Gelegenheiten fühle ich mich Thoreau und Emerson, Einstein und Wordsworth verwandt, und ihre Worte kommen zu mir wie ein Gebet.

So war es immer, wenn ich mich mühsam einen Berg hinaufkämpfte. Ganz gleich, ob es der Garfield auf jener ersten Tour im September war oder die Hancocks – jeder Aufstieg fiel mir schwer. Doch Schmerz, Pein und Atemnot erzeugten auch Offenbarungen. Emerson schrieb: »Unser Glaube kommt in Augenblicken, unser Laster ist ständig bei uns.« Auf diesem leidvollsten Teil unserer Wanderungen fand ich meine Religion.

Es war ein Glaube in freier Form. Das heißt, dass ich wählerisch vorging und aussuchte, was zu mir passte. Leider passte das anderen Leute nicht immer.

Ich kannte eine Frau in Newburyport, die einmal eine gute Katholikin gewesen war, dann aber eine gute Kongregationalistin wurde, bis die Kirche beschloss, »offen und positiv auf Schwule und Lesben zuzugehen«, worauf die Dame eine gute Baptistin wurde. Einmal fragte sie mich: »In Ihren ›Briefen nach Hause‹ sprechen Sie oft von Gott, gehen aber nicht in die Kirche.«

»Das stimmt.«

»Und welcher Religion gehören Sie an?«

»Ich habe keine.«

»Wenn man an Gott glaubt, muss man eine haben. Wenn Sie also eine Religion wählen müssten, welche wäre es?«

»Ich würde nicht wählen. Wer braucht denn einen Vermittler? Ich glaube an Gott, genügt das nicht?«

»Aber wenn Gott zu Ihnen käme und sagte: ›Du musst dich für eine Religion entscheiden‹, was würden Sie dann antworten?«

»Ich glaube nicht, dass Gott das täte.«

»Aber nur einmal angenommen …«

»Also gut – wenn ich mich unbedingt irgendwo einordnen müsste, würde ich sagen, ich bin Pantheist.«

Die Frau betrachtete mich angewidert und stöckelte davon.

Ein paar Tage später begegnete ich zufällig ihrem Freund, und er wollte wissen, warum ich so ordinär zu ihr gewesen sei.

»Was?«

»Als Susan Sie gefragt hat, welche Religion Sie wählen würden, haben Sie gesagt, Sie würden Unterhöschen anbeten.«

Ich musste ihm erklären, dass Pantheismus nichts mit Pantys, also Unterhöschen, zu tun hatte, sondern ein Glaube ist, der Gott in der Natur sieht.

Und das bedeuteten mir die Berge. Sie waren meine Religion – die einzige, die ich haben wollte –, und ich fand sie, während ich mich plagte, wenn die Erschöpfung mich buchstäblich zwang, innezuhalten und auf meine Umgebung zu schauen. Wenn der Körper in diesem Zustand ist, so ermattet, dass er nur noch den eigenen Atem und Herzschlag wahrnimmt, dann fühlt man alles. Man fühlt sich als Teil von allem.

Als ich auf dem Gipfel des North Hancock ankam, wartete kein Atticus auf mich. Aber ich wusste, wo er war. Ich drängte mich nach links durch die verschneiten Kiefern und sah ihn auf der Felskante sitzen. Es war ein schöner Tag, warm und ruhig, und er saß da wie in den Sommermonaten, ein kleiner Buddha, der zu den Osceolas hinüberblickte und zusah, wie die Spätnachmittagssonne sie goldgelb färbte. Ich wollte nicht stören und beobachtete ihn eine Weile.

Was ich da sah, war ein kleiner Hund, der ganz gelassen im Winter auf einer Bergspitze saß, meilenweit entfernt von allem, was wir früher gekannt hatten, als sei es das Natürlichste auf der Welt. Und auf einmal merkte ich, dass es bei unserem großen Plan um viel mehr ging als um das Besteigen von sechsundneunzig Bergen oder das Sammeln von Geld für eine gute Sache. Es ging um uns, um das, was wir zusammen sahen und erlebten, und das, was aus uns wurde. Es war einer jener Augenblicke, in denen man plötzlich begreift, wie wunderbar das Leben ist.

Schließlich drehte Atticus sich um und schaute zu mir hinüber. Unsere Blicke begegneten sich, und ich erkannte die milde, unerschütterliche Ruhe, die ihm die Gipfel verliehen. Ich hatte sie weder am Vortag noch bei einer der Wanderungen bemerkt, die wir mit anderen gemacht hatten. Sie war etwas, was wir miteinander teilten, wenn wir es nicht eilig hatten, und meist nur dann, wenn wir allein waren.

Atticus schaute mich weiter an, ohne eine Miene zu verziehen, bis ich zu ihm ging und mich neben ihn setzte. Er lehnte sich sachte an mich. Wir sahen nicht mehr uns an, sondern genossen die atemberaubende Aussicht.

Ein paar Tage davor hatte mich etwas berührt, das Thomas Merton in einer Rede gesagt hatte: »Die höchste Ebene der Kommunikation ist nicht der Austausch von Gedanken, sondern die Verbindung von Seelen. Sie ist wortlos. Sie geht über Worte hinaus, über Sprache und über Begriffe. Nicht, dass wir damit ein neues Universum entdecken. Wir entdecken ein älteres Einssein. Wir sind bereits eins. Aber wir glauben, dass wir es nicht sind. Was wir wiederfinden müssen, ist unser ursprüngliches Einssein. Was wir werden müssen, ist, was wir sind.«

Wenn ich mit Atticus wanderte, teilten wir genau das – dieses Einssein. Es war eine Verbindung von Mensch und Tier, die keinen Unterschied zwischen beiden machte. Wichtiger noch, es war die Verbindung zwischen zwei Freunden.

Der Owls Head hatte uns die letzte Kraft abgerungen und uns erschöpft und halb verdurstet zurückgelassen. Wir waren schon müde, als wir nachmittags losgingen, aber der Wald und das gemeinsame Sitzen auf der Felskante hatten uns neue Kraft gegeben.

Von der Nordspitze aus gingen wir weiter zum South Hancock und von dort Richtung Heimat. Die letzten paar Meilen sprangen wir in bester Stimmung den Weg entlang und amüsierten uns mit kleinen Scherzchen. Wir waren einfach ein Junge und sein Hund, die miteinander spielten. Als der Tag schwand und wir den Wald verließen, sah ich auf zu den bläulich schimmernden Osceolas. Wir schafften es trotz der Zeit, die wir oben am Gipfel gesessen hatten, vor Sonnenuntergang.

Ich glaube, dass jeder Berg uns etwas lehren und Geschichten erzählen kann. An diesem ganz gewöhnlichen Sonntagnachmittag wurde ich wieder daran erinnert, in welch guter Gesellschaft ich lebe und was für ein herrliches Gefühl es ist, sich so ganz und gar vom Wald verschlucken zu lassen.

Dieser Tag war der Wendepunkt unseres Winters. Bei den meisten Wanderungen waren wir beide allein gewesen, aber von nun an wollte ich noch mehr darauf achten, dass es auch so blieb. Zwar würden wir ab und zu auch mit anderen gehen, uns aber unsere Begleiter gut aussuchen, denn die Tage in den Bergen waren wirklich Höhepunkte in unserem Leben.

 Atticus inkognito

Gleichzeitig mit der Ankündigung unseres Projekts »Ein Winter für die Gesundheit« in der »Undertoad« und auf den beiden Wanderer-Webseiten hatte ich einen Blog eingerichtet. Ich aktualisierte ihn täglich und berichtete ab und zu auch auf einer der Wandererseiten über unsere Touren. Wir hatten eine kleine, aber treue Lesergemeinde.

Doch nach etwa der Hälfte des Winters wurde unsere kleine Reise in der Öffentlichkeit bekannter.

Als Atticus und ich den zu Recht so benannten Mount Isolation bestiegen – eine Strecke von 15 Meilen bei Temperaturen im Wind von etwa minus 35 Grad Celsius – und während alle anderen Menschen zu Hause saßen und sich den Super Bowl anschauten, begeisterte der »kleine Riese« die Leser in Newburyport mehr denn je. Unser Blog wurde zur beliebten Lektüre, was wiederum mehr Spenden für den Jimmy-Fonds einbrachte.

Auch die Zeitungen in New Hampshire begannen unsere Sammelaktion zur Kenntnis zu nehmen, und es erschienen längere Artikel über uns. Bald bekam ich E-Mails und Atticus Fanpost und Liebespakete mit verschiedenen Leckerchen. Leider wirkte sich sein Promistatus auch auf unsere Wanderungen aus. Ich sage *sein* Promistatus, denn während ich mich ohne große Mühe unauffällig unter die anderen Wanderer mischen konnte, war ihm das nicht möglich. Die meisten Leute erkannten mich in den Bergen nur, weil Atticus bei mir war und man ihn nicht verkleiden konnte. Am Wochenende, wenn mehr Betrieb herrschte, sahen ihn die Leute und wollten stehen bleiben, um mit uns zu reden. Wir wurden oft eingeladen, bei anderen Wanderungen mitzukommen. Eine Frau schickte mir eine E-Mail, in der es hieß: »Ich wandere zwar nicht, aber wie wäre es, wenn wir drei einmal zusammen einen Kaffee trinken würden. Ich würde euch sehr gern kennenlernen. Ich bin übrigens Single.«

Wir waren wieder da, wo wir angefangen hatten. Im ersten Sommer hatten wir Newburyport zum Teil deshalb verlassen, weil ich die Anonymität des Waldes so genossen hatte. Die Berge boten Ungestörtheit, Ruhe und Frieden. Aber dieser Friede, den wir auf den Hancocks gerade erst wiedergefunden hatten, war nun bedroht. Nicht, dass ich ein Menschenfeind gewesen wäre – jeder in Newburyport konnte bezeugen, dass ich mich nicht abkapselte und gern und oft mit anderen Leuten redete. Es war nur so, dass wir in den Bergen ein anderes Leben lebten.

New Hampshire war unsere Zuflucht geworden, ein wunderbarer Ausweg aus einem hektischen Dasein. Ich wusste nicht, wie ich mich fühlen würde, wenn ich das verlor.

Erst spät brachen wir zu einer Tour auf den Mount Moriah auf. Unterwegs stießen wir auf fünf verschiedene Wandergruppen, die schon auf dem Rückweg waren. Vier von diesen Gruppen erkannten Atticus und fragten, ob sie sich mit ihm fotografieren lassen dürften. Sie waren entzückt, ihn kennengelernt zu haben, aber Atticus, aufgewachsen in dem Glauben, dass jeder seinen Namen kannte, fand die Sache völlig normal. Er freute sich, wenn man ihn begrüßte, war aber ebenso glücklich, wenn er sich nach ein paar Streicheleinheiten wieder von seinen Bewunderern verabschieden konnte, auch wenn sie ihn weiter umschmeichelten und noch ein bisschen mehr von ihm haben wollten. Ich war freundlich, aber auch froh, wenn es weiterging. Die letzte Gruppe, die wir trafen, riet uns, vorsichtig zu sein, denn es komme wahrscheinlich niemand mehr hinter ihnen und wir seien ganz allein.

Vorsichtig?, dachte ich. *Das gefällt uns doch gerade am besten!*
Besonders die Aussicht auf Einsamkeit reizte mich.
Etwa eine Meile unter dem Gipfel wanderten wir, friedlich vor uns hin träumend, an den eindrucksvollen Felskanten des Carter-

Moriah-Wegs entlang, genossen die Aussicht über die westlichen Berge von Maine und sogen die Wärme des Tages in uns auf. Wir fühlten uns so stark und einträchtig wie noch nie auf einer Wanderung. Im Gehen fing ich an, über Gebete, Gedanken und Dankbarkeit zu meditieren. Es war so ruhig, so still, so wunderbar ungestört.

Plötzlich tauchte aus dem Nichts ein Mann auf, der uns auf dem Weg entgegenkam und uns fürchterlich erschreckte. Wir sahen ihn nicht, aber wir hörten ihn. Er schnappte buchstäblich nach Luft, als er Atticus sah, riss überrascht die Hände hoch und japste:

»*Oh-mein-Gott!* Er ist es! Er ist es wirklich!«

Bevor ich noch Hallo sagen konnte, fuhr er fort: »Meine Freunde werden sich grün ärgern, dass sie heute nicht mitkommen wollten! Ha! Sie werden platzen vor Neid!« Er fummelte an seiner Fototasche herum und riss die Nikon heraus, um ein Bild zu machen. Ich hatte das Gefühl, dass er mehr mit sich selbst redete als mit mir, weil er mich dabei gar nicht ansah. »Erst gestern beim Abendessen haben wir über ihn gesprochen!« Und er richtete die Kamera auf Atticus.

Ich weiß selbst nicht, wie ich darauf kam, aber vielleicht lag es daran, dass er so laut und aufdringlich war und mit seinem Gekreische die heitere Gelassenheit um uns herum zerstört hatte. Jedenfalls sagte ich: »Wie haben Sie ihn genannt?«

Vielleicht wollte ich auch bloß meine Ruhe haben.

»Atticus! Ich würde ihn überall erkennen!«, rief er und schnatterte gleich weiter, schnell und laut, mit einem Ausrufezeichen am Ende jedes Satzes.

»Ich fürchte, Sie irren sich«, antwortete ich. »Das ist Sparky.«

Außer sich vor Schreck ließ er die Kamera sinken. »Aber sind Sie nicht Tom von Tom und Atticus?«

»Nö. Ich heiße Mike.«

»Ganz sicher? Er sieht genau aus wie Atticus«, meinte er und hob mit leisem Misstrauen die Augenbrauen. »Sind Sie nicht die beiden, die in diesem Winter zweimal auf alle Gipfel wollen oder so etwas Verrücktes?«

»Tut mir leid, Sie haben die Falschen erwischt.«

Er war am Boden zerstört. Niedergeschlagen packte er die Kamera wieder ein.

»Was ist denn überhaupt so besonders an diesem Attica?«, fragte ich heuchlerisch.

»Es heißt Atti-CUS! Er ist berühmt – richtig berühmt!«

»Ach ja? Hat er etwas oder jemanden gerettet – so wie Lassie, als Timmy in den Brunnen gefallen ist?«

»Nein, aber verlassen Sie sich drauf, er ist berühmt!«

»Aber warum?«, bohrte ich weiter.

»Ach, aus vielen Gründen!«

»Zum Beispiel?«

»Hören Sie, es ist schwer zu erklären, er ist einfach ein ganz besonderer Hund. Er macht lauter tolle Sachen!«

Und damit warf er mir einen Blick zu, als wären wir es gewesen, die seine friedliche Wanderung gestört hätten. Er zog ab, ohne Mike und Sparky auch nur auf Wiedersehen zu sagen.

Ich weiß nicht, was Atticus dachte, als ich ihn aufforderte: »Los, weiter, unbedingt weiter, Sparky.«

Als ich später ein paar Freunden von dieser Begegnung erzählte, waren sie von mir enttäuscht. Sie meinten, ich hätte mich auf grausame Weise über den Wanderer lustig gemacht. Das fand ich eigentlich nicht, aber möglicherweise hatten sie ja recht. Vielleicht hätte ich mich ein bisschen schuldig fühlen sollen, aber ich wollte einfach nur ungestört bleiben.

Die Wanderung auf den Moriah war Teil einer größeren Tour, bei der wir vier Tage hintereinander unterwegs waren. Es war das erste Mal, dass wir so etwas machten. Wir erreichten alle Gipfel zur richtigen Zeit. Ich bewegte mich ohne Anstrengung und fühlte mich leicht und behände. Atticus' Schritte federten. Unsere Laune war bestens. Wir schienen unermüdlich. Wir brauchten weniger Zeit als jemals zuvor, sogar weniger als in den Sommermonaten. Meine Borreliose war nur noch eine blasse Erinnerung. Das Leben war schön.

Neunundvierzig Berge hatten wir bestiegen. Um zu erreichen, was wir uns vorgenommen hatten, mussten wir in neununddreißig Tagen noch siebenundvierzig weitere Gipfel erklimmen. Das Ziel lag durchaus in Reichweite.

Leider – Pech für uns – waren die Schneefälle des Winters bereits im Anmarsch.

Der Zauber des Agiochook

Mein Vater hatte mit dem Glücklichsein immer so seine Schwierigkeiten. In der Öffentlichkeit war er zu den Kassiererinnen in der Apotheke oder im Supermarkt oder zu den Leuten im Rathaus stets witzig und charmant, aber wenn er allein war, sah es ganz anders aus. Er war hart gegen sich selbst und kritisch mit seinen Kindern. Er war in vielen Dingen gut, aber persönliche Nähe gehörte nicht dazu. Was ihn und mich in diesem ersten Sommer in den Bergen miteinander verband, war der engste Kontakt, den wir je haben würden. Denn als Atticus und ich im Winter wieder dort wandern gingen, errichtete mein Vater eine Mauer zwischen uns. Er hielt erneut Abstand, stieß mich zurück und versuchte manchmal, mich irgendwie herabzusetzen.

Ich verstand das nicht, aber mein Freund Ed Metcalf hatte eine Erklärung dafür. Er gehörte zur Generation meines Vaters und riet mir, es so zu sehen: »Dein Vater fand es toll, als du im Sommer auf die Berge gestiegen bist, weil er sich selbst an deiner Stelle sehen konnte und weil andere Leute das auch machen. Aber im Winter bist du an einen Ort gegangen, an den er dir nicht folgen konnte. Er konnte sich dort nicht sehen. Du hast ihn in den Schatten gestellt.«

Ich wusste, dass Ed recht hatte, ich wollte es nur nicht wahrhaben.

Gegen Ende des ersten Winters, als feststand, dass wir nicht alle Achtundvierzig schaffen würden, war ich enttäuscht und rief meinen Vater an, um es ihm zu erzählen.

»Ich habe sowieso nicht gedacht, dass du das kannst«, sagte er. In den Worten lag kein Gefühl, sie klangen nüchtern und sachlich, aber manche Pfeile müssen nicht in Gift getaucht sein, um tödlich zu wirken.

Es gab nur eine Möglichkeit, meinen Vater zu lieben, und das war mithilfe eines Puffers. Darum besuchte ich ihn im Frühling oder Sommer nur dann, wenn die *Red Sox* spielten, oder in der Footballsaison, wenn ein Spiel der *Patriots* lief. Er unterhielt sich gern eine halbe Stunde vor oder nach dem Spiel und freute sich, wenn eines seiner Kinder zu Besuch kam – solange wir danach nicht zu lange blieben oder während der Übertragung nicht zu viel redeten.

Ein weiterer Puffer war die »Undertoad«. Er freute sich über jede Ausgabe. Dabei wies er mich gern auf falsch geschriebene Wörter hin und zählte die Anzeigen, um zu sehen, wie es um meine Finanzen stand. Er hätte es nie zugegeben, aber er war stolz auf mich.

Es hatte eine Zeit gegeben, in der er selbst gern ein Zeitungsmann gewesen wäre. Er blieb sein Leben lang ein verhinderter Schriftsteller. Am nächsten kam er einer Veröffentlichung durch seine wortgewandten Leserbriefe, oft Glanzstücke der Lokalzeitung.

Als Atticus und ich mit unserer Aktion »Ein Winter für die Gesundheit« begannen, hatten mein Vater und ich schon seit Monaten nicht mehr miteinander gesprochen. Unsere letzte Unterhaltung fand statt, als ich ihm von unserem Ziel – sechsundneunzig Gipfel in neunzig Tagen – erzählte. Aber ich schrieb ihm alle zwei Wochen. Er bekam gern Briefe. Als er älter wurde, stammten sie nur noch von seiner Schwiegertochter Yvette, die wunderbare, flüssige Zeilen schrieb, und von mir.

Er war ein leidenschaftlicher Leser, der oft in einer Woche drei oder vier Bücher aus der Bibliothek verschlang. Er liebte das schnelle Tempo von Kriminalromanen. Als er jünger war, las er jedoch die Klassiker. Auf seine übliche ungeschickte Art wollte er uns als Kinder zum Lesen zwingen, aber ich war trotzig und wehrte mich dagegen. Die Worte besaßen zwar die Kraft, etwas in mir zu entfachen, Lesen hätte allerdings bedeutet, mich ihm zu fügen. Wie man sieht, konnte der Sohn genauso dickköpfig sein wie der Vater. Erst als ich endlich zu Hause auszog, gestattete ich mir auch den Zutritt zur Welt von Emerson und Thoreau, von Tennyson und Frost. Die Namen waren mir vertraut, weil mein Vater diese Männer bewunderte und ihre Meisterwerke gelesen hatte.

Das Leben ist schon komisch. Zuerst wollte ich um keinen Preis so sein wie der Mann, den ich sowohl liebte als auch verabscheute – und am Ende wurde ich ein Zeitungsmann, las die Schriftsteller, die ihn beeindruckten, wurde ein großer politischer

Hecht in einem ganz kleinen Karpfenteich und kletterte sogar auf seine Berge. Irgendwo auf dem Weg, der mich so weit wie möglich von meinem Vater wegführen sollte, hatte ich seine Träume angenommen. Ich war sein Sohn geworden.

Meine Briefe nach Hause waren die Brücke zwischen uns. Sie hielten die Verbindung, selbst wenn wir nicht miteinander sprachen. Als am Valentinstag ein heftiger Schneesturm aufzog und wir zu Hause in Newburyport Schutz suchten, schrieb ich ihm von den Berggöttern in New Hampshire. Ich wies darauf hin, dass sie ihren Gegenspielern aus der griechischen Mythologie nicht unähnlich waren. Sie vergnügten sich damit, dass sie ihr Spiel mit den Sterblichen trieben. Und verflixt, genau das taten sie jetzt mit Atticus und mir.

Da war zuerst die Borreliose, mit der sie uns ausbremsten. Dann beschworen sie bei unserem ersten Ausflug über die Baumgrenze einen Blizzard über die Bonds herauf. Am Jackson, als sie für so eisige Temperaturen und starke Winde sorgten, dass andere zu Hause blieben, mogelten wir uns an ihnen vorbei. Und als wir endlich Tritt gefasst hatten und uns so durch die Wildnis bewegten, wie ich es mir zu Beginn meiner Planung ausgemalt hatte, da schickten sie uns den gewaltigsten Sturm des Winters.

Vom zweiten Stock des Grand-Army-Gebäudes in Newburyport sahen wir hilflos zu, wie die Zeit verging. Es hatte keinen Sinn, jetzt nach Norden zu fahren; der Schnee war viel zu tief für einen kleinen Hund. Also warteten wir. Und warteten. Am Ende hatten wir acht Tage gewartet, und unser großer Plan schien allmählich in Gefahr. Ich wollte nicht aufgeben. Aber die harte Wahrheit war, dass uns nur noch einunddreißig Tage blieben, um die restlichen siebenundvierzig Gipfel zu besteigen, und dass dazu ausgerechnet die höchsten und gefährlichsten Berge gehörten, die Wind und Wetter am meisten ausgesetzt waren. Außerdem mussten wir jeden zweimal schaffen.

Die Zeit war vielleicht nicht auf unserer Seite, aber ich hatte einen festen Glauben, und zu irgendetwas musste der ja gut sein. Außerdem besaßen die Götter eine wohlwollende Seite. Der Mythologe Joseph Campbell hatte das bereits erkannt: »Ich habe festgestellt, dass man nur den ersten Schritt auf die Götter zugehen muss, damit sie einem ihrerseits zehn Schritte entgegenkommen. Dieser Schritt, der heldenhafte erste Schritt der Reise, liegt außerhalb unserer Grenzen oder führt über ihren Rand, und oft muss man ihn tun, bevor man selbst weiß, dass man es will.«

Ein Sprung ins Ungewisse.

Unser Winter war eine ganze Serie solcher Sprünge ins Ungewisse, und nun sprangen wir ein weiteres Mal, indem wir nicht aufgaben und hofften, dass der Wind erstmals in diesem Winter nachlassen würde. Und unser Glaube daran wurde belohnt.

Wir begannen eine denkwürdige Strecke, bei der wir an sechs der nächsten neun Tage unterwegs waren – und das waren keine gewöhnlichen Touren. Sie führten über viele der schroffsten Berge der *Weißen*. An einem Tag bestiegen wir die beiden Osceolas, dann die vier Berge der Franconia Ridge. Den nächsten Tag nutzten wir als Ruhetag, weil es für Atticus zu kalt und windig war. Am Tag darauf ging es auf die beiden Twins und den Galehead. Dann sollten die großen nördlichen Präsidentengipfel, der zweit-, dritt- und fünfthöchste Berg der White Mountains, kommen: Adams, Jefferson und Madison. Nachdem wir schon im Dezember auf den Bonds gewesen waren, fehlten uns nur noch diese drei, um jener seltene Mann und noch seltenere Hund zu werden, die, zusammengenommen mit unseren Erfolgen vom vergangenen Jahr, alle Achtundvierzig im Winter erobert hatten.

Es dauerte zwei Monate, aber endlich hatten wir das richtige Wetter. Oben auf dem Jefferson hielt ich Atticus hoch über den Kopf, um unsere Heldentat zu feiern. Andere Hunde hätten vielleicht unruhig gezappelt, wenn man sie so in die Höhe gehoben hätte, aber Atticus nutzte den Platz ganz oben im Krähennest, um wie immer langsam den Kopf hin und her zu drehen und die weite Fernsicht in sich aufzunehmen. Und natürlich dachte ich jedes Mal, wenn wir einen Gipfel erreicht hatten und er auf meinem rechten Arm saß, an Paige: »Nehmen Sie ihn überall mit hin.«

Es war ein Augenblick der Freude. Als wir damals aufgebrochen waren, gab es nur einen Hund, der alle Gipfel im Winter geschafft hatte: Brutus, den 160-Pfund-Neufundländer. Und jetzt hatte der Zwanzig-Pfund-Atticus das Gleiche erreicht.

Am nächsten Tag, vielleicht dem schönsten des ganzen Winters, mussten wir auf eine Tour über die Baumgrenze verzichten, weil ein Fernsehsender aus New Hampshire ein Interview mit uns vereinbart, dann aber in letzter Minute abgesagt hatte. Eigentlich hatte ich keinen Wandertag versäumen wollen, aber Freunde konnten mich davon überzeugen, dass uns die Aufmerksamkeit durch die Fernsehsendung helfen würde, weiteres Geld für den Jimmy-Fonds aufzutreiben. Nun lagen wir hinter unserem Plan zurück und hatten einen idealen Tag zum Wandern oberhalb der Baumgrenze verloren. Ich hoffte, das würde uns nicht schaden.

Am nächsten Morgen kam der Wind in voller Stärke zurück, und es war wieder kalt. Die Wetterstation auf dem Mount Washington kündigte Windgeschwindigkeiten von 20 bis 25 Meilen und Temperaturen zwischen minus 17 und minus 20 Grad Celsius an. Das war annehmbar für uns, wenn auch nur knapp, und wir brachen zum Gipfel des Mount Washington auf, der Heimat von Agiochook, dem Großen Geist.

Es war ein unwirklicher, stürmischer Tag. Wir hatten die höchste Spitze im Nordosten bestiegen und wollten von dort aus weiter zum Monroe, Eisenhower und Pierce, eine Strecke von 14 Meilen.

Die Wolken wirkten irgendwie anders, selbst hier ganz oben in Neuengland, wo das Wetter grimmig ist. Sie hatten etwas Ätherisches. Manche erschienen wie Geister und stiegen wie Dampf aus den tiefen Schluchten auf. Andere waren dick und weiß und flogen eilig über uns hinweg, wobei sie sekunden- oder minutenlang die Sonne verbargen – ohne jedoch den ganzen blauen Himmel zu verdecken – und rasch dahinziehende Schatten auf den Schnee warfen. Die Wolken passten genau zum Tag, denn auch er schien etwas Ungewöhnliches an sich zu haben. Er war mit einer fast greifbaren Energie aufgeladen, unheimlich und rätselhaft zugleich. Es war ein Gefühl wie bei jedem Anfang und jedem Ende, die immer ganz heimlich kommen – der Boden unter unseren Füßen verschiebt sich, man verliert den Halt und das Leben nimmt einen unerwarteten und ganz anderen Verlauf.

Atticus ging vor mir. Wegen der windigen minus zwanzig Grad Celsius trug er seine Muttluks und den Schneeanzug. Er stemmte sich gegen die Böen, die über ihn herfielen. Seine Ohren flogen, der kleine Körper blieb kühn und standhaft. Wir hatten die massive Kuppe des Washington verlassen und waren unterwegs zum Monroe. Der Wind hatte den Schnee auf dem Weg festgeweht und so hart werden lassen wie die Steine darunter. Atticus lief mühelos auf der Oberfläche, seine Stiefel klackten bei jedem Schritt. Meine Schneeschuhe suchten Halt. Ihre Zähne bissen sich in die Kruste. Die Bergflanke, in freundlicheren Jahreszeiten ein Gewirr von kreuz und quer liegenden dunklen und erbarmungslosen Felsen, war jetzt überwiegend glatt und weiß getüncht bis auf einige gelegentlich herausragende Stellen.

Ich folgte Atticus, und er folgte den Steinhaufen. Sie säumten den Pfad wie die gefallenen Soldaten einer längst vergangenen Schlacht, festgefroren in dieser harten und trostlosen Landschaft. An den ganz schlimmen Tagen – wenn die Wolken schwer wie ein Tiefdruckgebiet über dem Berg hängen und die Sicht gegen null geht – weisen sie einem den Weg. Sie trugen auf der dem Wind zugewandten Seite Mäntel aus Eis und waren auf der anderen Seite nackt. Ohne diese Markierungen würde man den Weg im Winter kaum finden, denn der Wind, der über den Berg peitscht, verwischt alle Spuren von Kommen und Gehen.

Ich werde nie begreifen, woher Atticus wusste, dass man sich an die Steinhaufen halten muss, aber er tat es von Anfang an. Er schien immer zu wissen, wo der Pfad lag, ganz gleich, in welcher Jahreszeit, ganz gleich, auf welchem Berg, selbst an einem solchen Tag auf dem Washington, wenn alles unter Schnee und Eis begraben war. Die Wolken aus einer anderen Welt kamen und gingen, öffneten Ausblicke, die mir den Atem raubten, und nahmen sie wieder fort. In dieser Höhe sah die ganze Welt aus, als liege sie uns zu Füßen. Ich blieb oft stehen, um zu fotografieren, streifte ungeschickt die Handschuhe ab, um besser mit der Kamera umgehen zu können, und zog sie dann rasch wieder an, bevor die Hände brannten und taub wurden. Jedes Mal fühlte ich, wie die Kälte mich einholte. Der Schweiß, der mir unter den vielen Kleiderschichten den Rücken hinunterlief, ließ mich erschauern. Ich hatte eine Sturmmaske und eine Sonnenbrille auf, die meine Augen vor dem Wind schützte. Aber trotzdem bildeten sich kleine Eiszapfen an meinen Wimpern und Brauen.

Wenn man von der Bergspitze herunterkam, machte der Weg einen Bogen nach rechts zum Jefferson, Adams und Madison. Die Wolken hatten die drei Gipfel verdeckt, aber als der Vorhang aufging, war es, als stehe man vor drei riesigen Tieren. Ich war überwältigt von ihrer Erscheinung.

Atticus hielt den Kopf gesenkt und schützte seine Augen vor dem Wind, während er weitertrottete. Ich blieb zwanzig Meter hinter ihm, wie ich es den ganzen Winter über getan hatte. Man sollte glauben, ich hätte mich nach mehr als sechzig Bergen daran gewöhnt, aber noch immer sah ich staunend zu, wie mein kleiner Freund vorwärtsmarschierte, so unerschrocken, als wäre es seine Pflicht, hier oben zu sein und mich dorthin zu führen, wo ich sein musste.

Es war insofern ein ungewöhnlicher Tag, als wir in der ganzen Zeit auf dem Washington keinen einzigen anderen Wanderer gesehen hatten, und es machte die Tour noch unwirklicher. Vor uns teilten sich erneut die Wolken und die Bergkette trat hervor, nur um sich sofort wieder zu verhüllen. Wir kamen an ein Wegstück, das aussah, als sei der Berg plötzlich zu Ende und als müsse eine gefährliche, unerwartete Kluft überwunden werden, um von der Welt, in der wir uns befanden, in die Welt der Berge – in die wir wollten – zu gelangen. Es war einer dieser Augenblicke im Gebirge, in denen die Wahrnehmung einem Streiche spielt, Augenblicke, die mir oft Angst machten, Atticus dagegen nie etwas auszumachen schienen. Während ich zögerte, hatte er keinen Zweifel. Vielleicht lag es auch nur an seiner Gabe, sich in den Bergen zurechtzufinden, so als hätte er sein ganzes Leben dort verbracht, jedenfalls lief er weiter. Sekunden später war er hinter der Kante verschwunden. In Panik rannte ich ihm nach, nur um festzustellen, dass er nicht vom Ende der Welt heruntergefallen war, sondern einen steilen Felshang hinuntergeklettert und noch in Sichtweite war – gleichmütig weitertrottend.

Wenn ich in diesem Winter durch die Berge streifte, als Gesellschaft nur Atticus und mich selbst, schweiften meine Gedanken oft ab. Gerade jetzt dachte ich an den Tod. Ich fragte mich, wie er wohl aussehen würde, nicht der Tag, sondern der eigentliche Augenblick. Würde ich hinaus ins Licht schreiten? Würden Engel bei mir sein, würde Musik spielen, oder wäre es unerträglich grauenvoll und vernichtend?

Ich grübelte.

Hoffentlich wäre es so ein Tag wie heute, voll karger, überwältigender Schönheit. Mit der Musik des Windes und einem blauen Himmel, nur kurz verdeckt von lebhaften Wolken, die eilig irgendeinem Ziel zustrebten; auf dem Dach der Welt – einer Welt, die schließlich in süßen Frieden gehüllt wurde –, mit einem fast unerhörten Vergnügen daran, von allen Dingen und Menschen, die ich kannte, getrennt zu werden, und der Erregung, an einem Ort zu sein, den ich mir nicht einmal im Traum hätte vorstellen können; mit dem sanften Schauer bei dem Gedanken, dies könne der Himmel sein.

Genauso erlebten wir es auf dem Washington. Wir waren gestorben und fanden uns in einer anderen Ebene wieder. Kein Mensch, kein Tier begegnete uns. Nirgends sah man Anzeichen von Leben. Keine Bauwerke, keine Straßen, keine Städte, keine Spur von Zivilisation. Es gab nur zwei Reisende, zwei treue Freunde, die vom Kamm einer Gebirgskette abstiegen, in einer Welt, in der Wind und Wolken existierten und sonst nichts.

Atticus in dieser Situation zu beobachten beflügelte mich. Er war nicht selten der Ansporn, den ich auf unseren winterlichen Touren brauchte, doch nie so sehr wie jetzt auf dem Washington. In Schnee, Eis und Wind, auf einem Berg, dem schon so viele zum Opfer gefallen waren, betrachtete ich ihn und fand in einer Umgebung, die mich früher eingeschüchtert hätte, neue Kraft. Wenn er hier oben sein konnte – so fehl am Platz wie nur möglich –, dann konnte ich es auch. Wenn er diesen steilen Berg hinunterlaufen konnte, warum dann nicht auch ich?

Atticus, der stetig weitermarschiert war, tat auf einmal etwas ganz Ungewöhnliches. Er blieb stehen und wartete auf mich.

Es war schon früher in diesem Winter, wenn auch selten, vorgekommen, dass er anhielt und auf mich wartete. Aber das war zum Beispiel, wenn wir an einen Wildbach kamen und er wusste, dass er darüber getragen werden musste, oder wenn der Bach zwar aussah wie zugefroren, es aber nicht war, oder wenn ein Abhang vereist war und ich als Erster gehen sollte. In all diesen Fällen trat er zur Seite und ließ mir den Vortritt, wobei er ständig nach vorn schaute und unruhig die Zunge bewegte. Doch an der Stelle, wo er jetzt stoppte, gab es kein fließendes Gewässer, und der Weg bedeutete keine wirkliche Herausforderung. Der Wind blies stetig, allerdings nicht stark genug, um ihn abzuschrecken. Er zeigte auch keine Angst. Ich wollte vorgehen, aber er wich nicht zur Seite. Stattdessen drehte er sich um und sah mir direkt ins

Gesicht. Das war in diesem Winter, in dem wir uns so viele Tage ohne Worte verständigt hatten, ein höchst ungewöhnliches Verhalten.

Als ich bei ihm war, stellte er sich auf die Hinterbeine und legte die Vorderpfoten auf meine Oberschenkel. Er wollte hochgehoben werden. Ich nahm ihn also auf den Arm und hielt ihn dort wie immer, so wie ein Bauchredner seine Puppe hält, und sah in sein Gesicht. Er erwiderte kurz den Blick und schaute dann in die Richtung, die wir eingeschlagen hatten. Das taten wir auf den Gipfeln immer, aber hier, mitten in einer bereiften Steinwüste, war es ganz ungewöhnlich.

So standen wir, ein Stück unter dem Kegel des Washington, immer noch hoch über den anderen Bergen, die wir besteigen wollten und die hinter den durchscheinenden, rasch dahinziehenden Wolken sichtbar wurden und wieder verschwanden. Ich beobachtete Atticus neugierig, während er hinaus ins Weite sah. Er war ruhig und entspannt. Ich wartete einen Moment und folgte dann seinem Blick.

Da verschoben sich zum ersten Mal an diesem Tag alle Wolken und stiegen ganz nach oben. Ein leuchtend blauer Himmel wölbte sich über den Bergen, die jetzt strahlend weiß in der Sonne glänzten.

Es war so atemberaubend überraschend, so beeindruckend, dass ich sprachlos dastand. Es war so jenseits jeder Definition oder Beschreibung, dass mir das Herz wehtat und Tränen in meine Augen stiegen. Mensch und Hund, in Abenteuer und Einsamkeit verbunden, standen nebeneinander und schauten auf eine Welt, die nur wenige je erblickt hatten.

Etwas veränderte sich, als die Wolken sich hoben. Nicht »da draußen«, sondern in uns. Unser Leben würde nie mehr dasselbe sein. Ich weiß nicht, woher ich das wusste, aber ich wusste es. An diesem Ort, in diesem Augenblick, im Bann des Agiochook, verstand ich, dass es zu dem, was wir bisher gekannt hatten, kein Zurück geben würde, nicht nach diesem gemeinsamen Winter voller Erfolge und Entbehrungen. Nie mehr.

Es gibt Dinge im Leben, die zu stark, zu lebendig, zu einschneidend sind, als dass man einfach darüber hinweggehen könnte. Sie bleiben für immer in uns. Sie formen uns vom ersten Moment an. Wir standen an solch einem Wendepunkt und an solch einem Ort, und ich wusste, dass niemand außer uns das je erleben oder wirklich verstehen würde. Atticus und ich waren gemeinsam dort angekommen, und das so geschmiedete Band war fester als alles, was ich bisher gekannt hatte. Wir hatten in diesen Bergen die Erfahrungen eines ganzen Lebens gesammelt und konnten nicht mit anderen Menschen dorthin zurückkehren. Keiner würde es verstehen, keiner konnte es verstehen. Es war unser gegenseitiges Versprechen, unser Geschenk. In gewisser Weise war es auch ein Fluch. Wir würden es niemals ganz mit anderen teilen können.

Da standen wir beide, zwei Freunde, die auf dieses Meer von Bergen blickten, die sich einer hinter dem anderen auftürmten bis zum fernen Horizont.

Rückblickend wird mir heute klar, dass es nicht nur die Berge waren, die wir dort sahen, sondern unsere ganze, noch ungeahnte Zukunft. Wir hatten unbekanntes Land betreten, und so furchterregend das auch war, irgendwie fühlte es sich richtig an, denn wir waren zusammen.

Als ich Atticus wieder absetzte, lief er weiter, als sei nichts geschehen, und ich folgte ihm. Ich wusste, dass unser Ziel die drei am nächsten liegenden Berge waren, aber ich hatte keinerlei Vorstellung, wie es von dort aus weitergehen sollte. Ich kann nicht sagen, wieso, aber Atticus schien es zu wissen. Es war ganz ähnlich wie vorhin an der Felskante, als er plötzlich verschwand und ich ihm in Panik nacheilte, um zu sehen, was mit ihm passiert war. Er war fest im Glauben, als ich es nicht war. Glaube war nie meine Stärke gewesen, aber Atticus war entschlossen, mir dabei zu helfen.

Die einzigen Wanderer, die wir an diesem Tag sahen, waren zwei Leute oben auf dem Eisenhower, die vom Crawford Notch heraufgekommen waren. Sie waren in viele Schichten Kleidung eingepackt, und der eine war offensichtlich erschöpft. Der andere stand auf dem Gipfel und sah zu, wie wir uns aus der Gegenrichtung näherten. Sein Freund saß schwer atmend auf den Felsen. Sie musterten Atticus und mich, und der, der nicht außer Atem war, schrie mir durch den Wind zu: »Woher kommen Sie?«

Ich deutete auf den Washington. »Zuerst vom Washington, dann vom Monroe!«

»Und wohin wollen Sie?«, brüllte er.

»Pierce!«

Die beiden starrten auf Atticus in seinem kleinen Schneeanzug. Ich fragte den Sprecher, ob mit seinem Freund alles in Ordnung sei und erfuhr, dass es dessen erste Bergtour war.

»Beeindruckend«, sagte ich. »Die erste Wanderung gleich im Winter.«

Aber er sah nicht so aus, als wäre er von sich selbst beeindruckt, sondern eher, als wollte er sich gleich übergeben.

Der andere, der aufrecht stand, fragte weiter: »Dieser kleine Hund war auf dem Washington?«

»Jawohl.«

»Toller Kerl.«

»Ist er wirklich. Wenn wir auf dem Pierce waren, hat er in diesem Winter alle Achtundvierzig bestiegen.«

Sie rissen die Augen auf. Der schwer atmende Mann auf dem Felsen sah aus, als müsste er sich hinlegen.

Sein Freund sagte: »Sie haben in diesem Winter siebenundvierzig Berge bestiegen? Wahnsinn!«

»Eigentlich«, antwortete ich, »ist der Pierce unsere Nummer fünfundsechzig. Wir hoffen nämlich, dass wir zwei Runden schaffen.«

Der Gesprächige lachte und fragte, ob er Atticus für seine Frau fotografieren dürfe. Sein Freund sagte gar nichts. Vermutlich war er, als er hörte, wie viele Berge wir bestiegen hatten, in Ohnmacht gefallen.

Am nächsten Tag wanderten wir, bevor wir nach Newburyport zurückfuhren, noch auf den North und den South Kinsman. Es war der Höhepunkt einer unglaublichen Strecke. In den zwanzig Tagen, die uns noch blieben, mussten wir nur noch auf neunundzwanzig Gipfel klettern. Weil fast alle davon an Routen lagen, die an einem Tag mehrere Spitzen berührten, hatte ich zum ersten Mal in diesem Winter das Gefühl, dass das Unwahrscheinliche und fast Unmögliche trotz allem in Reichweite lag. Ich wusste, wir konnten es schaffen.

Aber die Götter der Berge wollten uns wieder einen Streich spielen. Sie brauten einen neuen gewaltigen Sturm zusammen.

Fünf erstaunliche Tage

Mehrere Fuß hoher Neuschnee hielt uns in Newburyport fest, und ich fühlte mich hilflos, als ein Tag nach dem anderen verstrich. Ein wenig trösteten mich unsere beiden täglichen Spaziergänge in den Moseley Pines. Einmal saßen wir am Merrimack River, und ich entschuldigte mich bei Vicki. Ich sprach in diesem Winter oft mit ihr. Ich hätte so gern erfüllt, was sie sich auf ihrem Sterbelager gewünscht hatte. Leider lag ein Teil davon nicht in meiner Macht. Ich hoffte, mein zweiter Versuch, ihr die letzte Ehre zu erweisen, würde mehr Erfolg haben. Doch das jetzige Wetter war eine ständige Erinnerung daran, dass wir von der Gnade der Berggötter abhingen.

Nachdem wir durch den letzten Sturm sieben Tage verloren hatten, war das Rennen für uns so gut wie gelaufen. Es war praktisch unmöglich, in dreizehn Tagen noch neunundzwanzig Gipfel zu schaffen. Trotzdem beschloss ich, dass Atticus und ich bis zum Schluss durchhalten würden. An einem frühen Freitagmorgen fuhren wir wieder nach Norden und bestiegen den Mount Moosilauke, den zehnthöchsten Gipfel der *Weißen*, einen einsamen Berg mit weiter, kahler Hochfläche im Südwesten. Es war ein kalter, stürmischer Tag, den nur der sonnige blaue Himmel ein wenig wärmer erscheinen ließ. Wieder einmal hatten wir einen Berg für uns allein.

Der Wind schubste uns ein bisschen herum, aber es war nicht gefährlich und keineswegs so anstrengend, dass ich mich so erschöpft fühlen musste, wie es nach unserer Ankunft am Auto der Fall war. Ich war plötzlich todmüde, als wäre die Borreliose mit aller Macht zurückgekehrt.

Unser ursprünglicher Plan hatte vorgesehen, erst auf den Moosilauke zu steigen und dann eine weitere Tour zum Cannon Mountain anzuschließen. Ich war aber so erledigt, dass Atticus und ich um vier Uhr nachmittags im Bett lagen. Wir schliefen tief und fest, erwachten am nächsten Morgen vor drei Uhr, frühstückten rasch, fuhren hinüber zum Cannon und brachen auf. Es war so kalt, dass ich einen Augenblick daran dachte, wieder ins Bett zu gehen, aber ich begriff, dass es für unseren Plan »Jetzt oder nie« hieß.

Der Himmel war klar und schwarz wie Tinte; die Sterne strahlten hell. Ich versuchte, mich auf sie zu konzentrieren, anstatt daran zu denken, wie müde ich war. Dabei setzte ich einen Fuß vor den anderen und schleppte mich mithilfe meiner Trekkingstöcke über die Skipisten. Sie waren der schnellste Weg zum Gipfel, aber auch der steilste, und das bekam ich deutlich zu spüren. Immer wieder blieb ich stehen, um nach Luft zu schnappen und mich selbst, den Berg, die Nacht und das Wetter, das uns so im Plan zurückgeworfen hatte, zu verfluchen. Aber so mühsam auch alles war, meine Pein wurde wieder belohnt, als wir oben auf der Aussichtsplattform des Gipfels standen. In der eisigen Dunkelheit vor Tagesanbruch hielt ich Atticus hoch, und wir schauten wie in unserer ersten Winternacht auf die Lichter unter und die Sterne über uns. Wir waren wieder an denselben Ort gelangt wie damals – irgendwo zwischen Himmel und Erde. Es war zauberhaft und bittersüß zugleich.

Der eisige Wind umwirbelte uns, und ich wusste, dass wir am Ende des Winters ein neues Kapitel in unserem Leben beginnen würden. Allerdings konnte ich mir noch nicht vorstellen, wie dieser nächste Schritt aussehen würde. Also tat ich, was wir den ganzen Winter über getan hatten: Ich setzte einen Fuß vor den anderen und ging mit Atticus weiter.

Der Weg vom Cannon nach unten war leicht, und wir fuhren danach zur Hütte zurück. Ich duschte, wir frühstückten ein zweites Mal, stiegen wieder ins Auto und steuerten den Mount Waumbek an. Als wir dort ankamen, war die Welt inzwischen aufgewacht, und andere Wanderer bevölkerten bereits die Piste. Es war ein Sonnabend, der vorletzte des Winters, und die »Wintergipfel-Sammler« waren vollzählig vertreten.

Nah am Fuß des Berges stießen wir auf ein freundliches Paar mit Hund. Der Mann hieß Kevin, die Frau Judy und ihre Hündin Emma. Kevin übernahm das Reden. Es schien, als wollte er gar nicht mehr aufhören damit, und man merkte deutlich, wie sehr die beiden ihre Emma liebten. Schließlich aber mussten Atticus und ich weiter. Wir ließen sie zurück und machten uns auf den Weg zum Gipfel.

Am nächsten Tag stand im Internetforum der Mount-Washington-Wetterstation ein Beitrag von Kevin über die Begegnung mit uns:

> *Wie sich herausstellt, sind sie – erst in ihrem zweiten vollen Jahr als Bergsteiger – schon bei der zweiten Runde durch die Viertausender INNERHALB DIESES WINTERS! Am Sonnabendmorgen um 3 Uhr 30 schon auf dem Cannon Mountain, fuhren sie weiter zum Waumbek und bestiegen ihn, um den Tag dann damit zu beenden, dass sie auch noch den Gipfel des Mount Cabot bezwangen. Unglaublich! Ich habe drei Jahre gebraucht, um das zu schaffen, was sie in neunzig Tagen zweimal bewältigen!*

Es war das erste Mal, dass wir an einem Tag gleich drei verschiedene Touren unternahmen, und meine Beine fühlten sich an wie Blei. Ich musste mich zusammennehmen, um zu dem Abendessen zu fahren, zu dem Steve und Carol Smith und unsere gemeinsamen Freunde Ken und Ann Stampfer uns eingeladen hatten. Als wir dann nachts endlich wieder in unsere Hütte kamen, klappte ich zusammen, ohne mich auch nur auszuziehen. Weder Atticus noch ich rührten ein Glied, bis uns morgens der Wecker wach klingelte.

Als Erstes kippte ich so viel Wasser hinunter, wie ich konnte. Ich war wie ausgedörrt, und meine Beine taten weh. Dann schluckte ich noch etwas Leinöl. Ich dehnte meine müden Muskeln und half auch Atticus dabei, Beine und Hüften zu strecken. Nach den drei Touren des Vortags wollten wir heute die 16 Meilen zum Owls Head unter Dach und Fach bringen. An Sonnabenden war dort viel Betrieb und der Weg zum Gipfel gut ausgetreten. Das machte es wesentlich leichter als bei unserer ersten Besteigung, und wir brachten die lange Strecke problemlos hinter uns. Danach waren wir bester Laune und fühlten uns frischer und kräftiger als zu Beginn des Tages.

Am Morgen darauf kehrten wir auf die Bonds zurück. Wir wollten den gleichen Quergang versuchen wie im Dezember mit Tom Jones, aber diesmal waren wir allein und nahmen noch den Mount Hale dazu. Wieder zusätzliche Meilen, zusätzliche Anstiege. Wir hatten keine Wahl, der Winter näherte sich seinem Ende.

Es war wieder ein schöner Tag, und ich freute mich darauf, ein zweites Mal die Aussicht von den Bonds genießen zu dürfen. Der Anfang allerdings ließ nichts Gutes ahnen. Als wir zum Hale aufstiegen, unserem ersten Berg des Tages, wurde mir schwindlig und übel. Ich fiel auf die Knie und übergab mich. Ich dachte an Umkehren, aber wir waren schon so nahe am Gipfel, dass ich mich zwang weiterzugehen. Oben angekommen, drehte sich alles in meinem Kopf, und ich musste erneut brechen. Wir brauchten eine Weile, um uns zu sammeln, und ich entschied, dass wir, statt den Lend-a-Hand-Weg zum Zealand und zu den Bonds zu nehmen, umdrehen und auf dem Weg, den wir gekommen waren, zum Auto zurückkehren würden.

Es schien ewig zu dauern, bis wir vom Berg herunterkamen. Dort, wo der Wanderweg abgeht, setzte ich mich hin, den Kopf zwischen den Knien. Ich fühlte mich krank und niedergeschlagen. Wir waren so weit gekommen, so nahe am Ziel. Ich wollte weitergehen, aber mir war so schlecht wie noch nie.

Wieder musste ich an Vicki denken und an all das, was sie am Ende ihres Lebens ausgestanden hatte, an die Schmerzen, die sie litt und niemals zeigte, daran, dass sie sich immer mehr um andere gesorgt hatte als um sich selbst. Ich erhob mich, setzte den Rucksack wieder auf und fing an zu laufen. Aber nicht zum Auto, sondern in Richtung Bonds. Wenn Vicki so viel ertragen und dabei soviel Tapferkeit bewiesen hatte, dann konnte ich auch durchhalten.

Der Rückweg zum Hale und die Wahl einer neuen Route von dort verlängerten unseren ohnehin langen Tag um weitere zwei Meilen. Und trotzdem ging es mir beim Anstieg zum Zeacliff irgendwann besser, so als wäre mir überhaupt nie schlecht gewesen.

Vom Zeacliff eilten wir hinüber zum Zealand, dann den Guyot hinauf und weiter zum West Bond. Zwischen West Bond und Bond trafen wir auf zwei Wandergruppen. Ich kannte zwar niemanden von ihnen, aber alle begrüßten uns herzlich und nannten Atticus beim Namen. Ein weiterer Wanderer schrieb später auf einer der Wanderer-Webseiten über seine Zwei-Tage-Tour auf die Bonds: »Wir sind Tom und Atticus begegnet. Wir sind nicht würdig!«

An diesem Tag war niemand vom Bond zum Bondcliff gegangen, und wir mussten eine dünne Schneedecke überwinden, was jedoch keine größere Anstrengung erforderte. Unser zweiter Aufenthalt auf dem Bondcliff in diesem Winter war völlig anders als der erste. Die Sonne schien hell, kein Wind wehte, und ich lief ohne Jacke, Mütze oder Handschuhe. Als wir am Nachmittag unsere Tour beendeten, hatten wir in wenig mehr als zehn Stunden 27 Meilen zurückgelegt.

Unsere Kräfte hielten, und wir hängten einen weiteren Tag an, ohne eine Pause einzulegen. Atticus und ich nutzten das schöne Wetter zum Wandern oberhalb der Baumgrenze und querten die vier Spitzen der Franconia Ridge. Am Ende waren wir müde, aber ich war in Hochstimmung. Wir hatten in fünf Tagen sieben Touren geschafft, fünfzehn Berge bestiegen und waren über 87 Meilen gelaufen. Das ist mehr, als viele Wanderer im ganzen Jahr erreichen. Es war eine unvorstellbare Leistung für die beiden unwahrscheinlichsten Winterwanderer der White Mountains.

Wir hatten dieses Spitzenergebnis genau zur richtigen Zeit geschafft und befanden uns erstaunlicherweise wieder in Reichweite unseres Ziels. Uns blieben acht Tage, in denen wir noch vier Touren absolvieren mussten: Moriah, Isolation, die fünf Carters und die Cats, dazu ein Quergang über die acht Präsidentengipfel. Ich zweifelte nicht daran, dass wir es schaffen konnten, meine einzigen Bedenken galten dem Wetter.

Atticus und ich fuhren wieder nach Newburyport, und ich war aufgeregter als in den ganzen bisherigen Wintermonaten. Wir standen kurz davor, Geschichte zu schreiben. Aber es war nicht nur ein Wettlauf gegen die Uhr – es war auch ein Wettlauf gegen das Wetter. Es hatte wieder angefangen zu schneien.

Danke, mein Freund

Robert Frost schrieb einmal: »Ich habe noch nie ein Gedicht angefangen und dabei gewusst, wie es enden würde. Ein Gedicht zu schreiben heißt, etwas zu entdecken.« Ich könnte dasselbe von unserem großen Plan sagen oder genau genommen von jedem großen Plan.

Von Anfang an wusste ich, dass es äußerst gewagt war, in neunzig Tagen sechsundneunzig Berge besteigen zu wollen, und es war noch viel gewagter, weil ich Atticus nicht dadurch gefährden wollte, dass ich ihn außer an wirklich schönen Tagen über die Baumgrenze mitnahm.

Während des Winters hatte es Tage gegeben, an denen ich überzeugt war, dass wir es schaffen würden, und andere, an denen ich es für aussichtslos hielt. Es gab Nächte, in denen ich Angst hatte oder mich einsam fühlte, und Tage, an denen ich dachte, wir hätten etwas versucht, was meilenweit außerhalb unserer Reichweite lag.

Wir beendeten den Dezember mit vierzehn, den Januar mit weiteren vierundzwanzig und den Februar mit zusätzlichen siebenundzwanzig Gipfeln. Es folgte der März, normalerweise der mildeste Wintermonat. Dieses Jahr war es anders. Wir begannen die letzten acht Tage in dem Bewusstsein, dass wir noch vier Touren hinter uns bringen mussten, um alle sechsundneunzig Gipfel zu schaffen, und ich rechnete uns gute Chancen aus. Leider hatte es aber in den Bergen wieder zu schneien begonnen. Wir warteten auf besseres Wetter, auf einen Tag, an dem keine Gefahr für Atticus bestand. Langsam und qualvoll verstrich die Zeit, ein Tag folgte dem anderen, ohne dass wir wandern konnten.

Einige Wanderer, die unsere Fortschritte verfolgt hatten, schlugen mir in E-Mails vor, Atticus zu Hause zu lassen und die letzten vier Touren allein zu gehen, oder ihn trotz des Wetters mitzuschleppen. Beides kam nicht infrage. Es war *unsere* Reise, und entweder hatten wir beide Erfolg oder keiner.

Am Ende gelang es uns nicht, die Gipfel zu erreichen, die wir noch gebraucht hätten, um unseren großen Plan zu Ende zu bringen.

Als wir erneut aufbrechen wollten, diesmal auf die Carters und die Cats, machte ich endgültig Schluss, nachdem ich den Wetterbericht und die weiteren Aussichten für die höheren Gipfel gehört hatte. Ich musste einsehen, dass der Quergang, der uns vor Winterende noch über die acht Gipfel der Präsidentenkette geführt hätte, zu gefährlich für uns war.

Unser Endergebnis waren einundachtzig bestiegene Berge.

Wir wollten sechsundneunzig Gipfel erobern und hatten es nicht geschafft. Dabei kam es mir nicht darauf an, ob wir bei einundachtzig oder sechsundachtzig oder achtundachtzig lagen. Es würden eben keine sechsundneunzig sein.

Da es für uns in den Bergen nichts mehr zu tun gab, fuhren wir heim nach Newburyport. Der erste Frühlingstag begrüßte uns beim Strandspaziergang auf Plum Island. Es war Ebbe. Wir fühlten uns genauso, wie man sich am ersten Frühlingstag fühlen sollte, und vom Winter trennten uns bereits Welten.

Atticus tollte über den festen Sand, und seine Ohren flatterten in der Brise wie Fahnen. Wenn ich es nicht besser gewusst hätte, hätte ich gedacht, er würde gleich abheben und ich könnte ihm dabei zusehen, wie er mit den Möwen in die Lüfte stieg. Ich hatte ihn schon eine ganze Weile nicht mehr so erlebt. In den letzten drei Monaten war sein Gang kraftvoll und gleichmäßig, aber eher langsam gewesen. Er hatte sich seinen Pfad auf Wanderwegen und über Schnee, Eis und Felsen gesucht und dabei immer genügend Energie für die lange Strecke aufgehoben, die noch vor ihm lag. Stets war er mir zwanzig Schritte voraus, es sei denn, der Schnee lag tief und musste niedergetreten werden; dann hielt er sich ein paar Zoll hinter meinen Schneeschuhen. Aber hier am Strand ging er aus sich heraus, gab Gas und rannte überglücklich in der warmen Sonne herum. Er achtete nicht auf die Wellen, die an den Strand plätscherten, oder auf den Ruf der Möwen.

In der Ferne bemerkte er eine Ansammlung von Hunden und Menschen.

Die Hunde liefen mehr oder weniger ziellos hin und her und warteten darauf, dass die Menschen etwas taten. Aber die waren beschäftigt. Sie hingen an ihren Handys und Kaffeebechern und plapperten aufeinander ein. Ihre Hunde existierten für sie nur am Rande.

Atticus steuerte auf die Gruppe zu und erreichte sie mit ein paar Alle-vier-Füße-auf-einmal-Sprüngen – ähnlich wie Tigger in »Pu der Bär« –, als wollte er ihnen verkünden: »Wir sind wieder da! Wir sind wieder da!« Aber die Hunde beschnüffelten ihn nur halbherzig. Atticus rannte wieder davon, raste am Strand entlang, vollführte eine rasche Wende und sauste zurück zu mir. Kurz bevor er bei mir war, sprang er plötzlich spielerisch zur Seite und rannte zu einem kleinen Wellenbrecher, den die Ebbe freigegeben hatte. Er kletterte auf die großen, schroffen Felsen und sprang von einem zum anderen, bis er die Stelle erreichte, wo Sand und See einander berührten. Ich folgte ihm und dachte dabei an unseren Aufstieg zum Madison, Adams und Jefferson. Als er den letzten Felsen erreicht hatte, ließ er sich auf sein pelziges Hinterteil nieder und starrte hinaus auf den Horizont.

Der kleine Buddha war wieder da.

Ich setzte mich hinter ihn und versank in meine eigenen Träumereien. Ich dachte an die vergangene Woche – die letzte des Winters. Sie schien mehr Traum als Erinnerung. Ich folgte Atticus' Blick zum Horizont, und in diesem Augenblick kam der Traum wieder. Er kam wieder – so wie er hoffentlich immer wiederkommen wird.

In seinem Buch »Hymnen an einen unbekannten Gott« schrieb Sam Keen, dass er – zuerst als Geistlicher, dann als Psychologe – festgestellt hatte, dass die meisten Menschen sich nach etwas sehnten, dem sie sich hingeben konnten. Sie wollten in etwas eintauchen, das größer war als sie.

Drei Monate lang hatten Atticus und ich das getan. Wir hatten die Politiker und die Persönlichkeiten zurückgelassen, unser übliches Leben auf Eis gelegt und den Bergen den Vorrang eingeräumt. Im Namen des Abenteuers und zu Ehren einer Freundin hatten wir uns den *Weißen* im Winter hingegeben. Wir wollten geben, doch am Ende empfingen wir.

Zu Beginn des Winters hatte ich mehrere Ziele: Vicki eine letzte Ehre erweisen; Geld für den Jimmy-Fonds sammeln; in neunzig Tagen sechsundneunzig Berge besteigen; die Gipfel nachholen, die wir im Vorjahr nicht geschafft hatten. Aber ein Ziel war wichtiger als alle anderen: Ich wollte Sicherheit für Atticus, aber auch, dass er Spaß an dem Abenteuer hatte. Ich bin stolz darauf, dass ich dabei, ganz gleich, was wir erlebten, nie sein Wohlergehen aufs Spiel gesetzt habe. Es gab schwierige Situationen, aber er meisterte sie bravourös.

Das, was ich dabei gelernt habe, wusste ich zwar schon, aber jetzt fing ich erst an, es richtig zu begreifen: Bergsteigen im Winter ist ein wunderbares und anspruchsvolles Spiel, denn das Wetter ist eine wankelmütige Geliebte. Man weiß nie, wie sie sich verhalten wird. Alles, was man tun kann, ist, zu beobachten und zu lernen. Das hatte ich getan. Ich lernte anzunehmen, was die Götter der Berge und des Wetters uns gewährten. Ich lernte Geduld. Ich lernte, Atticus mehr denn je zu vertrauen. Er kannte seine Grenzen und teilte mir, solange ich auf ihn achtete, das Nötige mit. Und ich lernte, dass wir mit den Menschen, für die wir unsere Wanderungen unternehmen, auf immer verbunden sein würden, sogar mit den völlig Fremden, denen die Berge gewidmet wurden.

Am Ende fehlten uns vier Touren, aber wir fühlten uns stärker, ausdauernder und zuversichtlicher denn je. Wir hatten mehr Geld für den Kampf gegen den Krebs aufgetrieben, als ich für möglich gehalten hatte. Und ich kann sagen, dass mir die Gesellschaft, Liebe und Treue eines ganz besonderen kleinen Hundes Kraft verlieh, wenn Zweifel, Furcht und Einsamkeit mich bedrückten.

Ich saß auf den Felsen am Strand und betrachtete das wundersame Tierchen, das da auf den unendlichen Ozean hinausblickte, und die Enttäuschung über den Misserfolg des Winters verflog. Ihn gesund und glücklich zu sehen bedeutete mir viel, viel mehr als die vier verpassten Touren.

Sechsundneunzig Berge …

Einundachtzig Berge …

Für jemanden, dem es vor kaum zwei Jahren noch schwergefallen war, eine Straße entlangzugehen – wo war da der Unterschied?

Ich war stolz auf das, was wir erreicht hatten, und wusste, dass ich es ohne Atticus nicht geschafft hätte. Wir hätten mit dem Wandern gar nicht erst angefangen, wäre er nicht an jenem ersten Septembertag, als wir mit meinen Brüdern auf dem Garfield waren, so aufgeblüht. Ich hatte nach etwas gesucht, was wir zusammen unternehmen konnten. Damals hatte ich nicht geahnt, dass ich Atticus an einen Ort brachte, an den er noch viel mehr gehörte als ich.

Wir blieben noch eine Weile schweigend sitzen und lauschten dem leisen Plätschern der Wellen am Ufer. Als es Zeit zum Gehen war, beugte ich mich hinunter, küsste Atticus oben auf die Stirn und sagte: »Danke, mein Freund.« Normalerweise hätte er sich umgedreht, wenn ich mit ihm sprach, jetzt aber war er so intensiv mit dem Horizont beschäftigt wie vor ein paar Wochen auf dem Washington. Es war, als wüsste er, dass etwas auf uns zukam.

Ich ahnte nicht, dass uns eine Prüfung bevorstand, gegen die der ganze bisherige Winter ein Nichts war.

ZWEITER TEIL

Licht über Dunkelheit

Erst dadurch, dass wir hinunter in den Abgrund steigen, gewinnen wir die Schätze des Lebens zurück.

Dort, wo du strauchelst, liegt dein Schatz.

JOSEPH CAMPBELL

Eine traurige Wendung

Das Geheimnis meines Erfolgs mit der »Undertoad« lag darin, dass ich nach meinem Umzug nach Newburyport völlig in den Bann der faszinierenden Figuren der Stadt geriet. Es war, als hätte ich eine Gemeinde entdeckt, die sich ganz und gar aus Komparsen alter Schwarzweißfilme von John Ford oder Frank Capra zusammensetzte. Man kennt diese Sorte. Mit ihrem nie ganz perfekten Aussehen wirkten sie echt und rau und ganz anders als die Kleindarsteller in den Filmen von heute. Ich beobachtete sie voller Entzücken, studierte sie und lernte sogar, ihre nächsten Schritte besser vorauszusagen, als sie es selbst gekonnt hätten. Ich hatte den Eindruck, als sähe ich einen Lieblingsfilm zum vierten oder fünften Mal. Es war keine Arbeit, sondern eher ein Vergnügen.

Natürlich hatte ich auch meine zuverlässigen Quellen, die mir erklärten, was hinter den Geschichten lag und wie der Hase lief. Ich war ein eifriger Schüler, der zwei Augen, zwei Ohren und einen Mund hatte und dem gerade beigebracht wurde, wie man sie richtig benutzt. Doch es dauerte nicht lange, bis ich herausfand, dass es zwar jede Menge Nebendarsteller gab, aber Newburyport selbst der Star der Show war.

Die Stadt war schön, vor allem im weichen Licht von Morgendämmerung und Sonnenuntergang. Sie war rätselhaft, besonders bei Nacht, wenn geheimnisvolle Bündnisse geschmiedet und gebrochen wurden. Sie war verführerisch und entfachte in ihren Liebhabern Leidenschaften: Eifersucht, Wut, Habgier. Manche wollten sie einsperren und geheim halten, andere ihr Raum zum Atmen geben und sie mit der Außenwelt teilen. Die Fronten, die sich auf dem Schlachtfeld der Gentrifizierung gebildet hatten, faszinierten mich. Das Gleiche galt für die uralten Fehden unter den Einheimischen Newburyports, teilweise sogar unter ganzen Stadtvierteln. Die Stadt war seit langer Zeit vielfach geteilt. Viele Alteingesessene hegten einen generationsübergreifenden Groll, weil sie im einst heruntergekommenen Südend wohnten (»da unten«) und die Bewohner des Nordends (»da oben«) auf sie herabsahen, während die Anwohner der vornehmen High Street über beide die Nase rümpften. Man traf sich in der Stadtmitte. Wenn man von »da oben« war, ging man nicht nach »da unten« und umgekehrt, es sei denn, man wollte Streit anfangen.

John Battis, der zur griechisch-amerikanischen Stadtbevölkerung gehörte, populär durch seine Leserbriefe, seine vernünftigen politischen Ansichten und sein Talent, sehr beachtlich Saxofon zu spielen, wurde oft geradezu poetisch, wenn er von den alten Tagen sprach. »Als ich aufwuchs«, erzählte er, »wusste ich, dass es bestimmte Stadtteile gab, wo ich nicht hingehörte, und Orte, an denen ich nicht willkommen war. Aber das spielte keine Rolle. Es war eine einfachere Zeit, und ich verstand, dass die Dinge eben so waren. Irgendwie gefiel es mir sogar. Das Leben war unkompliziert.«

Allerdings war John anders als die meisten. Er liebte Newburyport mehr als alle anderen, die ich kannte. Und das war mehr als nur ein Lippenbekenntnis. Er suchte sich ein Stück aufgelassene Eisenbahnstrecke aus, das sich gerade zum Müllabladeplatz entwickelte, räumte es auf, pflanzte Blumen und verwandelte es in einen kleinen Stadtteilpark. Gegen seinen Widerstand bekam es schließlich den Namen Battis Grove. Ich glaube fast, er hätte sich die Mühe nicht gemacht, wenn er gewusst hätte, dass man den Park nach ihm benennen würde. Anerkennung war nie ein Beweggrund für ihn.

John tat ständig Dinge, von denen niemand wusste. Am schönsten fand ich einen einfachen Akt der Ehrerbietung. An jedem Memorial Day erschienen wie durch Zauber Geranien auf dem Grab des Schriftstellers und Pulitzer-Preisträgers John Marquand. Niemand hatte eine Ahnung, wie die Blumen dorthin kamen, außer mir. Und es war nicht so, dass John Battis John Marquand gekannt hätte. Tatsächlich wären sie einander im alten Newburyport mit seinem antiquierten Kastensystem vermutlich nur selten begegnet, und wenn doch, hätte Marquand John Battis wahrscheinlich nicht gegrüßt. Marquand war ein Gentleman und John Battis nur ein »niederer« Griechisch-Amerikaner.

Marquand liegt auf dem Sawyer-Hill-Friedhof begraben. Der ist abgelegen und in gewisser Weise exklusiv – und viele von den Stadtleuten wussten noch nicht einmal, dass er existierte. Und trotzdem bewunderte John die Werke Marquands, der wie er ein Sohn der Stadt war, und fand, dass jemand des verstorbenen Autors gedenken sollte.

Johns Einstellung und Handlungsweise unterschieden sich allerdings erheblich von denen vieler Alteingesessener, die eifrig die Fehden des alten Newburyports konservierten. Fehden, deren Wurzeln so tief reichten, dass sie sogar in aktuelle Angelegenheiten hineinwucherten. Bis heute lässt sich am besten vorhersagen, wer das Rennen um das Bürgermeisteramt gewinnen wird, wenn man herausfindet, welcher der beiden Kandidaten den Leuten weniger unsympathisch ist.

John erzählte mir auch einmal, dass Newburyport der einzige Ort der Welt sei, an dem man für einen Jungen von hier, der es zu etwas gebracht hatte – der vielleicht als Astronaut auf dem Mond gelandet oder ein großer Sportler oder Filmstar geworden war –, eine Parade veranstalten konnte, und dann am selben Tag haufenweise Leute lauthals am Straßenrand verkündeten, dass der gefeierte Held in der vierten Klasse eine Tafel Schokolade geklaut hatte.

Eines Morgens beim Frühstück klopfte er mir wiederholt mit dem Handrücken auf den Arm, beugte sich näher zu mir, als ich es irgendwem sonst erlaubt hätte (eine typische Angewohnheit von ihm), und sagte: »Sie sind der einzige Mensch, den ich kenne, der die ›Undertoad‹ schreiben und dabei ungeschoren bleiben kann. Sie haben keine Kinder in der Schule. Sie haben keinen Job in der Stadt. Sie haben keine Frau. Sie können Ihnen nichts anhaben.«

»Sie«, das war klar, waren diejenigen, die im alten Newburyport die Fäden zogen. »Sie« – das waren die tödliche Gerüchteküche, die Hinterzimmerabsprachen, die Drohungen gegen den Hauswirt, der es wagte, Unerwünschten eine Wohnung zu vermieten. Wer nicht für sie war, war gegen sie. Und wenn man gegen sie war, taten sie ihr Bestes, um einen daran zu hindern – was meistens darauf hinauslief, dem Feind das Leben so weit wie möglich zur Hölle zu machen.

Von John Battis und einem Heer anderer Stadtleute erfuhr ich eine Menge über die Ortsgeschichte, aber ich lernte auch viel von den Zugezogenen, den sogenannten Glücksrittern. Von meiner Warte aus konnte ich beide Seiten des Zauns überblicken.

Von meinem Aussichtspunkt im zweiten Stock des Grand-Army-Gebäudes sah ich, dass sowohl Alteingesessene als auch Neubürger Newburyport liebten. In jeder beliebigen Woche konnte ein leidenschaftlicher Krieg darüber ausbrechen, was man mit den beiden ungepflasterten Parkplätzen mitten im Hafenviertel machen wollte, ob man staatliche Fördergelder, die die historische High Street verschönern, sie aber weniger exklusiv machen würden, annehmen oder ablehnen sollte oder ob auf den städtischen Straßen Radwege nötig waren oder nicht. Dinge, die in anderen Orten vielleicht eine Kleinigkeit waren, sorgten in der Kannibalenstadt für heftige Auseinandersetzungen.

Jede Woche flammten neue Scharmützel auf. Fronten bildeten sich, Seiten wurden gewählt, Argumente vorgetragen, abfällige Bemerkungen gemacht. Wenn eine bestimmte Person die eine Seite vertrat, wusste ich sofort, dass eine bestimmte andere Person die andere befürworten würde, nur weil sie einander nicht grün waren. Dann war es ganz gleich, worum es ging. Tip O'Neill hat einmal gesagt: »Politik ist immer etwas Lokales.« In Newburyport war Politik immer etwas Persönliches.

Es war ein merkwürdiger und leidenschaftlicher Ort, und ich liebte alles an ihm. Denn wer schreibt, braucht gute Geschichten, und gute Geschichten brauchen Spannung. Ich glaube, die Stadt Newburyport, der Star der Show, liebte sich selbst genauso. Denn so betörend sie äußerlich war, so zerrüttet war sie innerlich. Mehr als alles andere wollte sie, dass man um sie kämpfte, denn das bewies ihr, dass sie geliebt wurde. Und beides stimmte – man kämpfte um sie und liebte sie. Was sie nicht ertragen konnte, war ein unaufmerksamer Liebhaber, und genau das war ich geworden.

Auf den Tag drei Monate nachdem wir aufgebrochen waren, kamen Atticus und ich zurück. Wir waren schon vorher gelegentlich wieder hier gewesen, aber immer nur als eiliger Abstecher, um die neueste Ausgabe der »Undertoad« auszuliefern oder Zuflucht vor einem Unwetter zu suchen. Es bestand kein Zweifel, dass wir uns verändert hatten, allerdings weniger im Körper, sondern vielmehr im Geiste. Als dann der Frühling kam und ich nach Hause zurückkehrte, empfand ich nichts.

Ich war wie ein Marathonläufer, der an Symptomen litt, die an eine postnatale Depression erinnerten. Ich hatte einen Traum genährt, ihn beschützt, ihm alle meine Kraft gegeben, und als es vorbei war, fühlte ich mich ausgelaugt und leer. Da war nichts mehr, hinter dem man herjagen konnte, kein intensives Zielbewusstsein, nichts, dem man sich hingeben konnte.

Atticus und ich hatten etwas Großes und Bewegendes geleistet und kehrten nun in den Alltag zurück. Wir waren wieder dort, wo wir angefangen hatten, aber irgendwie war es nicht mehr das Richtige. Ich war niedergeschlagen.

Die Stadt Newburyport tat ihr Bestes, um mich zurückzuerobern. Wie eine abgelegte Geliebte war sie zu allem bereit, nur damit ich bei ihr blieb. Sie versuchte mich mit den gewohnten Gaunern, merkwürdigen und inzestuösen Bettgefährten, üblichen Verdächtigen, dem guten alten politischen Affentheater und ab und zu einem Helden zu ködern. Sie lockte mich mit einem Bürgermeister, der ebenso unfähig wie arrogant war, mit größenwahnsinnigen Industriellen und sogar mit einem großen Fisch: einem milliardenschweren Bauunternehmer, der fast die ganze Innenstadt aufkaufte, ihre Zukunft in der Hand hielt und noch nicht einmal so viel Interesse an Newburyport aufbrachte, dass er persönlich in die Stadt kam.

Oh, welche Mühe sich Newburyport gab! Die Stadt präsentierte mir alle diese Figuren, weil sie wusste, dass ich in der Vergangenheit nie der Versuchung widerstehen konnte, sie aufzuspießen und anzuprangern. Sie versprach mir gute Einnahmen und jede Menge Stoff zum Schreiben, wenn ich nur bliebe.

Aber es war zu spät.

Mary Baker Eaton, die große Dame der politischen Blogger von Newburyport, merkte es. In ihrem Blog schrieb sie: »Ich erinnere mich, dass ich Tom bei einer Stadtratsitzung sah – nach seinem Abenteuer – und dachte: ›Er gehört jetzt den Bergen. Und das stimmte.‹«

Aber ich war nicht die einzige verlorene Seele. Auch Atticus fiel die Rückkehr schwer. Nach unserem ersten Tag am Strand war er wie ausgewechselt. Er saß missmutig herum und ließ oft den Kopf hängen. Ich dachte, dass er traurig wäre, und tat alles, um ihn aufzumuntern. Jeden Tag gingen wir mehrfach spazieren, und wenn wir Freunde besuchten, sorgte ich dafür, dass er seine Lieblingsleckerchen bekam. Aber nichts half.

Er hielt sich enger an mich als je zuvor. Dabei entwickelte er die merkwürdige Angewohnheit, seine kalte, nasse Nase an mein nacktes Bein zu drücken. Das tat er in der Wohnung, aber noch viel häufiger draußen. Wenn wir auf dem Bürgersteig gingen, blieb er neben mir. Anders als früher wollte er nicht mehr vorauslaufen. Wenn wir eine Straße überquerten, klebte er so fest wie möglich an mir. Waren viele Menschen um uns herum, fand seine Nase mein Bein noch öfter. Wenn ich am Schreibtisch saß, bat er darum, hochgehoben zu werden, und lag dann beim Schreiben neben dem Computer. Er wollte Nähe und suchte Trost.

Ich machte mir Sorgen um ihn, glaubte aber die Symptome zu kennen, weil es mir im Prinzip genauso ging. Ich war in eine Stadt zurückgekehrt, deren Herzschlag einst auch der meine gewesen war und in der ich mich jetzt als Fremder fühlte. Alles, was ich besaß, schien das zu sein, was Atticus und ich in den Bergen erlebt hatten.

Wie sich jedoch herausstellte, litt Atticus an etwas weitaus Schlimmerem als nur an einer Depression. Eines Morgens warf ich ihm einen Keks zu und sah, wie er auf seiner Decke landete. Ich war total verblüfft, als der Hund den Keks nicht bemerkte, obwohl er keine drei Zoll vor ihm lag. Ich hob ihn auf und warf ihn noch einmal. Atticus sah ihn immer noch nicht.

Irgendetwas stimmte nicht mit seinen Augen, seinen so wunderschönen Augen. Ich rief John Grillos Praxis an und bekam sofort einen Termin.

Doktor Grillo untersuchte Atticus und sagte: »Grauer Star. Er hat grauen Star.«

»Aber er ist doch erst fünf«, wandte ich ein. Gleich darauf fielen mir unsere vielen Schneewanderungen in den letzten beiden Wintern ein. »Liegt es an den vielen Wanderungen im Schnee und daran, dass die Sonne ihn geblendet hat?«

In John Grillos Gesicht lag Mitgefühl. Ich kannte es noch gut aus Max' letzten Tagen, und er versicherte mir, dass es nicht am Schnee liegen könne. Ich war unschlüssig, was ich glauben sollte. Er wies auf die Schlittenhunde beim Iditarod-Rennen in Alaska hin und darauf, dass bei ihnen nie Augenkrankheiten bekannt geworden wären. Dann empfahl er mir einen Besuch bei Ruth Marrion, einer Augentierärztin.

In den folgenden 24 Stunden verschlechterte sich Atticus' Sehkraft stetig. Er stieß gegen Möbel, stolperte auf der Straße über Bordsteine und hatte große Schwierigkeiten, mir durch Menschengruppen zu folgen.

Am nächsten Abend klingelte das Telefon. Es war Doktor Grillo. Er erklärte mir, dass außer dem grauen Star auch etwas mit Atticus' Blut nicht stimmte. Der Test hatte eine Schilddrüsenüberfunktion ergeben.

»Was bedeutet das?« An seinem Tonfall erkannte ich, dass es nichts Gutes sein konnte.

Nach einer Pause fuhr John Grillo fort. Er sagte, eine Schilddrüsenüberfunktion bei Hunden sei äußerst selten, und dann noch etwas, was ich nicht hören konnte. Ich murmelte ein paar Worte, gewann ein wenig Fassung zurück und fragte: »Wie kommt es dazu?«

Wieder eine Pause. Als er weitersprach, klang er müde: »Eine Schilddrüsenüberfunktion bei Hunden entsteht meist durch Schilddrüsenkrebs.«

Ich bat ihn, einen zweiten Test durchzuführen, und er stimmte zu. Das ist alles, woran ich mich erinnere, bevor es dunkel um mich wurde. Es fielen noch einige Worte, aber sie kamen wie durch einen Nebel. Atticus saß auf meinem Schoß, den Kopf an meiner Brust. Ich bin sicher, dass er mein Herz brechen hörte. Noch vor einem Monat hatte er mich über die Berge geführt, und nun wurde er plötzlich blind. Außerdem sah es so aus, als hätte der kleine Hund, der für den Kampf gegen Krebs Tausende von Dollar gesammelt hatte, nun selbst diese schreckliche Krankheit.

Die Nachricht verbreitete sich wie ein Lauffeuer. Der kleine Hund, dessen Abenteuer in den Bergen den Großteil einer Stadt bezaubert hatten, war krank. Einer der Ihren litt und mit ihm der Mann, bei dem er lebte.

Die Menschen wollten uns trösten und helfen. Der Anrufbeantworter quoll bald über, weil ich mit niemandem reden wollte. Hunderte von E-Mails warteten auf Antwort. Alle wollten wissen, was ihrem Freund Atticus fehlte. Ich blieb stark für ihn, aber in allen anderen Bereichen meines Lebens brach ich zusammen. Anstatt mit den Leuten zu sprechen, benutzte ich den E-Mail-

Rundbrief, den ich im Winter gestartet hatte, um sie auf dem Laufenden zu halten.

Bald erfuhr auch die Wanderergemeinschaft die Neuigkeiten und reagierte. Noch mehr E-Mails, Karten, tröstende Anrufe, die mir versicherten, man wolle helfen, wo man nur könne. Was auch immer der »kleine Riese« brauchte, man wäre für ihn da.

Was Atticus betraf, so fühlte er sich zum ersten Mal im Leben hilflos. Er wollte nur noch bei mir sein und in den Arm genommen werden. Zwei- oder dreimal täglich gingen wir zu den Moseley Pines und setzten uns in unser Lieblingswäldchen. Seine Nase suchte immer wieder mein Bein. Es gab Tage, an denen ich ihn dirigieren musste, damit er nicht gegen einen Baum lief oder im Gebüsch hängen blieb. Zum ersten Mal seit seiner Ankunft in Newburyport brauchten die Eichhörnchen der Moseley Pines keine Angst mehr zu haben, dass er sie jagte.

Der zweite Bluttest brachte die gleichen Ergebnisse.

Doktor Grillos Praxis rief an und sagte, dass ausnahmsweise ein Ultraschallspezialist zu ihnen kommen und ein tragbares Gerät mitbringen würde. Damit wollten sie nach dem Tumor oder den Tumoren suchen, die sie bei Atticus vermuteten.

Nachmittags gingen Atticus und ich beim *Jabberwocky*-Buchladen vorbei, um unseren Freund, den Geschäftsführer Paul Abruzzi, zu besuchen. Er und auch Sue Little, die Eigentümerin, sowie das ganze Personal waren immer gut zu Atticus gewesen, und Paul deutete an, dass wir vielleicht aus einer ganz ungewöhnlichen Quelle Hilfe bekommen könnten.

Ungefähr alle zwei Jahre kam eine Gruppe tibetischer Mönche für ein paar Tage zum *Jabberwocky*, um dort ein Sandmandala zu legen. Sie wurden in dieser Woche erwartet, und Paul schlug vor, Atticus zu ihnen zu bringen, »damit er Geshe Gendun kennenlernt«. Ich wusste nicht das Geringste über Geshe Gendun, aber ich war mit allem einverstanden, das vielleicht helfen konnte.

Ich mochte den Mönch vom ersten Augenblick an. Er hatte ein freundliches, rundes Gesicht und lächelte gern. Er strahlte etwas Aufrichtiges und Mildes aus. Ich war neugierig auf sein Leben und erfuhr, dass er so alt war wie ich: 1961 in Tibet geboren, 1963 nach Indien geflohen und schon mit acht Jahren buddhistischer Mönch. Seine Heiligkeit der Dalai Lama hatte ihn 1981 geweiht.

So geschah es, dass ein kleiner, schlappohriger Hund aus Big Sandy, Texas, und ein tibetischer Mönch einander gegenübersaßen.

Geshe Gendun hatte in seinen farbigen Gewändern auf einem Stuhl Platz genommen. Vor ihm lag Atticus, nackt, wie eine Sphinx. Beide waren völlig gelassen. Geshe Gendun lächelte warm, und Atticus erwiderte seinen Blick aus umwölkten Augen. Der Mönch sprach so leise, dass ich ihn nicht hören konnte. Es war, als flüstere er Atticus ein Geheimnis zu, und der Hund sah zu ihm auf, als verstünde er jedes Wort. Geshe Gendun bewegte die Hände in der Luft langsam über Atticus' Hals und Schultern und berührte ihn dann sanft. Es dauerte einige Minuten, dann endete die Verbindung zwischen ihnen so schnell, wie sie begonnen hatte. Atticus kam zurück zu mir, und Geshe Gendun übernahm wieder die Aufsicht über das Legen des Sandmandalas. Kein Wort wurde gesprochen. Im Gehen schenkte mir der Mönch ein winziges Kopfnicken und einen wissenden Blick.

Ich will nicht so tun, als wüsste ich, was da zwischen Geshe Gendun und Atticus geschah oder ob überhaupt etwas geschah. Der Reporter in mir riet mir, solchen Dingen mit Misstrauen zu begegnen, aber der Mensch, der die Wunder der Natur für sich neu entdeckt hatte und mit einem außergewöhnlichen kleinen Hund über sich hinausgewachsen war, wollte nichts von vornherein abtun. Schlimmstenfalls, dachte ich, konnten wir zu den vielen Menschen, die für Atticus beteten – damals anscheinend mindestens die halbe Stadt –, noch einen tibetischen Mönch hinzufügen.

Vierundzwanzig Stunden später, in einer völlig anderen Umgebung, brach mir erneut das Herz, als ich zusah, wie ein paar von John Grillos technischen Assistenten Atticus auf einem kalten Stahltisch festhielten. Dann kam John mit dem Spezialisten.

»Danke, dass Sie so schnell hier sein konnten«, sagte ich zu Letzterem. »Ich weiß ja, dass man normalerweise länger warten muss.«

»Ja«, antwortete er aufgeregt, »das stimmt schon. Aber hier haben wir etwas Seltenes, und ich wollte es sehen.«

Beim Sprechen rasierte er Fellstreifen von Atticus' Hals, Brust und Bauch. Alle anderen im Raum waren still und vielleicht auch ein bisschen angespannt.

Als der Spezialist das Gerät anstellte und die Sonde über die rasierten Stellen gleiten ließ, beugten sich alle vor, um die Tumoren zu sehen. Der Spezialist war in seinem Element, wir anderen bildeten sein Publikum. Ich glaube, ich war der Einzige, der wirklich Angst vor dem hatte, was man vielleicht finden würde, und John Grillo und seine Techniker waren vermutlich in erster Linie neugierig. Aber ich redete mir ein, dass sie sicher genauso hofften, die Diagnose würde sich nicht bestätigen.

Zuerst berührte die Sonde Atticus' Hals, dann weiter unten Brust und Bauch. Ich war davon ausgegangen, dass wir etwas ganz Dramatisches zu sehen bekommen würden. Aber der Spezialist wirkte leicht verwirrt, als wäre mit seiner Ausrüstung etwas nicht in Ordnung. Er drehte an ein paar Knöpfen und langsam verschwand das aufgeregte Lächeln aus seinen Zügen. Er versuchte es aus einem anderen Blickwinkel, glaubte etwas zu erkennen und sah enttäuscht aus, als da doch nichts war. Immer wieder fuhr er über die geschorenen Stellen. Dabei lieferte er uns einen detaillierten Kommentar: »Da ist nichts ... nein, da auch nicht ... hm, was haben wir denn hier? Oh – nichts. Dort ist auch nichts ...«

Er machte noch eine Weile so weiter und wirkte tatsächlich frustriert. Ich war zwar dankbar, dass er uns so schnell drangenommen hatte, und glücklich, dass er nichts fand, aber je mehr seine Enttäuschung wuchs, desto mehr sehnte ich mich danach, ihm einen Schlag ins Gesicht zu verpassen. Gott, wie ich mich danach sehnte!

Natürlich glaube ich, dass er nur seine Arbeit machte, aber irgendwie hatte ich den Eindruck, dass man ihn daran erinnern musste, dass es hier nicht nur um Tumoren und technische Geräte ging, sondern um Herz, Seele und Gefühle. Es ging um das Leben eines kleinen Hundes. Es ging um meinen besten Freund.

Als er endlich aufgab, machte er einen völlig verstörten Eindruck.

»Also nichts?«, fragte ich.

Er konnte es kaum glauben. »Nein, nichts. Tja ... wirklich sonderbar.«

In diesem Augenblick hatte ich keine Lust mehr, ihn zu schlagen, ich wollte nur, dass sie Atticus in Ruhe ließen. Und natürlich war ich erleichtert, dass sie keinen Tumor gefunden hatten. Ich wertete es als Sieg, auch wenn Doktor Grillo warnte, dass bei Atticus trotzdem eine Schilddrüsenüberfunktion bestand. Ich fragte ihn, wo Atticus die beste medizinische Versorgung bekommen konnte, und John schlug die Tufts-Tierklinik oder das Angell-Zentrum für Tiermedizin vor. Ich entschied mich für Angell, vor allem weil mir der Name gefiel – er erinnerte mich an Engel –, und er gab mir den Namen einer Ärztin dort.

Ganz gleich, was es kosten würde, für mich war klar, dass Atticus die bestmögliche Behandlung bekommen sollte. Vor lauter Eifer hatte ich allerdings vergessen, dass ich nach unserem Winter so gut wie pleite war. Aber daran dachte ich jetzt nicht. Alles, was mir in diesem Moment durch den Kopf ging, war, wie Geshe Gendun und Atticus zusammengesessen hatten. Einstein hatte recht: »Das Schönste, was wir erleben können, ist das Geheimnisvolle.«

»Ich lasse ihn nicht allein«

Als Atticus ganz klein war, schlief ich noch auf meinem Sofa. Weil er so winzig war und ich ihn nicht erdrücken wollte, wenn ich mich im Schlaf umdrehte, setzte ich ihn über meinem Kopf auf das Kissen. So wusste ich einerseits, dass er in Sicherheit war, und zum anderen, wenn er mitten in der Nacht eine Pfütze machen musste. Er wurde dann unruhig und machte mich wach, damit ich ihn hastig auf sein Welpenklo auf dem Küchenfußboden bringen konnte. Als er etwas älter und in dieser Hinsicht disziplinierter war, lief ich mit ihm, wenn er sich nachts rührte, die drei Treppen nach unten zu dem kleinen Rasenfleck auf der anderen Straßenseite.

Seit damals schliefen wir zusammen. Es dauerte nicht lange, bis ich ein Bett kaufte. Normalerweise lag er beim Einschlafen irgendwo neben mir, allerdings selten so nahe, dass er mich berührte. Morgens wachte ich dann auf und fand ihn angekuschelt. Aber jetzt, als er blind und krank wurde, konnte er nicht nahe genug kommen. Er schmiegte den Rücken ganz fest an meine Brust. Mein kleiner Freund hatte Angst und brauchte Trost.

Am Tag unseres ersten Termins bei Ruth Marrion, der Augentierärztin, wachte ich auf und sah Atticus vor mir sitzen. Sein Gesicht war so traurig, dass ich erschrak. Obwohl noch leicht benommen, merkte ich, dass etwas mit ihm ganz und gar nicht stimmte. Ich richtete mich auf und sah, dass sein ganzes rechtes Auge mit einer grotesken gelblichen Paste bedeckt war. Es war nicht der restliche Schlaf in den Augen, den alle Hunde manchmal haben. Sein Auge war zugeklebt.

Er blickte mich an, als wollte er mir sagen: »Bitte hilf mir, Tom.«

Ich hielt einen Waschlappen unter dampfend heißes Wasser und presste ihn auf das Auge. Nach einer Minute nahm ich ihn weg und stellte fest, dass die Paste immer noch da war. Ich musste etwas anderes probieren. Also spülte ich den Waschlappen aus und wischte den Ausfluss vorsichtig ab. Es dauerte mehrere Minuten, bis sich das Augenlid öffnen ließ.

Am Nachmittag waren wir zum ersten Mal bei Ruth Marrion. Sie war eine emsige Frau, die eine gewisse Distanz wahrte. Zu uns war sie durchaus nett und verstand auch ihr Handwerk, aber es war klar, dass sie uns nicht zu nahe an sich herankommen lassen wollte. Körperlich natürlich sowieso nicht, aber auch nicht auf eine menschliche, warmherzige Art.

Während sie Atticus untersuchte, erzählte ich ihr ein bisschen von unserem Winter, damit sie seinen Hintergrund kennenlernte, aber sie schien mir gar nicht zuzuhören. So, wie sie Atticus' Augen anschaute und sich im Zimmer bewegte, machte sie einen tüchtigen Eindruck.

Beide Augen waren krank und mussten operiert werden, teilte sie mir schließlich mit, wobei es das rechte am schlimmsten erwischt hatte. Der graue Star war voll ausgebildet und – noch furchtbarer – infiziert. Sie nannte es Uveitis. Diese Augenentzündung verursachte auch den Ausfluss. Sie konnte noch nicht sagen, ob es für das rechte Auge schon zu spät war, und befürchtete eine Netzhautablösung. Im derzeitigen Zustand konnte sie nicht operieren und verschrieb darum ein Medikament, das ich auftragen sollte und das hoffentlich die Schwellung abklingen lassen würde.

Allerdings konnte es passieren, dass das nichts half und wir das Auge verlieren würden.

Sie führte eine Ultraschalluntersuchung am rechten Auge durch. Die Netzhaut hatte sich noch nicht abgelöst. Sollte sie es allerdings tun, bestand keine Hoffnung mehr, das Auge zu retten.

»Wie viel kann Atticus jetzt noch sehen?«, fragte ich.

Sie ließ mich mit geschlossenen Augen in das Neonlicht an der Decke schauen. Ich erkannte den Schein und ein paar Schatten, aber kaum mehr.

»So viel sieht er mit dem rechten Auge. Das linke ist besser, aber nicht viel«, erklärte sie.

»Aber wie konnte das so schnell kommen? Liegt es an unseren Wanderungen im Schnee?«

Wie schon Doktor Grillo versicherte sie mir, dass es nichts mit dem Schnee zu tun hatte. Sie erläuterte, dass es bei manchen Hunden eben auftritt und dass es mir zwar plötzlich vorkommen mochte, Atticus aber bestimmt schon seit einer ganzen Weile erblindete.

Ich sagte ihr, dass die Operation stattfinden sollte, dass ich aber erst das Geld auftreiben müsste. Daraufhin verabschiedete sie sich, hastete aus dem Zimmer und überließ uns ihrer technischen Helferin, die mir erklärte, was ich wissen musste. »Er wird drei Tage und zwei Nächte in der Klinik bleiben müssen. Sie können ihn am Abend vor dem Eingriff bringen, und er kann am Tag nach der Operation wieder nach Hause.«

Sie wollte wissen, ob ich noch Fragen hätte.

»Ja, doch. Wo schlafe ich?«

Die junge Frau lachte, hörte aber gleich wieder auf, als sie merkte, dass ich es ernst meinte.

»Ich lasse ihn nicht allein. Wir sind immer zusammen, und er braucht mich jetzt mehr denn je.«

»Aber hier kann niemand übernachten«, erwiderte sie.

»Bestimmt können Sie eine Ausnahme machen«, meinte ich lächelnd. »Ich bin sicher, wir wollen alle das Beste für Atticus.«

Sie versuchte mir die Geschäftspolitik der Klinik zu erklären, aber ich unterbrach sie. »Ich lasse ihn nicht über Nacht allein.«

Nach einer unbehaglichen Pause entschuldigte sie sich und ging aus dem Zimmer. Mehrere Minuten vergingen, dann rauschte Doktor Marrion wieder herein und sagte, ich könnte den Hund am Tag der Operation bringen, ihn abends mit nach Hause nehmen und früh am nächsten Tag wieder zur Nachuntersuchung vorstellen.

Atticus und ich steckten voll in der Klemme. Wir brauchten alle Kraft, die wir hatten, um zu überleben, und unsere größte Stärke lag darin, dass wir zusammen waren. Ich war nicht bereit, auf unseren einzigen Vorteil zu verzichten. Zum Glück schien Doktor Marrion das zu verstehen. Auf dem Weg zum Auto wurde sie mir darum sympathischer.

Atticus war immer gern Auto gefahren, aber nicht auf die alberne Art mancher Hunde, die den Kopf zum Fenster hinaushalten und ihre Zunge im Wind flattern lassen. Er war vornehmer. Gelegentlich streckte er zwar auch den Kopf durch das Beifahrerfenster, aber normalerweise saß er aufrecht da und schaute durch die Windschutzscheibe – obwohl er kaum groß genug dafür war. Als wir von der Augenärztin heimfuhren, bot sich mir allerdings ein anderes Bild. Er hatte sich hingelegt und ließ den Kopf über den Rand des Sitzes hängen. Es war ein Ausdruck von Kapitulation und Mutlosigkeit.

Ich streckte die Hand aus und streichelte ihn sanft. Als ich den kleinen Körper und das weiche Fell berührte, ging mir etwas nicht mehr aus dem Sinn, das Ruth Marrion gesagt hatte. Es war ihre Bemerkung, dass Atticus höchstwahrscheinlich schon über einen längeren Zeitraum langsam erblindet war. Die Blindheit war kein plötzliches Ereignis.

Aber wie hatte er es dann getan? Wie hatte er mich durch diese Berge geführt?

Ich konnte nicht ergründen, wie er es geschafft hatte oder warum er es getan hatte. Aber er musste gewusst haben, dass es mir wichtig war, und es vom ersten Tag an als seine Aufgabe betrachtet haben, mich zu führen und auf mich zu achten.

Aber dennoch – er war ja nicht nur auf *einen* Berg gestiegen. Er hatte *einundachtzig* Berge bezwungen, im Winter, in einem Blizzard, bei Starkwinden, Schnee, der ihn blendete, Eis, Temperaturen weit unter null, im Dunkeln. Nie hatte er gezögert oder gezeigt, dass er sich nicht wohlfühlte. Immer, immer hatte er über mich gewacht. Er war stehen geblieben und hatte aufgepasst, dass mir auf dem Weg nichts passierte.

Ich dachte an die Bonds und an Washington, Monroe, Eisenhower und Pierce an einem Tag. Ich dachte an die Franconia Ridge. Wie hatte er das geschafft?

Ich musste den Wagen am Straßenrand anhalten, weil jetzt nicht nur Atticus nichts mehr sehen konnte. Ich war auf einmal selbst blind. Tränen strömten mir aus den Augen und rollten über meine Wangen. Ich nahm Atticus hoch, umarmte ihn und flüsterte: »Danke … danke … danke für alles, Atticus.«

Freunde von Atticus

Worin besteht der Wert eines wahren Freundes? Ist man bereit, mitten im Winter für eine Freundin, deren Leben und Sterben unser Herz berührt hat, Hunderte von Meilen zu laufen und Tausende von Fuß auf felsige und gefährliche Berge zu klettern? Ist man bereit, jemanden, den man liebt, über dieselbe Entfernung, in derselben Jahreszeit, auf jedem Weg zu führen, während man selbst erblindet? Ich kenne die Antwort auf diese Fragen, weil ich sowohl gegeben als auch empfangen habe.

Und was sind zwei Augen wert? Der Maler, Fotograf, Leser – sie alle würden behaupten, das Sehvermögen sei unbezahlbar. Und doch gibt es Menschen, die durch ihr Leben zu gehen scheinen, ohne etwas zu sehen.

Und was ist mit den Augen eines Hundes? Ich habe von vielen Hunden mit grauem Star gehört, deren Besitzer 4000 Dollar für eine Operation zu viel fanden, vor allem auch, weil der Eingriff zwar in der Regel erfolgreich ist, es aber keinerlei Garantie gibt. Ich kannte Leute, die das Geld bezahlt haben und über das Ergebnis nicht glücklich waren. Ich hatte Berichte gelesen, wie Hunde lernen, ohne ihr Augenlicht zu leben, weil sie sich mithilfe ihres scharfen Geruchssinns orientieren, den manche sogar für wichtiger halten als das Sehvermögen. Aber für Atticus schienen mir die Augen wichtiger als alles andere. Keine Frage, er brauchte diese Operation.

Was aber, wenn die Uveitis schlimmer wurde, ein Eingriff nicht möglich war und er das rechte Auge verlor? Was, wenn das linke Auge sich ebenso entwickelte? Und was, wenn die Salbe wirkte, die Entzündung zurückging und er operiert werden konnte, der Eingriff aber erfolglos blieb?

Ich wusste, dass er trotzdem auf Berge steigen würde. Er würde einen Weg finden, seiner Nase zu folgen und oben auf dem Gipfel den frischen Wind im Gesicht zu spüren. Aber seine Augen – sie waren anders als bei allen anderen Hunden, von denen ich je gehört hatte. Er liebte es so sehr, auf einer Bergspitze zu sitzen und in die Ferne zu blicken. Gewiss gab es kein anderes Lebewesen, das eine Gabe Gottes besser genutzt hatte als Atticus seine Sehkraft. Und mein liebster Freund, der kleine Buddha, lief Gefahr, diese Gabe zu verlieren.

Ich verabreichte ihm das von Ruth Marrion verordnete Medikament und betete, dass sich das rechte Auge soweit besserte, dass es operiert werden konnte. Aber meine Geduld wurde auf eine harte Probe gestellt. Es war, als warteten wir wieder darauf, dass es aufhörte zu schneien und wir in die Berge konnten. Uns blieb nichts anderes übrig, als zu warten und zu beten.

Inzwischen machte ich mir Sorgen wegen des Geldes. Wie sollte ich die Operation bezahlen? Fast mein ganzes Geld war verbraucht, ausgegeben für die Sammelaktion im Kampf gegen den Krebs. Meine Umsätze waren zurückgegangen, weil ich das Geschäftliche während unseres großen Plans vernachlässigt hatte, und die »Undertoad« trotzdem am Leben zu erhalten hatte sich ungünstig auf mein Bankguthaben ausgewirkt.

Ich wusste nicht, was ich tun sollte.

Wenn wir die zwei Blocks zum Postamt gingen, zerbrach ich mir oft den Kopf über seine Arztrechnungen, denn ich wusste, dass garantiert wieder eine neue Mahnung in meinem Postfach liegen und mich daran erinnern würde, wie pleite ich war. Und trotzdem machten wir den Weg jeden Tag, das gehörte zu unserem Ritual. Es war gut für mein Geschäft und gut für Atticus, dem der Spaziergang immer Freude bereitet hatte, weil er unterwegs so viele Freunde traf.

Der kleine Ausflug hätte eigentlich nicht mehr als je zehn Minuten für den Hin- und Rückweg gedauert. Aber wir brauchten normalerweise eine Stunde. Leute hielten an, um mit mir zu reden: Ein städtischer Angestellter gab mir einen Tipp wegen einer Sache im Rathaus; ein Geschäftsmann beschwerte sich über etwas, was in der Stadt nicht in Ordnung war; es gab Kommentare – positive und negative – zur neuesten Ausgabe der »Undertoad«. Die Straße war mein Büro. Hier erledigte ich einen Großteil meiner Arbeit.

Weil Atticus nicht mehr sehen konnte, führte ich ihn jetzt jeden Tag an den beiden Blocks entlang, so wie er mich immer geführt hatte. Er saß dann draußen auf den Stufen, während ich drinnen die Post holte. Die Leute gingen vorbei und begrüßten ihn, Menschen, die er kannte und die ihn kannten. Er war einer von ihnen. Er war ein Bewohner Newburyports.

Früher einmal hatte Atticus mit in das Postamt gedurft. Aber er bezahlte den Preis dafür, dass er *mein* Hund war. Man verbannte ihn nur deshalb, weil er dem Herausgeber der »Undertoad« gehörte. Das war eins von den Dingen, die mir John Battis über Newburyport erzählt hatte. Sie konnten mir selbst nichts anhaben. Ich hatte keine Kinder und keine Frau. Ich arbeitete allein. Also griffen sie mich dort an, wo sie es konnten. Aufgeschlitzte Reifen, fiese Gerüchte, anonyme Todesdrohungen. Und weil sie damit nicht viel Erfolg hatten, sorgten sie dafür – das Dümmste von allem –, dass Atticus bestimmte Orte nicht mehr betreten durfte.

Einmal bekam ich einen Anruf von einer Frau, die mir sagte, sie sei von der Oberpostdirektion. Meine Anruferkennung zeigte mir, dass das Telefonat aus Virginia kam.

»Mr. Ryan, wir können Sie verhaften lassen, wenn Ihr Hund weiterhin das Postamt betritt.«

»Wieso?«

»Hunde dürfen in den USA nur dann in Postämter, wenn sie Führhunde sind.«

»Eigenartig, und warum bekommt er dann dort immer Hundekuchen?«

Sie strauchelte einen Augenblick und fand dann zu ihrem offiziösen Tonfall zurück. »Regeln sind Regeln, Mr. Ryan. Lassen Sie sich das eine Warnung sein.«

Ich fragte sie, warum sich ihre so weit entfernte Dienststelle mit einer Beschwerde in einem kleinen Postamt in Newburyport, Massachusetts, befasste.

»Es sind Klagen gekommen.«

»Von wem?«

»Das darf ich nicht sagen.«

Sie beschwerten sich also.

Das war okay, es gehörte zum Spiel, das man in Newburyport spielte. Ich schrieb, was ich wollte, und sie spielten mir alberne kleine Streiche. Es war normal. Das war der Einsatz.

Atticus verstand nicht, warum er nicht mehr in das Postamt durfte, und was er schon gar nicht verstand, war das Schild, das eines Tages am Rathauseingang hing und auf dem stand: »Ihr Hund kann aufgefordert werden, das Haus zu verlassen.« (Was so viel hieß wie: »Ihr Hund wird aufgefordert, das Haus zu verlassen, wenn sein Name Atticus M. Finch ist.«) Das geschah, als wieder ein neuer Bürgermeister gewählt worden war.

Aber immer wenn er draußen saß, harrte er geduldig aus, und die Leute freuten sich, ihn ohne Leine auf mich warten zu sehen.

»Guten Morgen, Atticus.«

»Schöner Tag heute, Atticus.«

»Und wie geht's dir, Atticus?«

Als er blind wurde, änderte sich der Ton – als wüsste man von jemandem, dass er Krebs hat. Das »Wie fühlst du dich?« klingt einfach ein bisschen anders als vorher. Es war keine flüchtige Begrüßung mehr. Die Menschen wollten wirklich wissen, wie es ihm ging, und sie redeten mit ihm, als erwarteten sie, dass er sie verstand. Sie wollten ihn wissen lassen, dass sie Anteil nahmen.

Eines Tages, als Atticus mit seinen trüben Augen wieder draußen saß, kam ich mit zwei Briefumschlägen heraus, setzte mich zu ihm auf die Stufen und öffnete meine Post. Einer der Umschläge war für Atticus. Er enthielt eine Karte. Darauf stand in der Handschrift eines kleinen Kindes: »Lieber Atticus, meine Mami und mein Papi haben mir gesagt, dir geht es nicht gut und du musst zum Doktor, darum schicke ich Geld aus meinem Sparschwein.« Die Karte kam von einem vierjährigen Mädchen, das gehört hatte, wie seine Eltern über Atticus sprachen. Es war aus dem Zimmer gelaufen, hatte sein Sparschwein geholt und erklärt, dass es helfen wolle. Innen auf der Karte waren mit Klebestreifen verschiedene Münzen befestigt. Zusammen 68 Cents.

In dem anderen Umschlag lag eine Fünf-Dollar-Note von einer älteren Dame, die seit Langem Abonnentin der »Toad« war: »Wie Sie wissen, Tom, lebe ich von einer kleinen Rente. Ich wollte aber gern bei Attis Arztrechnungen helfen. Wenn ich es finanziell schaffe, schicke ich später mehr.«

Am nächsten Tag kam ein Umschlag mit einem Hundert-Dollar-Schein. Er hatte keinen Absender, aber es lag ein getipptes Zitat aus dem Frank-Capra-Film »Ist das Leben nicht schön?« bei. Der Schreiber hatte es leicht abgeändert: »Denk daran, Atticus, kein Mensch (oder Hund) ist gescheitert, solange er Freunde hat. Danke für die Flügel. Ein Freund. PS: Du hast uns allen Flügel geschenkt, als du uns im Winter auf dein Abenteuer mitnahmst.«

Die Briefe tauchten wie aus dem Nichts auf. Wenn ich gerade nicht den Tränen nahe war, weil Atticus so viel leiden musste, dann hätte ich fast über diese unglaublichen Zeichen der Anteilnahme geweint. Und das war erst der Anfang.

In den folgenden Tagen kamen neue Umschläge, und es hörte nicht auf. Sie kamen aus ganz Neuengland und aus Kalifornien, Oregon, Colorado, Georgia, Florida und New York. Sie kamen aus so vielen Orten, dass ich den Überblick verlor. Aber die meisten stammten natürlich aus Newburyport.

Manchmal waren es anonyme Bargeldspenden, manchmal Schecks. Meist waren es kleinere Summen. Fast alle enthielten eine Nachricht für Atticus. Alle wünschten ihm das Beste, und manche dankten ihm dafür, dass er ihr Leben bereichert hatte. Einer schrieb: »Danke, dass du mir den Glauben daran wiedergegeben hast, dass alles möglich ist. Was du in den Bergen geleistet hast, bleibt für immer unvergessen.«

Die Betreiber eines Hofladens stellten eine Milchflasche mit einem Foto von Atticus neben die Kasse und mussten in den nächsten Wochen immer die Nickels, Dimes, Quarters und Scheine herausholen. Allein diese kleine Milchflasche brachte Hunderte von Dollar für Atticus' Arztrechnungen zusammen.

Tom McFadden, mein Chiropraktiker, wollte ebenfalls Geld sammeln und sagte seinen Kunden, dass ein Teil des Honorars für jede Adjustierung an Atticus gehen würde. Linda, die Eigentümerin von *Abe's Bagels*, einem anderen Ort, von dem Atticus verbannt war (weil man Linda beim Gesundheitsamt verpetzt hatte), schickte einen beträchtlichen Scheck, ebenso Pam von *Pawsitively Best Friends*, von der Atticus' Schneeanzug stammte.

Eine örtliche Firma spendete einen Scheck über 1300 Dollar. Eine Frau aus Cambridge, die wir nicht kannten, die aber unseren Blog verfolgt hatte und von Atticus' Schicksal berührt war, gab 2000 Dollar.

Paul Abruzzi vom *Jabberwocky*-Buchladen wurde zusammen mit Terry Berns, der Ehefrau von Tom Jones, zum Mitbegründer der »Freunde von Atticus«. Ein Bankkonto wurde eingerichtet.

Kinder schickten ihr Taschengeld. Menschen, die eine Krebserkrankung überlebt hatten, sandten Schecks und Danksagungen. Wir bekamen Spenden von Mitgliedern der Wanderergemeinschaft, darunter Kevin, Judy und Emma, die wir auf dem Waumbek kennengelernt hatten.

In nur drei Wochen erhielten wir 9000 Dollar!

Auch auf indirektem Weg kam Geld. Die »Undertoad«, die es so schwer gehabt hatte, weil ich sie vernachlässigte, war voller Anzeigen. Firmen bezahlten für Werbung, damit ich Geld für alles hatte, was Atticus brauchte. Läden, die schon vorher annonciert hatten, schalteten größere Anzeigen. Ganzseitige Inserate, die sonst selten waren, erschienen jetzt häufiger in der »Toad«.

Ich glaube, der Geldsegen hätte gar nicht mehr aufgehört, wenn ich den Leuten nicht gesagt hätte, dass es reichte. Wenn das Medikament bei Atticus' entzündetem Auge wirkte, würden wir die Operation des grauen Stars und die nötigen Nachuntersuchungen veranlassen und dann bald im Angell-Zentrum für Tiermedizin den Kampf mit der Schilddrüsenüberfunktion aufnehmen.

Wenn wir mehr Geld brauchten, erklärte ich, würden wir es sagen. Aber bei der Vielzahl von Freunden, die Atticus bisher gefunden hatte, hatte ich das Gefühl, dass das nicht nötig sein würde.

Seelenarbeit

Ich hatte einen Freund und Mentor, Doug Cray, einen Zeitungsmann im Ruhestand, der früher bei der »New York Times« gewesen war und über Kennedy und Johnson im Weißen Haus berichtet hatte. Immer wenn ich mit meiner »Undertoad« in stürmisches Fahrwasser geriet, sagte er zu mir: »Halt dich an dir selbst fest, Mann.«

Ein guter Rat, aber es gab Zeiten, in denen das leichter gesagt als getan war.

Viele Menschen waren für Atticus und mich da, aber ich wusste trotzdem nicht, wie es nun weitergehen sollte. Die Enttäuschung nach dem Winter, in dem wir unser Ziel nicht erreicht hatten, machte es mir nicht leichter, mit Atticus' Gesundheitsproblemen fertig zu werden. Zugleich versuchte ich, mit einer Welt Schritt zu halten, über die ich längst keine Kontrolle mehr hatte. Ich gab mir alle Mühe, stark für Atticus zu sein, und schaffte das auch, aber in allen anderen Bereichen meines Lebens kam ich mir vor, als versuchte ich, mitten in einem tosenden Sturm auf einem Bein zu stehen.

Ich saß allein mit Atticus zu Hause, hörte, wie das Telefon klingelte und Nachrichten hinterlassen wurden, konnte es aber nicht ertragen, mit den Leuten zu reden. Ich hatte genug damit zu tun, mich an mir festzuhalten.

Dennoch gab es einen Menschen, mit dem ich meinerseits Kontakt aufnahm. Der Reporter in mir suchte nach Antworten. Ich rief Paige Foster an. Wir hatten zwei Jahre nicht mehr miteinander telefoniert, aber ich hatte sie über unsere Abenteuer auf dem Laufenden gehalten, indem ich ihr Fotos von unserem großen Winterplan schickte. Ab und zu bekam ich eine fröhliche E-Mail zurück, meist aber hörte ich nichts und dachte mir, dass sie mit den Leuten, die bei ihr Welpen kauften, sicher viel zu tun hatte.

Ich wollte wissen, ob es bei Atticus' Eltern jemals grauen Star oder Schwierigkeiten mit der Schilddrüse gegeben hatte.

Nun muss ich sagen, dass es immer ein Vergnügen war, mit Paige zu telefonieren. Stellen Sie sie sich als Kreuzung zwischen der verstorbenen bodenständigen, aufsässigen Kolumnistin Molly Irvins und einer Weisen Frau der Zigeuner vor. Selbst unter den gegebenen Umständen war es tröstlich, nach so langer Zeit wieder ihre Stimme zu hören.

Sie erklärte, ihres Wissens hätte keiner ihrer Hunde je Augen- oder Schilddrüsenprobleme gehabt und fragte, was die Ärzte taten. Als ich es ihr berichtet hatte, meinte sie: »Sie und Atticus haben doch etwas, was kein anderer hat. Sie haben einander. Vergessen Sie das nie.«

Und mit ihrem ausgeprägten, kecken Texas-Akzent: »Ich hätte nie gedacht, dass ich hier unten in Big Sandy einen Gebirgshund züchten würde, aber wenn ich mir alle diese Bilder von Atti anschaue, wie er oben auf den Gipfeln sitzt, dann ist mir klar, dass er in die Berge gehört. Sie müssen ihn wieder dorthin bringen, damit er seine Seelenarbeit tun kann. Denn genau das macht er, wenn er dort sitzt – Seelenarbeit.«

»Aber Paige, er ist fast vollständig blind. Er sieht nichts. Und sie glauben, er hätte Krebs …«

Sie unterbrach mich. »Es ist mir egal, was die sagen. Schaffen Sie ihn wieder dorthin, wo er hingehört. Er braucht diese Berge, Tom.«

Hätte mir irgendjemand anderes so etwas vorgeschlagen, wäre ich rasch mit ihm fertig gewesen, aber ich hatte Paige immer ein sicheres Bauchgefühl zugetraut, und sie schien Dinge zu verstehen, die andere nicht begriffen. Die meisten Menschen hätten ihren Vorschlag verrückt gefunden und mich noch verrückter, wenn ich dem Rat folgte, aber tief in meinem Innern wusste ich, dass sie recht hatte. Atticus brauchte die Berge mehr denn je und darum fuhren wir dorthin, zwei Tage vor seiner Augenoperation.

Ich vertraute Paige, aber noch viel wichtiger: Ich vertraute Atticus. Er hatte dieses Vertrauen verdient. Es hatte Wanderungen gegeben, bei denen er nicht weitergehen wollte und wir umgekehrt waren. Es kam nicht sehr oft vor, genauer gesagt, fast nie. Aber das genügte, ihm zu bestätigen, dass er ein Mitspracherecht hatte, und mir, dass er es auch äußern konnte. Er hatte mir immer gezeigt, was er brauchte. Meine Aufgabe war, darauf zu achten.

Schon als wir dort ankamen, wo der Wanderweg abging, wusste ich, dass wir uns richtig entschieden hatten. Atticus mochte aussehen wie ein älterer Hund, der vorsichtig aus dem Auto klettert, und nicht wie der Fünfjährige, der noch vor ein paar Wochen mit einem Satz hinausgesprungen war, aber er wollte unverkennbar dort sein, wo er war. Er lief, immer der Nase nach, am Rand des Parkplatzes entlang, bis er den Weg fand. Und schon ging es los.

Es sollte eine Wanderung werden, wie noch keine zuvor.

Vielleicht war ja Frühling, aber der Wald schlief noch. Nichts war grün und das Unterholz mit seinen verschiedenen Grau- und Brauntönen für Atticus schlecht auszumachen. Es fiel ihm darum schwer, die Richtung des Wegs zu erkennen, sodass er ständig zur Seite stolperte oder gegen Felsen und Bäume stieß. Ich fühlte, wie seine Frustration wuchs, wenn er sich immer wieder im Gebüsch verfing und mühsam befreien musste. Ein andermal strauchelte er an einem kleinen Felsvorsprung, auf den er früher behände hinaufgeklettert wäre, und stand hilflos davor. Ich hob ihn hoch.

Während ich zusah, wie er kämpfte, gab es mehrere Augenblicke, in denen ich mir wünschte und darum betete, er würde aufgeben, aber er wusste, was er brauchte. Von Anfang an hatte ich gewollt, dass Atticus das wurde, was er selbst sein wollte. Dass er seinen eigenen Weg fand. Und genau das tat er.

Dort im Wald brach mir immer wieder das Herz, wenn ich auf den kleinen Hund blickte, der einst so sorglos dahingetrottet war. Es kam mir vor, als ob dieselben Mächte, die ihn in die Welt gesetzt hatten, jetzt verrieten. Es schien ungerecht, dass sie einem so reinen und treuen Lebewesen so viel von dem, was es liebte, raubten, während andere alles als selbstverständlich hinnahmen.

Als wir aus dem Wald heraus und auf den ersten Felsvorsprung kamen, war Atticus über so viele Steine und Stöcke gestolpert und so oft angestoßen, dass ich ihm vorschlug umzukehren. »Komm, wir gehen heim, Atti«, sagte ich hoffnungsvoll und fing an, den Weg zurückzugehen. Aber er wollte nichts davon wissen. Stattdessen setzte er sich hin und weigerte sich, einen Schritt zu tun.

Wir gingen weiter.

Am Rand jenes ersten Felsbands waren wir Hunderte von Fuß über dem schimmernden Mad River. Ein Habicht, der im Wind segelte, schrie uns etwas zu. Atticus wandte den Kopf in die Richtung, aus der das Geräusch kam, aber ich wusste, dass er den Vogel nicht sehen konnte.

Ich hob ihn hoch, und wir standen da und ließen uns den Wind ins Gesicht wehen, wie wir es Hunderte von Malen getan hatten. Und doch war es anders, ach so anders.

»Was ist das für ein Gefühl, zu Hause zu sein, Atti?«

Er stieß einen Seufzer aus und legte den Kopf an meine Brust. Wer hätte erwartet, dass eine so simple Geste einen erwachsenen Mann so tief ergreifen könnte? In diesem Moment hätte ich ihm, wenn es möglich gewesen wäre, meine Augen überlassen. Wenn ich daran denke, was er mir alles geschenkt hatte, wäre es nur angemessen gewesen.

Aber ich wollte ihm etwas geben, etwas Wertvolles. Darum gab ich ein Versprechen. Ich gelobte ihm und Gott, wenn wir alles hinter uns hätten, würde ich die Zeitung verkaufen und mit ihm in die Berge ziehen, wo wir am glücklichsten waren.

Nochmals fragte ich ihn, ob er nach Hause wollte, aber als ich ihn auf die Erde setzte, steuerte er sofort auf die oberen Hänge zu. Ich war nicht überrascht. Wir waren auf einem Berg, und für Atticus hieß das, dass wir so lange aufwärts stiegen, bis es nicht mehr ging – zum Teufel mit der Blindheit.

Weder der Mount Welch noch der Mount Dickey sind Viertausender. Sie erreichen diese Höhe bei Weitem nicht, aber sie bieten auf dem größten Teil der Strecke weite Fernsicht oberhalb der Baumgrenze. Der Rundweg ist 4,4 Meilen lang und, wenn man erst die Felsvorsprünge überwunden hat, auch nicht allzu anstrengend. Ich hatte ihn ausgesucht, eben weil er vergleichsweise leicht ist, und weil er schneefrei war und wir so über die Baumgrenze kamen.

Außerdem waren wir schon früher dort gewesen, sogar recht häufig, und Atticus hatte es schön gefunden. Diesmal freilich musste es eher enttäuschend für ihn sein, sich mühsam den Weg über die offenen Felsvorsprünge zu suchen, sich ständig von mir korrigieren zu lassen oder mit der Nase mein Bein finden zu müssen, nur um zu prüfen, ob ich noch da war. Ein paarmal half ich ihm beim Hochklettern, und er zögerte nicht. Er marschierte weiter, wenn auch nicht so schnell wie früher.

Es gab Stellen, an denen er hinter mir gehen musste, Stellen, an denen ich sicher war, er würde umkehren, Stellen, an denen ich glaubte, selbst keinen Schritt weitergehen zu können. Und je mehr er sich anstrengte, desto mehr wollte ich laut schreien, dass er aufgeben sollte. Unter der Sonnenbrille standen meine Augen voller Tränen, und ich weinte, bis keine Tränen mehr kamen. Was hätte ich anderes tun können, wenn ich sah, wie mein Freund alles aufbrachte, um einen Ort zu erreichen, den er liebte, indem er etwas tat, was einst eine Kleinigkeit für ihn gewesen, jetzt aber nahezu unmöglich war?

Ich glaube, notfalls wäre er den Berg auf dem Bauch hinaufgekrochen.

Ich bin oft spontan stehen geblieben, wenn ich Atticus auf der Piste beobachtete, ergriffen von Ehrfurcht und Staunen. Es gab Zeiten, in denen ich mich geehrt fühlte, das tun zu dürfen, so als stünde ich vor etwas ganz Besonderem und Einzigartigem. Ich habe mich nie irgendwo so wohl gefühlt wie er auf einem Berg. Er war dafür geschaffen wie ein Vogel zum Fliegen und ein Fisch zum Schwimmen. Und obwohl ihm so viel genommen worden war, weigerte er sich, an etwas anderes zu denken als daran, wie er dorthin kam, wo er sein wollte – oder wo er sein *musste*.

Als wir endlich den runden Felsen auf dem Gipfel des Dickey erreichten, krabbelte er langsam hinauf, bis er ganz oben war. Und dann setzte er sich hin.

Er saß da, die Augen, die nicht sahen, in den Wind gerichtet. Er erschien mir wie ein blinder König, der sein Königreich unter sich spürt. Von unserem Aussichtspunkt konnte ich mehrere Viertausender erkennen und malte mir aus, dass er irgendwie wusste, dass sie ihn riefen. Nach einer Weile hörte ich ihn seufzen und sah, dass der kleine Buddha zurückgekommen war.

Und ich hatte mich geirrt – ich hatte noch nicht alle Tränen vergossen.

Wir saßen mehr als eine Stunde dort oben – ich betrachtete den kleinen Hund, und er tat seine Seelenarbeit. Paige hatte recht gehabt. Irgendetwas an diesem Tag gab uns beiden frische Kräfte. Er schien danach ruhiger und bereit für die Augenoperation. Ich fühlte mich gefestigt und kampfbereit.

Als der Tag des Eingriffs kam, stand mein Telefon nicht mehr still. Der Anrufbeantworter lief über, und unzählige E-Mails wollten wissen, wie es Atticus ging. Aber ich hatte nichts zu berichten. Ich wartete ebenso hilflos wie alle anderen.

Als ich ihn abends von der Klinik nach Hause brachte, häuften sich vor unserer Wohnungstür Karten, Blumen und Hundeleckerchen. Ein Restaurant hinterließ Atticus' Lieblingsessen: seine Fleischklößchen. Ein Freund legte Steaks hin.

In der Wohnung nahm ich ihm als Erstes den Plastikkragen ab. Er hatte ihn bekommen, damit er nicht an den Nähten in den Augen kratzte, aber davor hatte ich keine Angst. Er war schließlich ein braver Hund. Ich sagte ihm einfach, »schön in Ruhe lassen, kleiner Floh«. Stattdessen rieb ich ihm ab und zu ganz vorsichtig die geschlossenen Lider, und das erleichterte ihn.

Ich legte ihn auf meinen Schoß und verschickte eine Rundmail an alle. Ich schrieb, dass die Operation erfolgreich verlaufen zu sein schien, dass man aber abwarten müsste, um wirklich sicher zu sein. Ruth Marrion sagte, es könne Monate dauern, bevor man sagen könne, ob sein Sehvermögen wiederhergestellt sei. Nach wie vor machte sie sich vor allem Sorgen um sein rechtes Auge.

Atticus stand noch unter schweren Betäubungsmitteln, aber draußen war es schön, und ich wollte ihn die frische Nachtluft spüren lassen. Also trug ich ihn nach unten, legte ihn im Fahrradkorb auf eine dicke Decke und fuhr hinaus in die kühle Nacht.

Als wir die State Street entlangradelten, kamen wir an dem mexikanischen Restaurant *Agave* vorbei, und mir fiel ein früherer Fahrradausflug ein. Damals hatte eine Frau, die dort an einem Tisch im Freien saß, Atticus in seinem Korb an der Lenkstange gesehen, wie immer vornehm und entspannt. Sie verliebte sich so heftig in ihn, dass sie mich nach dem Namen des Züchters fragte. Bald darauf hatte sie sich mit Paige in Verbindung gesetzt und einen kleinen Rüden gekauft, der Atticus ähnlich sah. Sie nannte ihn Atticus.

Bei unserem letzten Telefonat hatte ich Paige gefragt, wie es dem »anderen« Atticus ginge.

»Oh, ach ja, Sie wissen es ja noch nicht.«

Ich dachte, sie wollte mir erzählen, dass dem kleinen Kerl etwas Schlimmes passiert wäre, und wappnete mich schon innerlich.

»Es gibt inzwischen fünf Attis.«

Wie sie mir sagte, hatten im Lauf der Zeit mehrfach Leute, die Atticus begegnet waren, sie aufgesucht, einen ähnlich aussehenden Hund gekauft und ihn Atticus genannt.

»Wissen Sie, Tom, sie haben gesehen, was Sie und der Kleine aneinander haben und wollten das Gleiche. Sie haben sich vorgestellt, wenn sie einen Hund kauften, der wie er aussah, und ihm denselben Namen gaben, dann bekämen sie auch, was Sie beide haben. Es sind alles gute Hunde mit guten Besitzern, aber niemand von ihnen ist so miteinander verbunden wie Sie und er. Ich war immer stolz darauf, für meine Babys die richtigen Leute zu finden, aber so etwas wie Sie beide ist mir noch nie begegnet.«

Wir radelten am *Agave* vorbei durch die Nacht, durch die gemütlichen, schattigen, baumbestandenen Straßen des Südends; vorbei am alten Muschelschuppen an der Joppa-Sandbank; durch das Hafenviertel und über die hölzerne Uferpromenade, wo der Mond sich im Merrimack River spiegelte; auf der Green Street zur Polizeistation und dem Rathaus; rund um den Brown Square und das Denkmal von William Lloyd Garrison, wo ich in unserer letzten gemeinsamen Nacht mit Max gesessen hatte; hinauf zur High Street und vorbei an den ehemaligen Kapitänshäusern.

Ich stelle mir vor, dass Atticus die merkwürdigsten Träume vom Fliegen gehabt haben muss. Vielleicht dachte er auch, er säße auf einem Gipfel und der Wind wehe ihm ins Gesicht.

Als ich Paige kurz danach anrief und ihr von unserer Fahrradtour erzählte, meinte sie, das sei genau das Richtige für einen kleinen Hund mit so einer großen Seele gewesen.

In diesen sorgenvollen Tagen war Paige meine Rettung. Atticus und ich hatten viele Freunde, die fast alles für uns getan hätten, aber mit ihr war da noch etwas anderes. Ich konnte nicht recht ausmachen, was es war. Alle meine anderen Bekannten hatten Atticus und mich zusammen erlebt, sie nie. Trotzdem hatte ich keinerlei Zweifel, dass sie uns besser kannte als irgendjemand sonst. Wenn wir über die Probleme mit dem grauen Star und der Schilddrüse sprachen, kamen wir oft ins Plaudern und redeten dann so miteinander wie damals in Atticus' erstem Jahr. Es waren Gespräche, die oft Stunden dauerten. Sie stellte mir viele Fragen über die Berge, meine Zeitung, Newburyport, unsere Freunde und natürlich Atticus. Aber wenn ich etwas von ihr wissen wollte, wich sie höflich aus. Wir wären interessanter, meinte sie.

Ich wusste nicht viel von Paige, nur dass sie auf einer Farm lebte und Hunde züchtete. Ich wusste auch, dass sie verheiratet war, obwohl sie ihren Mann eher selten erwähnte. Der Reporter in mir, dessen Antenne stets ausgefahren war, hatte den Eindruck, dass es Dinge gab, die sie mir verschwieg. Nicht, dass das wichtig gewesen wäre, denn ich mochte unsere Gespräche auch so.

Einmal fragte sie: »Sagen Sie, Tom, wie reagiert Atticus eigentlich, wenn Sie eine Freundin haben?«

Ich antwortete, dass das seit einigen Jahren nicht mehr vorgekommen wäre. Als er noch klein war, hatte ich mich manchmal mit Frauen getroffen, aber es war nie etwas Dauerhaftes gewesen, und ich gestand, dass es mich, seit unsere Ausflüge in die White Mountains angefangen hatten, kaum noch interessierte. Ich war zufrieden.

»Verstehen Sie mich nicht falsch, Paige, ich würde liebend gern die richtige Frau finden. Ich bin nur nicht aktiv auf der Suche. Außerdem muss es jemand ganz Besonderes sein, der dem, was Atticus und mich schon verbindet, noch etwas hinzufügen kann.«

Am anderen Ende der Leitung entstand eine Pause. Dann sagte Paige: »Ich bin überzeugt, Atticus wird Ihnen zeigen, wenn Sie die Richtige treffen. Bis dahin – Liebe ist Liebe, Tom. Gott sagt uns, dass es in unserem Leben Liebe geben soll. Er sagt nicht, dass es Liebe zwischen Mann und Frau sein muss. Mir scheint, dass Atticus Ihnen die Familie geschenkt hat, die Sie immer haben wollten.«

Wie immer hatte sie recht. Umso größere Angst hatte ich davor, Atticus zu verlieren.

Brotkrumen

Vielleicht weil Atticus für mich die Familie geworden war, die ich mir immer gewünscht hatte, hatte ich auch nach so vielen Jahren nie die Hoffnung aufgegeben, meinem Vater und meinen Geschwistern näherzukommen. Ich wusste jetzt, was diese besondere Bindung bedeutete, und glaubte immer noch, dass ich sie eines Tages auch zu ihnen haben könnte.

Ich denke, die größte Tragödie im Leben meines Vaters war, dass er nie daran glaubte, geliebt zu werden. Ab und zu hatte er zwar diesen Eindruck, aber die meiste Zeit merkte er nichts davon und glaubte es auch nicht.

Einmal begriff er es aber doch, nämlich nach einem Autounfall, den er im Mai 2003 hatte. Er war beim Fahren in ein Zuckerkoma gefallen und gegen einen Telefonmast und eine Mauer gekracht. Dabei brach er sich fast alle Rippen und hatte Glück, dass er am Leben blieb. Eine schlimme Sache für jeden, aber besonders für einen Mann einen Monat vor seinem 83. Geburtstag.

In den folgenden Monaten sahen meine Brüder David und Eddie, die beiden seiner neun Kinder, die noch in Medway lebten, jeden Tag nach ihm, meistens sogar zweimal. Ich half aus, aber ich wohnte achtzig Meilen entfernt und hatte ein Geschäft, um das ich mich kümmern musste, sodass ich nicht so oft bei ihm sein konnte. Zwei- bis dreimal pro Woche fuhr ich hin und löste sie ab, wann immer es ging. Auch meine anderen Geschwister halfen, allerdings weniger häufig.

Während mein Vater sich langsam erholte, kam ich einmal ins Haus und fand ihn schlafend. Auf dem Küchentisch lag sein allgegenwärtiger gelber Notizblock, den er vollgekritzelt hatte. Er schrieb, dass er nach dem Unfall wütend auf Gott gewesen war, der ihn am Leben gelassen hatte. Er verstand einfach nicht, warum er mit so viel Schmerzen weiterleben musste.

Ich konnte ihn verstehen. Er hatte nicht mehr viel, für das er leben konnte. Sein Körper war wie ein altes Auto, das Stück für Stück auseinanderfiel. Herz, Lungen, Augen, Ohren, Mund, Diabetes, Rücken – es gab nichts, was ihn nicht geplagt hätte.

Aber dann hatte er geschrieben, er glaube, Gott habe ihn verschont, damit er sehen könne, wie einige seiner Söhne ihr eigenes Leben geändert hätten, um für ihn zu sorgen. Er war zerknirscht.

Das Wort »Liebe« kam nicht vor; es wurde in unserer Familie nie verwendet. Aber es war klar, dass er sich geliebt fühlte.

Mein Vater verstand nie, dass er uns im Leben vieles beigebracht hatte und wir ihn nur dann ausschlossen, so wie er uns ausgeschlossen hatte, wenn er uns grob behandelte oder den Tyrannen spielte. Er sah auch nicht, dass ich in anderer Hinsicht von ihm lernte. Nachdem ich endlich den Absprung geschafft hatte, übernahm ich vieles von dem, was er liebte: Schreiben, Lesen, klassische Musik, Politik, die Wertschätzung von einigen der klügsten Köpfe der Geschichte wie etwa Thoreau und Emerson und anderen von gleichem Rang – und natürlich die White Mountains.

Ohne es zu wissen, ließ er diese Brotkrumen am Wegrand fallen, und ich pickte sie auf. Als Atticus sich allmählich von seiner Operation erholte, fand ich noch einen weiteren Krümel.

Multiple Sklerose fesselte meine Mutter an einen Rollstuhl, aber mein Vater war immer darauf bedacht, sie so viel wie möglich am Leben teilnehmen zu lassen. Er weigerte sich, die Einschränkungen ihrer Bewegungsfreiheit zu akzeptieren. Er nahm sie überall mit hin, was damals in den Sechzigerjahren nicht üblich war. Wir Kinder sahen es und vergaßen es nie.

Ich wollte, dass Atticus das auch verstand: Ganz gleich, was aus seinen Augen oder seiner Schilddrüse wurde, wir würden unser Bestes tun, die Einschränkungen zu ignorieren. Darum verloren wir auch keine Zeit, um unser gewohntes Leben wieder aufzunehmen. Nur zehn Tage nach dem Eingriff fuhren wir zurück in die Berge.

Er blinzelte viel und musste Tropfen für die Augen bekommen, aber er konnte wieder sehen. Er konnte wieder unbeschwert über die Wege federn, auf Felsen springen, die viel größer waren als er selbst, und die Aussicht in sich aufsaugen. Er war wieder der kleine Buddha.

Er hatte Spaß am Bergsteigen und verbrachte bei jeder Wanderung viel Zeit damit, auf mich zu warten. Wir hatten herrliches Wetter und konnten die Aussicht genießen. Am Sonnabend wanderten wir morgens auf den Mount Pemigewasset und am Nachmittag auf den Welch-Dickey, dieselben Berge, auf denen wir unmittelbar vor Atticus' Operation gewesen waren. Am Sonntag liefen wir über den Kamm der Squam Range, hoch über dem Squam Lake.

Pemigewasset und Welch-Dickey sind Gipfel, bei denen man mit wenig Aufwand große Erfolge erzielt. Ich wollte Atticus so kurz nach dem Eingriff nicht überanstrengen, aber es sollten Berge sein, von denen aus er mit seinen neuen Augen den Blick von oben genießen konnte. An diesem Sonnabend hielten wir uns auf jedem Gipfel eine ganze Weile auf. Wir hatten es nicht eilig.

Am Sonntag wanderten wir den herrlich naturbelassenen Doublehead Trail hinauf, wo offenbar viele Elche umherstreiften (sie hatten überall Spuren hinterlassen). Es ging über Stock und Stein, mit gelegentlichen Ausblicken auf das himmlische Grün und Blau der Frühlingsbäume unter uns und einen tiefen See. So etwas wird normalerweise nur Engeln und Vögeln zuteil. Es war ein vollkommener Tag und eine vollkommene Wanderung.

Atticus bewegte sich in den Bergen wie immer. Das Einzige, woran man erkennen konnte, dass da etwas ungewöhnlich war, waren die merkwürdig rasierten Stellen an Beinen, Hals und Bauch, wo man an ihm herumgestochert, ihn gepiekt, gespritzt und gescannt hatte.

Eine attraktive, wohlhabende, sehr gepflegte Dame in Newburyport hatte ihn am Tag nach der Operation gesehen und war von seinem Haarschnitt so beeindruckt, dass sie sich erkundigte, wonach sie fragen sollte, wenn sie ihren Hund nächste Woche zum Hundefriseur brachte.

»Man nennt es den Graustar-Schilddrüsen-Schnitt«, sagte ich.

Neben all seinem Laufen, Klettern und Sitzen gab es an diesem Wochenende etwas, das mich sogar noch mehr anrührte. Es war etwas in seinem Wesen, und es zeigte sich in der Begegnung mit einem Tier, das man sonst leicht übersieht.

Wir hüpften gerade vergnügt vom Mount Pemigewasset herunter, als wir auf das winzigste Nagetier stießen, das ich je gesehen hatte. Es saß auf einem Stein mitten auf dem Weg und war starr vor Angst, als mein riesiger Wanderschuh es um ein Haar in den Mäusehimmel befördert hätte. Ich bin kein Fachmann für Geschlechtsmerkmale bei Mäusen und konnte darum nicht sagen, ob es ein Er oder eine Sie war. Danach zu fragen kam mir ein bisschen zu persönlich vor, was sich bereits im früheren Umgang mit nicht eindeutig bestimmbaren Menschen bestätigt hatte. Der Einfachheit halber ging ich von einem Männchen aus und nannte ihn Templeton. (Merken Sie, dass ich ein Leser bin? Eine Maus und ein Hund begegnen sich auf einem Wanderweg, und jeder hat einen literarischen Namen, dank E. B. White und Harper Lee. Ich gebe allerdings zu, dass Templeton in E. B. Whites Kinderbuch »Wilbur und Charlotte« eine Ratte ist, aber wir wollen nicht kleinlich sein.)

Ich blieb auf dem Absatz stehen, und Atticus setzte sich artig neben mich, während wir Templeton musterten, und Templeton hörte auf zu zittern und schien uns seinerseits kritisch abzuschätzen.

Ich machte ein gemeinsames Foto von Atticus und Templeton und bot dem kleinen Nager einen kleinen Käsewürfel an, der so groß wie er selbst war. Ich freute mich sehr, als er annahm und winzige Stückchen abbiss, während ich den Käse festhielt.

Bei dem ungeschickten Versuch, ein weiteres Bild der beiden Tiere zu machen, wie sie einander gegenübersaßen, erschreckte ich die Maus so sehr, dass sie davonrannte und an der unwahrscheinlichsten Stelle Schutz suchte: zwischen Atticus' Beinen. Ich sage unwahrscheinlich, weil Zwergschnauzer Terrier und für die Rattenjagd gezüchtet sind. Darum jagte Atticus auch immer die Eichhörnchen in den Moseley Pines. Templetons Wahl eines sicheren Hafens war also, um es mal so zu sagen, absurd. Bei einem anderen Hund hätte er als nettes Häppchen geendet, und selbst bei dem früheren Atticus wäre er ein Bissen saftigen, knusprigen Futters gewesen.

Letztes Jahr im November, auf dem Avalon Trail, hatte Atticus vor mir gestanden, als ich mit meiner Borreliose kämpfte. Aus seiner Schnauze baumelte eine halb tote Maus. Ich war sonderbar betrübt zu sehen, wie er einem Geschöpf der Berge das Leben raubte, und bat ihn, sie loszulassen. Als er es tat, fiel sie in den Schnee und krümmte sich vor Schmerzen. Ich streifte einen dicken Handschuh über und nahm die Maus in die Hand, damit sie nicht im kalten Schnee sterben musste. Atticus saß neben mir und schaute auf sie herunter. An diesem Tag führten wir ein Gespräch von Mensch zu Hund, bei dem es hauptsächlich um die Ehrfurcht vor dem Leben ging. Ich versuchte ihm klarzumachen, dass das, was er getan hatte, nicht richtig war, und ich mir wünschte, er würde es nicht wieder tun. Ich erinnerte ihn, dass wir in den Bergen nur Gäste waren.

Wäre uns damals jemand begegnet, hätten wir einen merkwürdigen Anblick geboten: ein Mann mit einer Maus in der Hand, der mit einem Hund über Ehrfurcht sprach. Aber so lief es eben zwischen Atticus und mir, und so seltsam es klingt: Es funktionierte. Wir blieben bei der Maus, bis sie sich nicht mehr regte, und begruben sie dann. Man mag das für albern halten, weil Hunde wie Atticus schließlich für diese Aufgabe gezüchtet werden, und ich wusste auch nicht, dass ihm unser liebevolles Gespräch an diesem Tag etwas bedeuten würde. Jetzt aber verzichtete er nicht nur darauf, Templeton zu töten, sondern er gestattete ihm sogar, sich unter seine Beine zu flüchten, und betrachte ihn nur neugierig. Templeton fühlte sich offensichtlich ganz sicher, denn er saß gemütlich da und putzte sich nach seiner Mahlzeit. So verharrten wir alle drei eine ganze Weile.

Ich wusste nicht recht, was ich dabei von Atticus halten sollte. Ich hatte immer gewusst, dass er anders war, aber das hier war eine Situation, die selbst mich überraschte. Ich erzählte einer Freundin davon und auch von unserem Gespräch im letzten November. Sie meinte, dass es vielleicht gar nicht das Gespräch gewesen sei, das Atticus verändert hätte, sondern die Freundlichkeit der vielen Menschen, die so fest an einen kleinen Hund glaubten, dass sie Geld für sein Augenlicht spendeten.

Was auch immer es war, Atticus hatte mit der Tradition gebrochen. (Emerson sagt: »Wer ein Mensch sein will, muss gegen den Strom schwimmen.« Auch wenn er »nur« ein Hund war – Atticus hätte Ralph Waldo beeindruckt.) Über Generationen hatten die Wesensmerkmale seiner Rasse sich vererbt. Dazu gehörte auch der Instinkt, Nagetiere zu jagen. Und doch hatte er sich dort unter den Bäumen am Hang des Mount Pemigewasset dagegen entschieden. Er hatte geschafft, was den meisten Menschen nicht gelingt – er hatte sich verändert.

Es war ein kleiner, aber bedeutungsvoller Augenblick für uns.

Tagelang grübelte ich darüber nach. Und wie immer, wenn wir in den Bergen waren, musste ich an meinen Vater denken. Atticus hatte etwas erreicht, was mein Vater nicht geschafft hatte oder schaffen wollte: Er war ein anderer geworden.

Ich würde gern glauben, dass auch mein Vater es versucht hatte. Warum hätte er sich sonst so für klassische Musik und große Schriftsteller interessiert? Oder für Jack und Bobby Kennedy und die Veränderungen, die sie anstrebten? Warum bewunderte er die großen Männer der Geschichte? Warum war er so voller Ehrfurcht für die Großartigkeit der Berge?

Er liebte schöne Dinge und ließ sich von ihnen ergreifen. Er wusste, was er wollte, nur nicht, wie er es bekam. Zumindest rede ich mir das ein, wenn ich im Zweifel zu seinen Gunsten entscheide. Aber wissen werde ich es nie, denn es gab Dinge, über die er nicht sprach. Er blieb mir immer ein Rätsel. In seinem Buch »Aus der Mitte entspringt ein Fluss« fasst Norman Maclean zusammen, was mich an meinem Vater so enttäuschte: »Es sind die, mit denen wir leben und die wir lieben, die sich uns entziehen.«

In mancher Hinsicht wurde sein Unvermögen, das Lebensglück zu finden, meine wirkliche Aufgabe. Ich ging dorthin, wo er gern hingegangen wäre, und meistens schaffte ich das auch – manchmal mithilfe von ein paar Brotkrumen, die er auf seiner eigenen Reise unabsichtlich fallen gelassen hatte, und manchmal dank eines höchst ungewöhnlichen kleinen Hundes.

Ein paar Tage nach Atticus' Begegnung mit dem kleinen Nager dort oben im Norden gingen wir zu einer von mehreren Nachuntersuchungen bei Ruth Marrion. Danach erlaubte sie uns, wieder wandern zu gehen.

Abendessen mit Frank Capra

Eine Minute. So lange brauchte ich, um Maureen Carroll zu verfallen, der Fachärztin im Angell-Zentrum für Tiermedizin, bei der Atticus einen Termin wegen seiner Schilddrüsenüberfunktion hatte. Sie war zuversichtlich, professionell, attraktiv, tüchtig, lustig und hatte ein wunderbares, ein wenig schalkhaftes Lächeln – und sie trug an einem Ort, wo alle anderen bequeme Tennisschuhe wählten, hohe Absätze. Aber mit alldem hatte es eigentlich gar nichts zu tun. Ich verfiel ihr, weil sie etwas Bestimmtes sagte: »Hallo, Atticus.«

Zwei Worte. So einfach war es.

Aber es waren zwei Worte, die ich von Ruth Marrion nie gehört hatte. Ich kann mich nicht erinnern, dass Doktor Marrion überhaupt je mit Atticus gesprochen hätte. Aber Maureen Carroll redete während der ganzen Untersuchung mit ihm. Schließlich war er der Patient. Natürlich sprach sie auch mit mir.

Maureen Carroll hatte es begriffen, aber auch alle anderen bei Angell, mit denen wir an diesem Tag in Berührung kamen – von der Empfangsdame, bei der wir uns anmeldeten, über den Hausmeister, der Hallo sagte, bis zu Maureens technischer Assistentin Ann Novitsky. Einmal holte Ann Atticus aus dem Untersuchungsraum, um ihm etwas Blut und eine Urinprobe abzunehmen, brachte ihn aber nach einer Minute zurück und meinte: »Ich glaube, er möchte bei Ihnen sein, wenn wir das machen.« Ann hatte begriffen.

Das Angell ist eine der besten Tierkliniken der Welt. Es ist eine riesige Anlage, größer als manches Kleinstadtkrankenhaus, und es werden dort über 200 000 Tiere im Jahr behandelt. Darum hatte ich eigentlich erwartet, dass wir im Gedränge untergehen würden. Unser Empfang bei Ruth Marrion war alles andere als warm gewesen. Sie war eine hervorragende Chirurgin, und ich war dankbar für ihre großartige Arbeit an Atticus' Augen, aber ich hatte nie den Eindruck, dass sie sich von ganzem Herzen für ihn eingesetzt hatte.

Ich wollte mehr. Von Maureen, Ann und dem Angell bekamen wir es.

Sie verstanden, dass Atticus meine Familie war, aber auch, dass er selbst etwas Besonderes darstellte. In ihrem Bericht an John Grillo schrieb Maureen Carroll: »Wirklich ein ganz erstaunlicher Hund.«

Sie las in Atticus wie in einem Buch. Später sagte sie: »Mit dem, was er tut, spricht er unsere Sprache.«

Ich erzählte Maureen von dem Ultraschall und dass der Spezialist die erwarteten Tumoren nicht gefunden habe. Ich fragte sie, ob es möglich war, dass die Bluttests fehlerhaft gewesen seien und Atticus gar nicht an einer Schilddrüsenüberfunktion litt.

»Nein, das ist eher unwahrscheinlich«, meinte sie. »Aber wir machen noch ein paar Tests, und wenn die Ergebnisse vorliegen, werden wir sehen, wie es weitergeht.«

Wir verließen die Wärme des Angell und fuhren durch die abendliche Dunkelheit zurück nach Newburyport. Wir wussten, dass es eine Woche dauern würde, bis die Testergebnisse da waren. Aber obwohl die Aussichten ungewiss waren, hatten die Menschen im Angell etwas an sich, das mich glauben ließ, wir würden gut aufgehoben sein, falls uns eine Reise auf einem langen, dunklen Weg bevorstand.

Atticus und ich machten an diesem Abend noch einen Ausflug nach Plum Island und lauschten dem Lied des Ozeans. Wir saßen am Strand und sahen zu den Sternen auf. Eine Woche war eine lange Wartezeit.

Ich spürte Atticus' kleinen Körper, der sich an mich lehnte, und dachte an den Schluss von Sarah Williams' Gedicht »Der alte Astronom«:

> *Sinkt die Seele auch im Dunkeln,*
> *sie geht auf in Licht und Pracht.*
> *Zu sehr liebt' ich stets die Sterne,*
> *um zu fürchten jetzt die Nacht.*

Natürlich waren wir nicht die Einzigen, die auf die Testergebnisse aus dem Angell warteten. Anscheinend wartete der größte Teil von Newburyport mit uns. Mit ihrer Freundlichkeit waren die Menschen Sterne in der Dunkelheit.

Weil so viel Geld für Atticus' Arztrechnungen eingegangen war, hatte ich allen gesagt, dass wir nichts mehr brauchten, es sei denn, die Ergebnisse deuteten darauf hin, dass uns ein langwieriger, zeitraubender Kampf bevorstand. Aber es fand trotzdem noch eine Sammelaktion statt, die bereits geplant worden war. Paul und Paula Breeden und ihr Sohn Matt waren die Eigentümer der *Bottega Toscana*, eines idyllischen italienischen Restaurants in der State Street, weniger als einen Block von uns entfernt. Wenn wir bei unseren nächtlichen Spaziergängen sahen, dass dort noch geöffnet war, stellte Atticus sich auf die Hinterbeine und spähte durch die Glastür. Waren nicht sehr viele Gäste im Raum, machten die Breedens ihm auf, und er rannte nach hinten in die Küche, wo er ein Fleischbällchen bekam. Wenn es voll war, wie immer an Wochenenden, schauten die Gäste von ihrem Abendessen auf und sahen zu, wie Paul oder Matt ihre Arbeit unterbrachen, um dem geduldig auf der Eingangstreppe wartenden Atticus ein Fleischbällchen hinauszubringen.

Die Breedens hatten angeboten, das normale Geschäft in ihrem Restaurant für einen Abend zu unterbrechen und eine Benefizveranstaltung für Atticus abzuhalten. Sie würden für einen Teller mit Fleischbällchen, Spaghetti, Salat und Brot zwanzig Dollar berechnen, von denen zehn Dollar an die »Freunde von Atticus« gehen sollten.

Aber was ist, wenn man eine Party gibt und niemand kommt?

Das Ereignis fand an einem Dienstag statt und sollte um 16 Uhr beginnen. Als sich die Türen öffneten, saß Atticus davor und wartete, dass die Gäste eintrafen. Niemand erschien.

Um 17 Uhr kam ein Paar mit Baby, das war alles. Fünfundvierzig Minuten später war es immer noch leer. Die Breedens, die Atticus einen ganzen Abendumsatz geopfert hatten, taten mir leid, und ich entschuldigte mich bei Matt.

»Ach was, es war einen Versuch wert«, sagte er und schaute etwas traurig auf Atticus, der einsam dasaß. Aber kaum hatte er ausgeredet, da ging auch schon die Tür auf.

Um 18 Uhr war das Restaurant gut gefüllt.

Um 19 Uhr gab es nicht mehr genug Tische, und vor der Tür bildete sich eine Schlange. Wir mussten Gäste, die fertig gegessen hatten, bitten zu gehen, damit andere hereinkonnten. Aber niemand wollte weg!

Um 20 Uhr 30 war kein Essen mehr da, aber es kamen immer noch Leute. Alle blieben da, und das Restaurant war erfüllt von Lachen und Liebe. Manche begrüßten Atticus mit Tränen in den Augen, aber die meisten waren bester Laune. Einige waren gar nicht zum Essen gekommen, sondern wollten nur Geld in den Korb auf der Theke legen. Fast alle waren Einwohner von Newburyport, aber ein paar Wanderfreunde hatten die Stunde Fahrt von Boston nicht gescheut, um dem »kleinen Riesen« etwas Gutes zu tun. Barmänner und Kellnerinnen aus anderen Restaurants schickten einen Teil ihres Trinkgelds.

Und mitten in all dem fröhlichen Lärm, umgeben von so vielen Freunden, saß ein kleiner Hund. Mit seinen neuen Augen blinzelte er zu ihnen auf, als sie einer nach dem anderen auf ihn zugingen und ihn begrüßten. Sie sprachen mit ihm und streichelten ihn, und viele steckten ihm heimlich ein Fleischbällchen zu.

Es war ein großartiger Abend. Atticus war George Bailey am Ende von Frank Capras wunderbarem Film »Ist das Leben nicht schön?«.

Schließlich aber waren alle gegangen und nur noch Matt, Atticus und ich übrig. Wir saßen an einem Tisch, und in meinem Kopf drehte sich alles. So viel war geschehen. Ein kleiner Hund hatte das Herz einer ganzen Gemeinde berührt, und die Menschen waren gekommen, um ihm zu sagen: »Wir sind für dich da.« So saßen wir und sprachen über den Abend, als genau in dieser Minute draußen ein Streifenwagen hielt, und die Lichter angingen.

»Oje, jetzt sind wir dran«, murmelte ich leise. Ein Polizist klopfte an die Tür, und ich machte mich auf das Schlimmste gefasst, denn wir waren in Newburyport und ich gab die »Undertoad« heraus. Wir hatten gerade einen herzergreifenden Abend erlebt, und jetzt holte uns die Wirklichkeit ein.

Matt schloss die Tür auf, und der Beamte kam auf mich zu, sah Atticus im Restaurant sitzen und gegen die Gesundheitsverordnung verstoßen – und legte Geld in den Korb.

Er lächelte und sagte: »Viel Glück, Atticus.«

Aber Atticus brauchte das Glück gar nicht. Er hatte Freunde, und zwar viele. Jedenfalls waren das in etwa Ann Novitskys Worte an jenem Abend, als sie mich vom Angell anrief und mir erklärte, dass es keinen Hinweis auf eine Schilddrüsenüberfunktion gebe. Die Bluttests zeigten, dass Atticus völlig gesund war. Es schien, als hätte die Krankheit nie existiert.

Ich traute meinen Ohren nicht.

»Aber wie kann das sein? Ich dachte, Doktor Carroll hätte gesagt, die früheren Tests seien vermutlich richtig gewesen«, fragte ich.

»Ich weiß! Das habe ich sie auch gefragt«, erwiderte Ann und sagte dann etwas über die Macht der Freundschaft oder vielleicht des Gebets. Ich weiß gar nicht genau, was sie sagte, weil ich so laut lachte.

Das American College of Veterinary Ophtalmologists, der amerikanische Verband der Augentierärzte, hat ein eigenes Motto: »Damit das Licht über die Dunkelheit siegt.« Für uns hatte es das zweifellos getan, in vielerlei Hinsicht.

Das Versprechen

Ich würde jetzt gern berichten, dass wir am nächsten Morgen aufwachten und alles in Butter war, aber das wäre gelogen. Tatsächlich erwachte ich erleichtert und voller Dankbarkeit, und das hielt auch ein paar Tage an. Dann kam der Zusammenbruch. Er war unvermeidlich. Angefangen mit meinem Kampf gegen die Borreliose noch vor Beginn des Winters, dann mit unseren Erfolgen und Misserfolgen in den Wintermonaten bis hin zur Rückkehr nach Newburyport und Attis Blindheit war es eine Achterbahnfahrt gewesen.

Sobald ich erfuhr, dass Atticus wieder gesund werden würde, machte ich schlapp. Ich fiel einfach zusammen. Ich fühlte mich wie im März, als wir aus den Bergen zurückkamen: kaputt, antriebslos, als funktionierte ich wie mechanisch. Ich wusste, dass meine Zukunft nicht in der »Undertoad« lag, aber ich verdiente mein Geld damit und musste mich darum zunächst auf Newburyport konzentrieren. Es fiel mir schwer. In vielerlei Hinsicht hatte ich mich schon von der Stadt gelöst und war bereit zum Weiterziehen. Aber es gab nichts, wohin ich ziehen konnte.

Die Sache wurde dadurch verschlimmert, dass Atticus' Augen zwar besser wurden, ich mir aber bei einer Tour auf den Mount Carrigain einen Wadenmuskelriss zuzog. Die einzige Heilmethode dafür war Ruhe, also nahmen Atticus und ich unser altes Leben in Newburyport wieder auf, sehnten uns aber beide nach den Bergen.

Da fasste ich einen ganz überraschenden Entschluss. Ich liebte Newburyport, und zweifellos liebte zumindest ein Teil der Stadt mich und Atticus. Das bewies die Art und Weise, wie man Atticus zu Hilfe gekommen war. Aber ich brauchte noch eine andere Aufgabe als das Schreiben der »Undertoad«, und so befolgte ich den Rat einiger Menschen, die ich gern hatte und denen ich vertraute, als sie mir vorschlugen, mich um das Amt des Bürgermeisters zu bewerben.

Andere fanden das zum Brüllen. Ausgerechnet der schärfste Rathauskritiker bewarb sich nicht nur um irgendein Wahlamt, sondern gleich um das wichtigste Amt der Stadt. Das gab Gesprächsstoff. Die Reaktion entsprach meinen Erwartungen. Meine Kritiker attackierten mich, meine Unterstützer waren begeistert. Dazwischen gab es einige, die nicht wussten, was sie von der Sache halten sollten. Aber ich wusste, dass ich mit vielen Stimmen von ihnen rechnen konnte, einfach weil sie neugierig waren, wie ich mich als Bürgermeister anstellen würde. Und ich glaubte, ich könnte ein guter Bürgermeister sein, vor allem weil ich die Stadt kannte und darauf hören würde, was sie mir sagte.

Allerdings stellte ich mir vor, dass ich, wenn man mich wählte, nur für eine Amtszeit Bürgermeister bleiben würde. Zwei Jahre und Schluss. Um den Job richtig zu erledigen, musste man ganz und gar Politiker sein. Ich würde harte Entscheidungen treffen müssen und manchen auf die Füße treten. Mit der »Undertoad« hatte ich gezeigt, dass ich keine Angst hatte, für etwas einzutreten, an das ich glaubte, aber das war auch eine gute Art, sich Feinde zu machen. Mit ein paar Freunden machte ich Witze darüber, dass ich vielleicht der erste Bürgermeister in einer Stadt in Massachusetts sein würde, der einem Mord zum Opfer fiel.

Um überhaupt aufgestellt zu werden, brauchte ich nur die Unterschriften von fünfzig in Newburyport registrierten Wahlberechtigten. Die hatte ich binnen zwei Tagen.

Ich war zuversichtlich, dass ich bei der Wahl gut abschneiden würde. Meinen fünf Gegnern fehlte es an Erfahrung und öffentlicher Präsenz. Ja, ich war umstritten. Jeder, der in lokalen Auseinandersetzungen eine bestimmte Meinung vertritt, ist das. Aber ich glaubte, das würde in dem Rennen mit zumeist unbekannten Kandidaten eher für mich sprechen, weil mich selbst der ungebildetste Wähler kannte. Die Vorwahlen sollten im September stattfinden, die Stichwahl zwischen den beiden Kandidaten mit den meisten Stimmen im November.

Mein Wahlkampf würde einfach sein. Es würde kein Team geben. Atticus und ich würden lediglich an jede Tür in der Stadt klopfen. Ich würde einzeln mit allen Wählern sprechen. Anstatt ihnen Vorträge darüber zu halten, was ich alles plante, wollte ich zuhören, was sie zu sagen hatten. Das funktionierte bei der »Undertoad«, und ich wusste, das würde auch klappen, wenn ich mich um ein öffentliches Amt bewarb.

Die erste Resonanz war lebhaft. Leute riefen an und sagten, ich dürfte Wahlwerbeschilder auf ihre Grundstücke stellen. Der Herausgeber des »Newburyport Current«, einer Wochenzeitung, teilte mir mit, ich sei in diesem ersten Stadium der stärkste Kandidat. Ich wusste, dass die »Daily News« mich niemals unterstützen würde, aber das war mehr ein Vor- als ein Nachteil, denn sie galt als Teil des Establishments, und das lehnte der Durchschnittswähler ab. Es war etwas, was schon im alten Newburyport gegärt hatte, und wann immer das gemeine Volk seine Meinung äußerte, zeigte es *denen da oben*, dass es nichts vergessen hatte.

Am Wochenende, bevor meine Nominierungspapiere kommen sollten, fuhren Atticus und ich in den Norden und bestiegen die vier Berge der Franconia Ridge. Es war wie ein Wiedersehen mit alten Freunden. Wir wanderten in aller Ruhe vom Lafayette zum Lincoln und vom Liberty zum Flume. Es war ein angenehmer Sommertag und der Wind gerade frisch genug, um die Insekten fernzuhalten.

Oben auf dem Lincoln aßen und tranken wir, und Atticus entfernte sich ein Stück und saß allein da. Mit seinen neuen Augen blickte er hinaus in die Pemigewasset-Wildnis, über den lang gestreckten grünen Buckel des Owls Head hinüber zum Galehead, den Twins, Bonds, Hancocks und zum Carrigain. Ein leichter Aufwind wehte vom Tal herauf und ließ seine Ohren fliegen. Es tat meinem Herzen gut, ihn wieder so zu sehen – den Wind im Gesicht, voller Freude, frei zu sein.

Zurück in Newburyport, gab ich ein paar Tage später bekannt, dass ich mich aus dem Rennen um das Bürgermeisteramt zurückziehen würde. Eine Lokalreporterin war entsetzt und wollte wissen, warum.

»Weil ich es Atticus versprochen habe«, antwortete ich. Und das stimmte. Ich würde die »Undertoad« verkaufen und mit Atticus in die Berge ziehen.

Allerdings gab es da ein Problem – eigentlich wollte niemand die Zeitung haben. Sie brachte kein Geld. Sie war meine Leidenschaft, aus der ein Job geworden war, von dem ich jedoch kaum leben konnte. Meine Neigung, die Dinge zu zeigen, wie sie waren und Auseinandersetzungen nicht aus dem Weg zu gehen, schreckte die größeren Anzeigenkunden der Stadt (Banken, Versicherungen, Stadtkrankenhaus) ab. Alle lasen zwar die Zeitung, die meisten hatten sie sogar abonniert, aber sie wollten nicht damit in Verbindung gebracht werden.

Am Ende gab es zwei Parteien, die an einer Übernahme interessiert waren. Ihre Angebote waren nicht hoch. Die eine bestand aus einer Gruppe angesehener Geschäftsleute, die nicht aus der Stadt kamen. Sie hofften, mit der »Undertoad« in Newburyport einen Fuß in die Tür zu bekommen. Doch da gab es eine Schwierigkeit: Unsere Überzeugungen passten nicht zusammen.

Ich hatte im Gegensatz zu meinem Vater Republikaner nie für Pestbeulen gehalten. Ich war zwar kein Stammwähler einer Partei, jedoch zugegebenermaßen eher liberal als konservativ.

Obwohl manche Leute es fragwürdig fanden, dass ich in meinen letzten drei Jahren bei der Zeitung Peter McClelland, einen pensionierten Lehrer, eine äußerst konservative Kolumne schreiben ließ. Als deshalb ein paar von meinen liberalen Lesern und einige Anzeigenkunden drohten, sie würden die »Undertoad« boykottieren, wies ich darauf hin, dass gerade ich als Liberaler das Recht anderer, ihre Meinung zu veröffentlichen, respektierte, selbst wenn sie von meiner eigenen abwich.

In meiner letzten »Undertoad«-Ausgabe erklärte ich, dass ich stolz darauf war, für Peters Recht zu schreiben einzustehen, dass ich als Herausgeber aber das letzte Wort hatte. Und mein letztes Wort hatte den Schalk im Nacken. Eines der Dinge nämlich, gegen die Peter anging, war die Ehe für Homosexuelle. Weil ich ihn für schwulenfeindlich hielt, konnte ich mir nicht verkneifen, seine Kolumne zwischen lauter Anzeigen für schwule Geschäfte zu setzen. Ich konnte einfach nicht anders.

Den potenziellen Käufern hätte Peter McClelland wohl gefallen, aber vielleicht war er ihnen noch nicht einmal konservativ genug. Sie standen rechts von der religiösen Rechten. Sie liebten George W. Bush, befürworteten den Krieg, hielten nichts von einem Wahlrecht für Frauen und waren überzeugt, dass mit Schwulen und Lesben von Natur aus etwas nicht stimmte.

Leider schleppte der andere Kaufinteressent für die »Undertoad« einiges an Ballast mit – *viel* Ballast. Er bedeutete Ärger. Er war in den Vierzigern und verfügte über eine umfangreiche Polizeiakte. Und wenn ich »umfangreich« sage, meine ich, dass er fast so viele Verhaftungen hinter sich hatte, wie er Jahre zählte.

Ich dachte lange über alles nach, war mir aber im Klaren darüber, dass ich keine Wahl hatte. Also folgte ich meinem Gewissen und verkaufte die »Undertoad« an den Sträfling. Mein Vater wäre stolz gewesen.

Bald nachdem er mir den Kaufpreis in bar bezahlt hatte – auf etwas anderes hätte ich mich nicht eingelassen –, wurde der neue Eigentümer wieder verhaftet. Die »Undertoad« würde nie mehr erscheinen.

Viele fanden das richtig. Nicht, dass sie etwas gegen meine Zeitung hatten. Ganz im Gegenteil – sie betrachteten sie als meine ureigene Schöpfung und fanden, dass sie einfach nicht in fremde Hände gehörte.

Der Verkauf machte mich nicht reich, aber ich erhielt genug, um ein paar Schulden zu bezahlen und mit Atticus in die Berge ziehen zu können. Ungefähr ein Jahr brauchten wir keine Geldsorgen zu haben. Das würde uns den Anfang in unserem neuen Zuhause erleichtern.

Es war ein bittersüßes Ende. Nicht nur, dass ich der »Undertoad« für immer Lebewohl sagte, ich verließ auch meine Wahlheimat Newburyport und alle unsere Freunde. Es hatte eine Zeit gegeben, in der ich geglaubt hatte, für immer hierzubleiben, aber die Berge hatten gerufen, und Atticus und ich folgten.

In unseren letzten vier Wochen zählte ich die Tage, und ich werde mich an die Zeit als den »Monat der dreiundvierzig Abschiedspartys« erinnern. Ich wollte kein großes Fest. Lieber waren mir intimere Treffen, bei denen ich mich in Ruhe mit allen, die ich gern hatte, unterhalten konnte. Es gab Kaffee- und Teeeinladungen, Frühstücke, Mittag- und Abendessen. Umarmungen, Küsse, Geschenke und Karten wurden ausgetauscht. Manche konnten nicht glauben, dass Atticus und ich wirklich von Newburyport fortgingen. Andere beneideten uns.

Am Abreisetag hatten wir überall auf Wiedersehen gesagt und waren startbereit. Wir machten eine letzte Rundfahrt durch die Stadt und hielten am Ende bei John Kelleys Tankstelle, um aufzutanken. John Kelley war ein Newburyporter Urgestein.

»Tja, Sie haben es geschafft«, meinte John. »Sie sind in die Stadt gekommen, haben gesagt, was Sie sagen wollten, haben einiges verändert, und es ist Ihnen etwas gelungen, was ich nicht für möglich gehalten hätte.«

»Was denn?«, fragte ich.

»Sie kommen wieder raus, ohne erschossen zu werden.«

Wir lachten beide.

Und nun steuerten Atticus und ich nordwärts auf die Berge zu, wie wir es so oft getan hatten. Aber diesmal war es anders. Wir hatten Newburyport hinter uns gelassen und zogen in eine Wohnung in Lincoln. Sie gehörte denselben Leuten, die uns bei unseren Wanderungen die Hütte vermietet hatten. Als wir die Brücke über den Merrimack River überquerten, schaute Atticus aus dem Fenster auf die Bäume der Moseley Pines, und ich musste feststellen, dass ich einen Kloß im Hals hatte.

Die »Undertoad« mochte unter den Händen ihres neuen Eigentümers verschieden sein, aber es gab in der Stadt eine Reihe neuer Chronisten, die Newburyports Irrungen und Wirrungen aufzeichneten. Mehrere Blogs waren ins Leben gerufen worden, angeführt von Mary Baker Eaton. Wieder war sie es, die in ihrem Newburyport-Blog das Fazit aus meinem Abschied zog: »Man hatte das Gefühl, dass am Ende, wenn es um Newburyport ging, das Feuer erloschen war. Und so brach Mr. Ryan am 1. Oktober 2007 in die White Mountains von New Hampshire auf.«

Mary hatte recht – all mein Feuer für Newburyport war erloschen. In elf Jahren hatte ich dort Zeichen gesetzt, die Stadt mehr als nur ein bisschen verändert, und nun verließ ich sie zu meinen eigenen Bedingungen. Es war etwas, auf das ich stolz sein konnte.

Atticus und ich waren bereit für neue Abenteuer – und die ließen nicht auf sich warten.

DRITTER TEIL

Der Kreis schließt sich

Tausende von müden, entnervten, überzivilisierten Menschen erkennen allmählich, dass eine Rückkehr zu den Bergen zugleich Heimkehr bedeutet; dass Wildheit Notwendigkeit ist; und dass Bergparks und Schutzgebiete nicht nur als Quellen von Bauholz und Bewässerungsflüssen nützlich sind, sondern als Quellen des Lebens.

JOHN MUIR

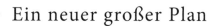

Ein neuer großer Plan

Einer meiner Lieblingsplätze in den White Mountains liegt oben auf den Cannon Cliffs, ungefähr eine halbe Meile unter dem Gipfel des Cannon Mountain am Kinsman Ridge Trail. Die Klippen befinden sich über der Stelle, an welcher der Alte vom Berg, das Symbol des Staates, einst thronte, bevor er im Jahr 2003 einstürzte – einen Tag nach dem Autounfall meines Vaters.

Der Alte Mann war ein berühmtes Felsgebilde aus mehreren Vorsprüngen, und wenn man vom Grund des Franconia Notch zu ihm aufsah, konnte man deutlich das Profil eines Mannes erkennen. Es war so unverkennbar, dass Daniel Webster einmal sagte: »Es gibt Leute, die Zeichen anbringen, um auf ihren Handel hinzuweisen; Schuhmacher einen gewaltigen Schuh, Juweliere eine riesige Uhr, der Zahnarzt einen goldenen Zahn; aber in den Bergen von New Hampshire hat Gott ein Zeichen gesetzt, um darauf hinzuweisen, dass er dort Menschen erschafft.«

Der Alte Mann inspirierte auch Nathaniel Hawthorne zu seiner Erzählung »Das große Steingesicht«.

Der Alte Mann war der Hauptgrund, warum wir als Kinder in oder nahe dem Franconia Notch campen gingen. Und sooft wir ihn auch sahen, es war immer wieder so eindrucksvoll wie beim ersten Mal. Mein Vater liebte ihn, und wir alle taten es auch. Mein Vater fuhr auch gern mit der Bahn zum Gipfel, und oben machten wir dann Wanderungen in die Umgebung. Aber wir kamen nie hinunter zu den Cannon Cliffs. Ich würde mich daran erinnern, denn sie sind einfach atemberaubend.

Von der Spitze der Cannon Cliffs fällt das Gelände steil ab. Lässt man den Blick erst nach unten zum Notch und dann hinauf zum hoch aufragenden Gipfel des Mount Lafayette schweifen, wird einem das überwältigende Größenverhältnis bewusst. Man fühlt sich ungemein lebendig und doch im großen Gesamtbild ganz und gar unbedeutend. Man steht hoch über dem Tal und ist doch ein Zwerg vor den lebenden, atmenden Bergen. Immer wenn ich auf ihren Gipfeln stehe, überkommt mich meine Höhenangst, und mir ist, als würde mich die Schwerkraft über den Rand saugen. Mein Magen dreht sich, und meine Beine zittern. Atticus dagegen haben solche Höhen nie abgeschreckt. Für ihn waren sie immer nur ein Ort, von dem aus er eine bessere Fernsicht hatte.

An einem entspannten Tag, wenn wir nicht allzu eilig einen bestimmten Ort erreichen wollten und nur einen eindrucksvollen Fleck suchten, war die Stelle über den Klippen auch ideal für ein Nickerchen. Ich benutzte dann meinen Rucksack als Kissen, und Atticus legte sich neben mich. Wir genossen ein Weilchen die Aussicht und schliefen gemächlich ein. Es ist ein besonders hübscher Ort für ein Nickerchen an einem luftigen Herbstnachmittag, und an einem Nachmittag in der letzten Oktoberwoche waren wir wieder dort.

Ich wachte auf und sah Atticus näher an der Felskante sitzen, als ich es gern tun würde. Er schaute aufmerksam zum Gipfel des Lafayette auf. Es ging mir immer zu Herzen, wenn ich ihn so sah, aber nach der Augenoperation berührte es mich noch mehr. Ich dachte an seine Augen; an seine Schilddrüsenerkrankung, die verschwunden war; an die, die in der Stunde der Not für ihn da waren; an das Angell-Zentrum für Tiermedizin, diese großartige gemeinnützige Institution, die jede Woche Tausenden von Tieren hilft; und ich fasste einen Entschluss. Da wir jetzt ganz in den Bergen lebten und zurzeit nichts Besonderes vorhatten, wollte ich mit Atticus einen neuen Versuch wagen, im Winter zweimal die Achtundvierzig zu besteigen. Auch diesmal, um Geld zu sammeln, aber unser zweites großes Wintervorhaben sollte dem Angell-Zentrum für Tiermedizin zugutekommen.

Das Angell war von der Idee begeistert. Ich gab in unserem Blog bekannt, was wir planten, und die ersten Beiträge gingen ein. Jeder Gipfel sollte einem geliebten Tier gewidmet werden, lebendig oder verstorben. Wenn jemand einen Gipfel ausgesucht hatte, schickte er uns einen auf das Angell ausgestellten Scheck sowie ein Foto des Tiers und manchmal auch ein paar Zeilen dazu. Und nach jedem Gipfel, den wir bestiegen hatten, stellte ich das Bild des Tiers, dem er gewidmet war, in unseren Blog.

Als die Sammelaktion voll in Gang gekommen war, dachte ich daran, wie sehr sich unser Leben verändert hatte. Es war in der letzten Oktoberwoche, und unten in Newburyport stand man kurz vor dem Ende des Bürgermeisterwahlkampfs. In der nächsten Woche würden die Einwohner ihren Bürgermeister wählen. Und zum ersten Mal seit 1995 hatte ich mit dem Ergebnis nicht das Geringste zu tun – ein großartiges Gefühl!

Unsere Nachmittage verbrachten wir auf den Cannon Cliffs oder bei Wanderungen über die Southern Presidentials, sorglos und frei – ich konnte kaum glauben, wie sehr Atticus und ich vom Glück gesegnet waren. Für uns funkelte jeder Tag. Wir hatten viel durchgestanden und dabei eine Menge gelernt. Nun erlebten wir das prickelnde Gefühl eines neuen Anfangs.

Atticus vermisste zwar die Stadtmitte, in der jeder seinen Namen kannte, aber wenn wir etwas Derartiges wollten, suchten wir uns einfach einen belebten Tag zum Wandern aus und fanden unterwegs viele Menschen, die ihn kannten. Unsere Lebensweise hatte sich ins Gegenteil verkehrt: Früher hatten wir zu Hause sehr öffentlich und beim Wandern ganz privat gelebt, jetzt gab es Öffentlichkeit auf den Wanderwegen und ein Privatleben zu Hause.

Unsere Wohnung war schlicht und nur ein paar Meilen vom Franconia Notch entfernt. Irgendwie fühlte sie sich vertraut an. Wenn ich am Schreibtisch saß, konnte ich durch die Bäume hinüber zum Pemigewasset River blicken, der hier noch schmal wie ein Bach war. Das andere Ufer war ein Gewirr von Bäumen und ineinandergewachsenen Büschen. Es sah aus wie ein Land vor unserer Zeit, ein Ort, an dem es einst Leben und das fröhliche Geplauder von Familien gegeben hatte. Davon waren nur noch ein paar alte, ausgefahrene Schotterpisten übrig, vergessene Reifen, Reste eines ehemaligen Campingplatzes und das Skelett eines toten Lastwagens.

Als ich zum ersten Mal über den Fluss sah, bemerkte ich es nicht, aber ich kannte den Ort. Der vergessene Campingplatz war einer der Lieblingsplätze meines Vaters gewesen. Er hieß *Camper's World*. Mein Vater parkte den Wohnwagen oberhalb des Flusses, und wenn meine Brüder und ich auf den Uferfelsen spielten, saß er an einem Picknicktisch und schrieb auf seinen gelben Block. Es waren mit die schönsten Tage, an die ich mich erinnern konnte. Aber das war fünfunddreißig Jahre her. *Camper's World* war einen unrühmlichen Tod gestorben, und nichts mehr deutete auf den Ort hin, den wir geliebt hatten. Ich lächelte bei dem Gedanken, dass das Schicksal mich hierhergeführt hatte, und schöpfte Mut aus der Gewissheit, dass ich nur etwa hundert Fuß von dort entfernt arbeitete, wo mein Vater über die Berge geschrieben und oft davon geträumt hatte, ein Schriftsteller zu sein.

Grund genug, ihn nach über einem Jahr wieder einmal anzurufen. Ich konnte in seiner Stimme das Rasseln eines Lungenemphysems hören, die Last des Alters und wie müde er war. Wir sprachen dreißig Minuten miteinander, und am Ende war klar, dass er sich hinlegen musste. Wir waren beide froh, dass ich mich gemeldet hatte.

Wenig später rief ich noch jemanden an – Paige Foster. Ich erzählte ihr von unserem neuen Leben und davon, dass Atticus geradezu aufblühte. Es war ein warmes und fröhliches Gespräch, bei dem viel gelacht wurde. Irgendwann mittendrin gestand ich ihr, dass es da etwas gab, was mir immer noch nicht so richtig einleuchten wollte. Die Welpen auf ihrer Webseite kosteten eigentlich zwischen 1200 und 5000 Dollar. Warum hatte Atticus nur 450 Dollar gekostet?

Für mich war er das Beste, was mir je passiert war, und ich hatte keinerlei Beanstandungen, aber ich war neugierig – hatte sie damals gedacht, mit seiner Gesundheit könnte etwas nicht in Ordnung sein? Und wenn ja, hatte sie deshalb erwogen, ihn selbst zu behalten, wie sie mir einmal erzählt hatte?

Das war nicht der Grund, antwortete sie. Sie hatte mir einen Nachlass gewährt, weil sie glaubte, dass ich mir nicht mehr leisten konnte. Wenn sie ihn an jemand anderen verkauft hätte – aber sie sagte, das hätte sie nie getan –, wäre er für mindestens 2400 Dollar weggegangen. Aber sie hatte das Gefühl gehabt, dass er und ich einander einfach brauchten.

Ich wollte sie keineswegs anklagen oder beleidigen – sie versicherte mir, dass ich das auch nicht getan hätte –, aber in ihrer Stimme lag etwas, was mir das Gefühl gab, ich hätte etwas falsch gemacht.

Paige wollte unseren zweiten großen Winterplan verfolgen, indem sie unseren Blog las und in ihrem E-Mail-Eingang nach neuen Fotos des kleinen Hundes Ausschau hielt, der einmal in Texas gelebt, sich seinen Namen aber in den verschneiten Bergen von New Hampshire gemacht hatte.

Nach dem Telefonat mit meinem Vater kam es mir so vor, als würde er gern mit mir in den Bergen wandern und leben, wie ich lebte. Und ich hatte das merkwürdige Gefühl, dass sich auch Paige nach so etwas sehnte.

Die Hexe

Wenn man den Anfang unserer zweiten Winter-Sammelaktion in einem Wort zusammenfassen wollte, dann mit dem Wort *Schnee*. Denn schon zu Beginn des Dezembers gab es jede Menge davon, und als der Winter richtig einsetzte, kamen wir nur noch stockend voran. Wir fanden keinen Rhythmus, und weil ständig Neuschnee fiel, konnten wir auch erst in der dritten Woche zwei Tage hintereinander wandern. Die Winde waren heftig, die Temperaturen eisig. Alles in allem ein ungünstiger Start.

Am ersten Wintertag bestiegen wir die beiden Hancocks und hielten uns danach an die niedrigeren, leichteren Gipfel. Wir lagen in dem Spiel bereits zurück. Deshalb wollte ich genau ein Jahr nachdem wir den Blizzard auf den Bonds überlebt hatten, unsere Gesamtsumme um drei Gipfel erhöhen. Ich entschied mich für Tom, Field und Willey, die drei Viertausender der Willey Range.

Die Willey Range hat ihre eigene Geschichte. Sie erhebt sich auf der Westseite des Crawford Notch und ist nach einer Familie benannt, die dort 1826 ums Leben kam. Als sich oben am Berg mit Donnergepolter eine Lawine ankündigte, rannte die Familie Willey aus dem Haus, aus Angst, es würde zerstört werden. Aber diese Entscheidung war verhängnisvoll, denn der Berg stürzte auf alles außer dem Haus. Niemand überlebte. Sechs Menschen wurden tot im Freien entdeckt, weitere drei nie aufgefunden.

Viele Maler fingen diese Tragödie der White Mountains in ihren Bildern ein, und Nathaniel Hawthorne nutzte sie als Vorlage für seine unheimliche Erzählung »Der ehrgeizige Gast«.

Am südlichen Ende des Crawford Notch, unweit vom ursprünglichen Standort des Hauses der Willeys, fließt der Nancy

Brook. Der Bach wurde nach Nancy Barton benannt, die – so die Legende – dort 1788 erfroren sein soll, als sie ihrem Verlobten folgen wollte, der sie sitzen gelassen und sich mit ihrer Mitgift davongemacht hatte. Es gibt viele Berichte, nach denen ihr Geist auch heute noch dort umgehen soll.

Wer weiß, ob der Geist von Nancy Barton wirklich existiert oder ob es nur die überhitzte Phantasie jener Leute ist, die behaupten, sie gesehen zu haben? Ich glaube nicht an Geister, aber wie schon erwähnt, hatte ich meine eigenen Probleme mit den Bergen nach Sonnenuntergang. Und es war später Nachmittag, als wir uns auf den Weg zur Willey Range machten.

Als kleiner Junge schlief ich immer auf der Seite, das eine Ohr im Schutz des Kissens, das andere unter der Decke, die ganz nach oben gezogen war, um mich vor der gräulichen Hexe zu schützen. Sie suchte mich beharrlich in meinen Träumen heim, auf der Jagd nach Dingen wie Ohren, Augen und Nasen. Von mir war darum beim Schlafen normalerweise nichts weiter zu sehen als ein kleines Atemloch für meine Nase, die selbst nicht sichtbar war.

Einmal, als ich noch ganz klein war, träumte ich, die Hexe wäre bei mir im Zimmer und wollte mich – weil sie an meine Ohren oder mein Gesicht nicht herankam – ersticken, indem sie mir die Decken auf den Kopf drückte. Sosehr ich mich auch anstrengte, ich konnte sie nicht abwerfen, und ich geriet in Panik. Die Panik wurde noch größer, als ich aufwachte und merkte, dass es kein Traum war. Sie war da und presste die Decken so fest nach unten, dass ich mich nicht befreien konnte.

Ich schrie, schlug um mich und kreischte, bis mein Vater mich rettete. Allerdings erklärte er mir, dass es keine Hexe gab. Ich hatte lediglich so unruhig geschlafen, dass ich mich gänzlich umgedreht hatte und mein Kopf am Fußende lag. Die Laken waren dort fest eingesteckt, sodass ich mir einbildete, jemand hielte mich nach unten.

Ich wusste es besser; die Hexe war mächtig und ließ sich nicht fassen.

Tatsächlich war sie so mächtig, dass ich mit den Ohren und dem Kopf unter der Bettdecke schlief, bis ich irgendwann mein Bett mit Frauen teilte, und selbst dann kam es vor, dass ich mitten in der Nacht auffuhr, mich unruhig im Zimmer umsah und dann tiefer im Bett vergrub, damit die Ohren zugedeckt waren und es nur ein Luftloch für meine Nase gab. Ich glaube, ich schlief noch so, bis ich hoch in den Dreißigern war und meine eigene Furcht mich dazu trieb, endlich Mut zu zeigen und mich der Hexe und meiner Angst vor der Dunkelheit zu stellen.

Die Hexe war schon lange nicht mehr aufgetaucht, aber es gab Zeiten, in denen ich ihre Schritte oder ihr unterdrücktes meckerndes Gelächter hörte, vielleicht auch ihren heiseren Atem, der nach Tod und Fäulnis roch. Wenn ich sie spürte, war ich angespannt und voller Unruhe, aber längst nicht mehr so von Angst gelähmt wie früher.

Und doch fühlte ich als erwachsener Mann, wie sie in der Nacht lauerte, während wir uns dem Gipfel des Mount Field näherten. Sie wartete, bis die Sonne unterging und die Nacht eine dicke Decke über den Berg gebreitet hatte, bevor sie in Erscheinung trat.

Wir waren später als üblich zu unserer Tour aufgebrochen, um die Tatsache zu nutzen, dass die Wochenendwanderer, ohne es zu wissen, Atticus den Weg gebahnt hatten. Als wir die Spitze des Mount Tom, unseres ersten Gipfels, erreicht hatten, zum etwa anderthalb Meilen entfernten Field hinüberschauten und an den Gipfel des Willey dachten, der noch einmal anderthalb Meilen hinter dem Field lag, hatte ich das unheimliche Gefühl, dass wir der Hexe begegnen würden, wenn dieser Tag in der Nacht versank. Fragen Sie mich nicht, warum.

Ich stand zwischen den umgestürzten toten Bäumen und den kleinen Baumschösslingen, die den Gipfel des Mount Tom jetzt für sich beanspruchen – ein Siebenjähriger im Körper eines Sechsundvierzigjährigen. Wenn wir über den Field zum Willey und von dort wieder zurückgingen, würden wir unsere Tour nicht im Hellen beenden. Ich wusste, dass dann die Hexe da sein würde, ganz in der Nähe, und ihr Geruch nach Tod und Fäulnis nach mir greifen würde wie ein Knochenfinger.

Ich verscheuchte den Gedanken mit einem Achselzucken, schluckte und marschierte los.

Oben auf dem Field begegneten uns drei Grauhäher. Das sind kühne Vögel, die man überall in den *Weißen* findet und die sich vor allem in den Bergen am Crawford Notch zeigen. Sie sind so dreist, dass sie, wenn man Futter in die Handfläche legt und sie ausstreckt, auf den Fingerspitzen landen und einem direkt aus der Hand fressen. Sie waren da, um uns zu begrüßen, oder wohl eher, um uns zuzurufen: »Futter!« Ich spielte eine Weile mit ihnen und gab ihnen Müslikörner, wobei Atticus sie scharf beobachtete, um sicherzustellen, dass ich nicht zu viel von unserem Essen abzweigte.

Danach ging es hinunter in den Wald und zu dem steilen Abstieg, der dann zum langen Aufstieg auf den Willey führt. Als wir oben waren, wurde es bereits dunkel. Ich machte ein paar Aufnahmen, packte die Kamera wieder ein, und wir nahmen denselben Weg zurück zum Field.

Wenn ich durch den lichten Wald nach Westen auf die Pemi-Landschaft blickte, spürte ich die nahende Nacht. Es war kalt. Dort, wo meine Haare den Nacken streiften, bildeten sich Eiszapfen. Ich blieb stehen und setzte die Mütze auf.

Beim Wiederanstieg zum Field konnte ich die Hexe hören; sie kam mit der Nacht. Ich fühlte, wie die Kälte wuchs, die von ihr ausging, als der Himmel dunkler und die Bäume schattenhafter wurden. Es wehte kein Wind, nur eine leise Ahnung davon lag in der Luft. Ab und zu blieb ich stehen, um Atem zu holen und auf das Schweigen zu lauschen. Es war zu still. Doch hinter der Stille lag etwas, ein Geräusch, das mich begleitete, wenn ich durch den Schnee stapfte und dabei selbst Geräusche machte, und das sofort verstummte, wenn ich anhielt – immer gerade außer Reichweite, gerade außer Hörweite.

Als Atticus und ich wieder oben auf dem Field ankamen, waren die Grauhäher verschwunden und mit ihnen der Tag. Die Nacht hüllte uns ein. Ich holte eine meiner Stirnlampen aus dem Rucksack und streifte sie über die Mütze. So standen wir auf dem Berggipfel – ringsum Nacht, und noch etwa drei Meilen vom sicheren Auto entfernt. Unten im Tal blinkten die Lichter des *Highland Center*, einer Hütte des AMC, in der die Outdoor-Enthusiasten übernachten. Beim Gedanken daran, wie gemütlich und bequem die Gäste sich dort gerade zum Abendessen setzten, kam es mir so vor, als trennten uns nicht drei, sondern 300 Meilen von jeder Geborgenheit.

Atticus hatte Dunkelheit nie etwas ausgemacht und ich schon im letzten Winter gegen meine Furcht angekämpft und mir alle Mühe gegeben, die Dämonen meiner Kindheit auszutreiben und die Hexe zu verscheuchen. Wir verließen den Gipfel und tauchten in den verschneiten silbrigen Wald ein. Die Hexe war nahe. Der Schnee lag so hoch, dass man leicht mit dem Kopf an die Baumäste stieß. Sie schienen mir im Vorbeigehen entgegenzuschwingen, vor allem weil die Stirnlampe die Dunkelheit verjagte und lebhafte Schatten warf.

Wir befanden uns auf dem steilen Avalon Trail, wo manche Wanderer sich einfach hinsetzen und hinunterrutschen. Ich hatte mich dagegen entschieden, denn erstens kann das sehr gefährlich sein, und zweitens entsteht dadurch nach dem Überfrieren eine Rennrodelbahn für Wanderer.

Ich achtete auf jeden Schritt und ließ die Zähne meiner Schneeschuhe in den festen, vereisten Schnee beißen. Atticus dagegen glitt elegant nach unten, die Beine durchgedrückt und auf seinen Muttluks als Minischlitten. Er war entspannter als ich, wenn es darum ging, einen Berg hinabzuschliddern. Sosehr ich mich auch anstrengte, ich landete am Ende immer auf meinem Hinterteil, darum hatte ich beschlossen, es aufzugeben.

Ich ließ mir Zeit für den steilen Abhang.

In der Dunkelheit kam die Hexe näher. Ich wusste es, denn ich konnte sie fühlen. Irgendetwas war da. Ich rief Atticus zurück: »Hinter mich, bitte!«

Plötzlich gab es links neben uns im Wald im Schatten der dichten Bäume einen fürchterlichen Krach. Ich erschrak und fuhr herum, um zu sehen, ob es die Hexe war – aber natürlich wusste ich, dass sie es war!

Beim Umdrehen verlor ich den Halt und flog kopfüber in die Luft, die Füße höher als der Kopf. Ich landete mit einem dumpfen Aufprall auf dem Rucksack und sauste gleich darauf die steile Rodelbahn hinunter. Dabei wurde ich unaufhaltsam schneller. Es gelang mir nicht, mich an den vorbeifliegenden Bäumen festzuhalten. Am besten wäre es gewesen, wenn ich einfach nachgegeben hätte, aber ich wehrte mich und geriet völlig außer Kontrolle.

Als der Weg jäh nach links abbog, flog ich aus der Kurve, segelte durch die Luft und landete im tiefen, weichen Schnee. Rücken,

Kopf, Schultern, Knie, Beine, Arme. Alles war noch heil. Eine Weile lag ich so da und dachte, wie absurd es doch war, in einem Bergwald in einem Haufen Pulverschnee zu liegen und von unten in die immergrünen Tannen zu starren.

Atticus kam, kletterte auf meine Brust und betrachtete mich von oben.

In dieser albernen Stellung, einen kleinen Hund auf der Brust, entschied ich, dass es an der Zeit war, die Ängste meiner Kindheit endgültig abzulegen. Es war lächerlich.

Plötzlich hatte ich den starken Wunsch, der Hexe ins Gesicht zu sehen und die Sache hinter mich zu bringen. Ich wollte sie zum Teufel schicken. Es reichte mir. Vor ihr musste ich mich nun wirklich nicht fürchten. Nach viereinhalb Lebensjahrzehnten hatte ich gesehen, dass es Dinge gab, die weit schlimmer waren als alles, was mir die Hexe entgegensetzen konnte.

Als ich auf die Füße kam und wieder auf dem Weg stand, wusste ich, dass es auch sonst nichts zu fürchten gab. Die Bären hielten Winterschlaf. Und die Elche? Sie benutzten die Wege oft. Was, wenn wir heute Nacht einem begegneten? Bei genauem Nachdenken fiel mir jedoch ein, dass ein Elch oder ein anderes nächtliches Wesen – ja sogar eine Hexe – bei dem Anblick dieses großen Mannes, der da den Weg herunterkam, mit Schneeschuhen, die bei jedem Tritt laut aufklatschten, mit zu Eiszapfen gefrorenem Schweiß in den Stirnfransen, rotem Gesicht, großem Rucksack und einem hellen, einäugigen Licht über dem Gesicht, wahrscheinlich mehr Angst haben würden als ich. Außerdem war da noch der kleine Kobold an meiner Seite, der in seinen Muttluks mit den Leuchtstreifen wie ein leichtfüßiger Walddämon aussah.

Welche Hexe würde sich da mit uns anlegen?

Jemand hat mich einmal gefragt, warum ich nachts überhaupt wanderte oder Wanderungen mit Atticus allein auf einem Berg beendete, wenn ich Angst vor der Dunkelheit hätte – und sei es nur ganz wenig. Gute Frage. Wahrscheinlich wollte ich mir beweisen, dass ich alle diese Ängste überwunden hätte. Vielleicht aber auch, weil es bei vielem, was ich mit Atticus in den Bergen unternehme, darum geht, dass ich mehr sein will, als ich früher gewesen bin. Es geht darum, dass ich ein besseres Ich haben und der Hexe ins Gesicht spucken will.

Und vielleicht war ich auch deshalb dort draußen, weil ich den kleinen Jungen retten wollte, der unter seinen Bettdecken gefangen war – dessen Mutter starb und dessen Familie sich auflöste.

Was immer es war, ich glaubte daran, dass es einen stärker macht, wenn man seine Angst hinunterschluckt. Stellt euch der Hexe, dann verschwindet sie. Verjagt eine Hexe, und der Rest wird ihr folgen.

Beim weiteren Abstieg zum Auto hielt ich sogar an, knipste die Stirnlampe aus und blieb im dunklen Wald stehen. Keine Straßenlaternen, keine Schnellstraßengeräusche, kein Hinweis auf nahe Dörfer. Nur ich und Atticus und der Berg, der dichte Wald und die stille Nacht. Ich stand da, atmete tief ein und entspannte mich.

Was für eine Befreiung. Was für ein Frieden.

Ist es ein Wunder, dass so viele von denen, die wir im Lauf der Geschichte Propheten genannt haben, ihren Frieden bei Wanderungen in der Wüste, auf hohen Bergen oder draußen auf See fanden? Es ist die Welt der Natur, die die Seele heilt.

Wieder am Auto, sah ich zum Umriss der Willey Range auf, der sich schwarz vor dem Hintergrund der Sterne abzeichnete. Die Familie Willey, Nancy Bartons Geist, meine Hexe. Was immer dort in der Nacht umherwanderte, betraf mich nicht mehr. Ich stand da und wusste, dass meine Furcht nie zurückkehren würde.

Der Zauber liegt dort, wo man ihn findet

Wir lagen zurück. Nach der Tour auf die Willey Range hielten uns ständige Schneefälle weitere fünf Tage von den Bergen fern. Als es an einem Freitagabend immer noch schneite, entschied ich mich bei der geplanten Sonnabendtour auf den Mount Jackson wieder zu einem späten Start. Den Jackson wählte ich, weil dort schon früh am Tag jede Menge Wochenendausflügler mit ihren Schneeschuhen unterwegs waren. Sie hinterließen den Crawford Path als flach getretenen Gehweg, eingekerbt in hohe Schneewehen auf beiden Seiten.

Beim Anstieg trafen wir eine Reihe von Wanderern, die schon auf dem Rückweg waren. Je höher wir kamen, desto höher lag der Schnee an den Wegrändern und desto verzauberter wirkten die Bäume. Sie sahen aus wie erstarrte Fabelwesen in einer fernen Traumlandschaft. Ich hielt oft inne, um Fotos zu machen … und um zu Atem zu kommen. Jedes Mal blieb Atticus auch stehen. Wenn ich weiterging, tat er es ebenfalls. So näherten wir uns langsam dem Gipfel.

Eine halbe Meile unter der Spitze kamen uns Ken und Ann Stampfer entgegen, die nach unten wollten. Wir hatten sie in unserem ersten Wanderjahr kennengelernt, weil sie Freunde von Steve Smith waren. Bald waren sie auch unsere Freunde geworden und beteten wie alle anderen Atticus an.

Ken – welche Ironie! – war Augenarzt, allerdings für Menschen und nicht für Hunde. Er wurde mir zur ständigen Informationsquelle, wenn ich Fragen zu Atticus' Augen hatte. Und Ann war früher Krankenschwester gewesen und klärte mich über Schilddrüsenprobleme auf. Sie lebten unter der Woche in der Nähe von Boston, fuhren aber am Wochenende immer zum Wandern in ihre Blockhütte, nur ein paar Meilen von Atticus' und meiner Wohnung entfernt. In unserem ersten Jahr im Norden wurden sie unsere engsten Freunde und in gewisser Weise unsere Rettung. An einem Ort, wo wir kaum jemanden kannten, war es gut, sie in der Nähe zu wissen.

Aber obwohl wir so gut befreundet waren, hatte keiner von uns gewusst, dass auch der andere an diesem Tag auf den Jackson wollte. Umso erstaunter waren wir, als wir mitten in der verschneiten Landschaft, einige Meilen von der Straße entfernt, plötzlich ihre strahlenden Gesichter näher kommen sahen und sie »Atti!« rufen hörten.

Atticus erkannte sie sofort, obwohl sie in mehreren Schichten Winterkleidung steckten, hörte auf zu trödeln und rannte auf sie zu. Wir blieben stehen und unterhielten uns eine Weile, bis wir anfingen, in der Winterkälte zu zittern. Bevor wir uns trennten, sagten sie mir noch, dass hinter ihnen niemand mehr auf dem Weg war.

Ich kann gar nicht sagen, wie glücklich mich das machte. Ein Freudenschauer überfiel mich von Kopf bis Fuß, wie bei einem Kind, das man über Nacht in einen Spielzeugladen einschließt.

Oft werde ich gefragt: »Haben Sie einen Lieblingsberg?«
»Jeder, wo Atticus und ich oben allein sein können«, antworte ich dann.

Aber obwohl das stimmt, gibt es Berge, die mir mehr bedeuten als andere, und das nicht allein wegen der Aussicht. Jeder Berg hat seinen eigenen Charakter, und alle lösen unterschiedliche Gefühle in mir aus, wenn ich auf ihnen wandere. So schwer mir das Klettern auch fällt, immer finde ich auf meinem mühsamen Weg nach oben Geschenke. Aber einige Berge sind reicher als andere und erwarten mich mit größeren Schätzen. Ich kann nicht sagen, warum manche Berge mich tiefer beeindrucken als andere, aber offensichtlich ist das so.

Einer von diesen ist der Jackson. Wenn ich auf seinem flachen Kegelgipfel stehe und mich umschaue, ist es, als stünde ich auf einem kleinen Tisch und die Welt fiele mir zu Füßen. Das Tischchen steht am Rand eines klippenähnlichen Abgrunds hoch über dem Crawford Notch. Im Westen türmt sich ein Meer von Bergen auf und verschwimmt dann in der Ferne bis zum Horizont wie Wellen im Ozean. Im Süden ist es ähnlich, aber weniger dramatisch, weil die Berge dort nicht so nahe sind. Doch auch sie dehnen sich ins Unendliche. Nach Norden und Osten wird der Blick noch atemberaubender, denn der Jackson ist der niedrigste und südlichste Gipfel unter den Viertausendern der Präsidentenkette.

An einem klaren Tag ist die Aussicht in jede Richtung Ehrfurcht gebietend, aber im Winter die zum Washington sensationell. Der Mount Washington bildet das Ende des Grats, 2000 Fuß höher als der Jackson, gekleidet in ein Gewand aus strahlendem Weiß.

Als Atticus und ich endlich oben ankamen, zeigte der Himmel ein wundervolles Anthrazitgrau, aber es war windstill, sodass wir uns wohlfühlten, obwohl es fast vier Grad unter null war. Natürlich war ich begeistert, den Gipfel für uns allein zu haben, und machte vor lauter Aufregung ein Foto nach dem anderen in alle Richtungen, immer vor diesem herrlichen, düsteren Himmel. Dann hob ich den kleinen Atticus hoch, und wir setzten uns ein paar Minuten hin, was nur selten auf einem Berggipfel im Winter geht. Atticus hockte auf meinem Schoß und saugte die Aussicht in sich auf, und ich dachte, was wir doch für ein Glück hatten, hier oben zu sein und in eine Landschaft zu schauen, die manche Menschen nie zu sehen bekommen. In solchen Momenten schweifen meine Gedanken ab, und Mensch und Hund versinken in friedlicher Beschaulichkeit. Auf dem Jackson kommt das anscheinend häufiger vor als auf den anderen Bergen.

Unter dem grauer werdenden Himmel warteten wir auf den Sturm, der in wenigen Stunden hier toben würde, wenn wir schon längst zu Hause in Sicherheit waren. Dabei wanderten meine Erinnerungen zu einem Erlebnis zurück, das ich vor einem Jahr gehabt hatte. John Bartlett, ein langjähriger Leser der »Undertoad«, lag im Anna-Jacques-Krankenhaus im Sterben. Ich hatte den alten Herrn bis dahin nie kennengelernt, aber die »Toad« hatte, solange ich denken konnte, morgens auf seiner Türschwelle gelegen. (Ich weiß das, weil ich sie selbst zustellte; so viel zum glamourösen Leben einer Ein-Mann-Zeitung.)

An einem seiner letzten Lebenstage fragte John Bartletts Sohn ihn, ob er vielleicht einen besonderen Wunsch habe. Ich nahm es als großes Kompliment, dass alles, worum er bat, die neueste Ausgabe meiner Zeitung war. Der Sohn rief mich an und fragte nach einem Vorabexemplar, weil die Zeitung erst in einigen Tagen erscheinen würde. Ich erklärte ihm, dass sie gerade erst auf dem Weg zum Drucker sei und ein paar Tage später in den Handel komme.

Als ich die Enttäuschung in seiner Stimme hörte, bot ich ihm an, selbst einen Entwurf der »Toad« zu seinem Vater ins Krankenhaus zu bringen und mit ihm darüber zu sprechen.

Später an diesem Tag las ich dem Vater meine Zeitung vor. Danach machte der alte Herr einen zufriedenen Eindruck. Er dankte mir und sagte, dass ihm zwar das ganze Blatt gefiel, dass aber mein Brief nach Hause an meinen Vater seine Lieblingskolumne geworden wäre. In letzter Zeit hatte ich darin immer mehr von den Bergabenteuern geschrieben, in die Atticus und ich sozusagen pausenlos verwickelt waren.

John Bartlett gab zu, dass er noch nie auf einem Berggipfel gestanden habe, es ihm aber, seitdem ich davon erzählte, oft so vorgekommen sei.

»Wenn Sie mit Atticus auf einem Berg sind, ist es dann so, wie Sie sagen?«

»Nämlich?«

Er schloss die Augen und sagte mit zögernder Stimme: »Sie haben einmal geschrieben, wenn man oben auf einem Gipfel sitzt und die Welt um sich herum betrachtet, ist es, als sähe man das Gesicht Gottes.«

Er hatte ein gutes Gedächtnis, denn das hatte ich schon vor anderthalb Jahren geschrieben.

»Ja, genauso ist es.«

Dann fragte er mich, ob ich ihm einen Gefallen tun könnte. Wenn es mir nicht zu viel Mühe machte, sollte ich das nächste Mal, wenn ich mit Atticus oben auf einer Bergspitze stand, an ihn denken. Das versprach ich ihm gern.

Bevor ich ging, sagte ich noch, ich hätte gehört, dass er vor Kurzem mit seiner Frau diamantene Hochzeit gefeiert habe. Ich gratulierte ihm zu diesem Erfolg und meinte, dass ich in meinem Alter keine sechzig Ehejahre mehr erleben würde. »Ganz erstaunlich. Was für ein Gefühl ist das?«

John Bartlett, der binnen 48 Stunden sterben würde, dessen trockene Haut ihm von den Knochen hing, dessen Augen fast völlig geschlossen und dessen Lippen trocken und rissig waren, der kaum noch einen Funken Leben in sich hatte – nun, er hielt inne, zeigte dann ein winziges Lächeln und sagte: »Es ist ganz ähnlich wie oben auf einem Berggipfel.«

Oben auf dem Jackson, unter dem blaugrauen Himmel, fast am Ende des Tages, blickten Atticus und ich zum Mount Washington hinüber, und ich dachte an den alten John Bartlett und unser Gespräch.

Der Zauber liegt dort, wo man ihn findet; das Einzige, worauf es ankommt, ist, dass man sich die Zeit nimmt, danach zu suchen. Er kann in dem staunenden Gesicht eines kleinen Hundes liegen oder in der Erinnerung an einen alten Mann.

Immer wieder wurde ich gefragt, warum ich mir angewöhnt hatte, mit Atticus allein zu wandern. Der Grund war, dass mir solche Gedanken kamen – beim Klettern, oben auf einem Gipfel oder beim Abstieg durch dichte Wälder, hinein in eine goldene Sonne oder unter hellen Sternen. Wenn es niemandem zum Reden gab, meditierte ich beim Gehen. Ich war kein frommer

Mann, aber wenn ich es wäre, sähe ich den Wald als Kirche und die Berggipfel als Altar.

Es vergeht keine Wanderung, bei der ich hinterher nicht das Gefühl habe, reicher geworden zu sein. Und als Atticus und ich aufbrachen, um in neunzig Tagen sechsundneunzig Gipfel zu erobern, hatte ich manchmal Sorge, dass ich auf der Jagd nach Zahlen beim Erreichen unseres Ziels den Zauber opferte, den jeder einzelne Berg bietet.

Ich konnte mir nicht vorstellen, dass ich die Berge je für etwas Alltägliches halten würde. Sie würden mich stets Dinge lehren, mich anspornen und herausfordern. In den kommenden Wochen sollten sie mir dabei helfen, das letzten Stück der Brücke zu meinem Vater zu vollenden.

Tod auf der Franconia Ridge

Was ich in diesem Winter am meisten fürchtete, waren die Hubschrauber.

In ihrem Geräusch hörte ich den gespenstischen Schrei der Banshee, die drohendes Unheil verkündet. Es bedeutete, dass jemand vermisst wurde oder, schlimmer noch, tot war. Die Hubschrauber flogen für die Bergrettung und erinnerten bitter an die Macht der Berge, die man respektieren musste.

Deswegen plante ich unsere Wanderungen immer sehr sorgfältig. Mithilfe meines Laptops kontrollierte ich gewissenhaft den Zustand der Wege, den Wetterbericht und die Vorhersage für die höheren Lagen. Der Winter ließ wenig Raum für Irrtümer, schon gar nicht für jemanden, der so klein war wie Atticus. Wenn wir auf einem Berg stecken blieben, hatte ich durch meine Größe eine Überlebenschance. Aber Atticus konnte sich nicht einfach hinhocken und auf Hilfe warten. Er musste in Bewegung bleiben, damit seine Kerntemperatur nicht abfiel. Das war auch einer der Gründe, weshalb ich im vorigen Winter, als uns der Schneesturm auf den Bonds festhielt, nicht den Rucksack ausgekippt und Atticus hineingesetzt habe. Hätte er dort über Stunden still gesessen, wäre er vielleicht erfroren, selbst wenn ich ihn in viele Schichten meiner Ersatzkleidung gepackt hätte. In der eisigen Kälte musste er laufen, um zu überleben.

Ich weigerte mich jedenfalls, mit dem Wetter russisches Roulette zu spielen; Atticus war zu wertvoll für mich.

Dieses vorsichtige Vorgehen war der Grund, dass wir hinter unserem Plan zurücklagen. Im ersten Wintermonat hatten wir nur zwanzig Berge bestiegen. Das Wetter hatte sich bisher unfreundlich gezeigt, aber ich hoffte auf das Gegenteil des vorigen Winters, in dem es anfangs sehr wenig Schnee und dann alle zwei Wochen kurze Ausbrüche schwerer Stürme gegeben hatte.

Jetzt schien jede Nacht ein bisschen Schnee zu fallen. Aber das war unten in den Tälern. Auf den Höhen schneite es weit mehr.

Eines Morgens brachen Atticus und ich zum Garfield auf. Wir wussten, dass verschiedene Wanderer am Vortag oben gewesen waren und damit für Atticus einen gut ausgetretenen Pfad durch den Schnee hinterlassen hatten. Vor unserer Hintertür lag eine hauchdünne Schneedecke, die eher an eine Spur Puderzucker als Verzierung auf einem frisch gebackenen Keks erinnerte. Als wir zur Abzweigung des Garfield-Wegs kamen, fanden wir das gleiche feine Pulver, und doch stapften wir weiter oben durch einen Fuß hohen Neuschnee.

So blieb es den ganzen Winter über. Ob es im Tal geschneit hatte oder nicht, die Berggipfel verfügten anscheinend immer über neuen Vorrat. Wunderbar für den Skibetrieb, aber schlecht für Atticus und mich. Wenn wir überhaupt zum Wandern kamen, dann meist nur auf kleinere Einzelgipfel. Was wir brauchten, war ein Wetterumschwung, der uns über die Baumgrenze bringen und Quergänge über mehrere Gipfel zulassen würde. Damit könnten wir rasch aufholen.

Endlich gab es eine solche Wetteränderung, und wir machten uns sofort auf den Weg zu den vier Spitzen der Franconia Ridge. Die Ridge gehörte zu den Touren, die wir uns für die besten und sichersten Tage aufhoben. Es war eine atemberaubende Route oberhalb der Baumgrenze, die aber bei einem Wettersturz zur Todesfalle werden konnte. Einer jener Orte, den die Leute meinten, wenn sie sagten, »da oben sterben Menschen«.

Früher waren der Mount Washington und die anderen Gipfel der Präsidentenkette am meisten gefürchtet, und das aus gutem Grund. Die Webseite der Mount-Washington-Wetterstation führt auf einer ständig wachsenden Liste mehr als einhundertfünfunddreißig Menschen auf, die seit 1849 auf dem Washington oder in seiner Nähe gestorben sind. Und doch scheint es, als hätte auch die Franconia Ridge – vor allem der Lafayette und der Lincoln, der sechst- und siebthöchste Gipfel – in den letzten Jahren Menschenleben gefordert.

Wir hatten ein kleines Wetterfenster, das für uns günstig war, bevor für den späten Abend weiterer Schnee erwartet wurde. Also nutzten Atticus und ich die Ruhe vor dem Sturm. Wir stiegen über die treffend benannten »Three Agonies« (Drei Höllenqualen) auf, wobei ich mich anstrengen musste, um mit Atticus Schritt zu halten, und er seine sprichwörtliche Geduld unter Beweis stellte. Nach den Agonies gelangten wir durch den Wald zur Greenleaf Hut, einer der Hütten des *Appalachian Mountain Clubs,* die im Winter aber geschlossen ist. Dort wehte uns ein eisiger Wind entgegen, sodass wir auf der Nordseite des Hauses Schutz suchten. Ich aß und trank etwas, zog noch ein paar Sachen an und steckte Atticus in seinen Schneeanzug.

Von der Hütte zum Gipfel ist es eine Meile, und die fällt mir immer schwer. Ich ließ mir Zeit, ging langsam und blieb oft stehen, um mein Kletterritual zu vollziehen: tief atmen, reichlich fluchen, dann um Vergebung bitten – denn irgendetwas muss ich falsch gemacht haben, weil ich beim Bergsteigen immer so kämpfen muss.

Oberhalb der Hütte brauchte ich die Schneeschuhe nicht mehr und wechselte zu Microspikes, einem neu erworbenen Ausrüstungsgegenstand. Eine schlaue Erfindung: ein starkes, elastisches Gewebe, das man wie Gummischuhe über die Stiefelsohlen ziehen kann. An der Unterseite befindet sich ein Kreuzmuster aus Ketten und kleinen, scharfen Zähnen, die in das Eis eindringen. Ich hatte Steigeisen für dickes, hartes Eis, aber die Microspikes waren genau richtig, wenn es Eis, aber nicht unbedingt ein ganzes Eisfeld gab. Hier waren sie ideal, weil der Weg nicht mehr gänzlich zugeschneit war. Der Wind hatte den Gipfel abgescheuert und eine knochige Sohle aus Fels und Eis mit nur gelegentlichen Schneeflecken zurückgelassen.

Auf diesem bemerkenswert trostlosen Streckenabschnitt mit seinen uralten Felsen setzte mir der Wind heftig zu. Er wühlte Schnee- und Eisbrocken auf wie Brandungswellen, und jedes Mal, wenn eine Woge sich auftürmte und brach, flogen sie mir ins Gesicht. Atticus war so klein, dass er unter dem Wind laufen konnte; notfalls fand er Schutz hinter den großen Steinhaufen, die den Weg markierten. Wenn er mich kommen sah, spurtete er zum nächsten – er stellte sich äußerst geschickt dabei an.

Der Wind war stärker, als er eigentlich hätte sein sollen, und es gab einen Punkt, an dem ich ans Umkehren dachte. Was mir Auftrieb gab, war ausgerechnet der Dichter Alfred Tennyson. Immer wenn der Wind die Zähne fletschte, dachte ich an den Eingangsvers seines Gedichts »Am Meer«:

> *Brande, brande, o brande, du See*
> *An deinen kaltgrauen Stein!*
> *Und ich wollt', ich könnte sie sagen,*
> *Die Gedanken im Herzen mein.*

Die Wellen von Wind, Eis und Schnee schlugen gegen die felsige Spitze des Berges und gegen mich. Die Gegend um den Gipfel des Lafayette ist ziemlich öde. An einem Sommertag kann es dort voll sein und fast wie in einer U-Bahnstation aussehen, wo die Leute kommen und gehen oder einfach herumlungern und die Aussicht genießen. Aber als wir kamen, war niemand in Sicht. Außer Atticus und mir gab es keinerlei Leben. Der Himmel zeigte ein gedämpftes Grau, und die stumpfe Sonne hatte uns den Rücken zugekehrt.

Auf dem letzten Stück zur Spitze schüttelte mich der Wind, und ich empfand zugleich Furcht und Erregung. Mein erster Gedanke war: »Mein Gott, was tun wir hier oben?« Und der zweite: »Ich fühle mich so wundervoll lebendig!«

Ich hätte es nie richtig ausdrücken können, aber Tennysons Worte trafen zu: »Und ich wollt', ich könnte sie sagen, die Gedanken im Herzen mein.« An einem so geheimnisvollen Ort, unter so gewaltigen Umständen sprachlos zu sein – wie oft fühlt man sich derart überwältigt, so atemlos vor Erregung? Wir arbeiten so hart daran, das Veränderliche in unserem Leben zu begrenzen, aber auf einem Berggipfel sind wir machtlos. Wir haben nur uns selbst, und ich muss dann immer an Doug Crays Worte denken: »Halt dich an dir selbst fest, Mann.« Es erinnerte durchaus an die Stürme, die in der Politik über mich hinweggefegt waren.

Angesichts so wilder Erlebnisse wie an diesem Tag habe ich immer versucht, einen Moment innezuhalten, mich umzuschauen und zu sagen: »Das ist mein Leben!« Und ich sagte es genau so, mit einem Ausrufezeichen. Der Klang meiner eigenen Stimme schien mich daran zu erinnern, dass es sich lohnte, dieses Abenteuer zu bestehen, und dass ich es selbst gewählt hatte. Das half mir, meine Furcht zu verdrängen. Solche Situationen und Herausforderungen kommen im Leben allzu flüchtig und selten vor. Die Alternative ist Sicherheit, aber Sicherheit macht auch träge. Nachdem Atticus und ich die Berge erst einmal entdeckt hatten, entschied ich mich für das Abenteuer, und mein Leben wurde reicher. Es war, wie Kierkegaard gesagt hat: »Wagen macht Angst, aber nicht zu wagen heißt, sich selbst zu verlieren … und im Höchsten zu wagen bedeutet genau das – sich des eigenen Ichs bewusst zu werden.«

Indem ich etwas wagte, hatte ich gelernt, meine Furcht reizvoll zu finden, wenn die Dinge ein wenig unvorhersehbar wurden.

Vorsichtig setzte ich die Füße zwischen die Felsen und testete ab und zu den Biss der kleinen Spikes auf den Eisplatten. Es dauerte nicht lange, bis wir den Gipfel erreichten. Das Klettern hatte uns zwar müde gemacht, gleichzeitig waren wir aber in Hochstimmung. Vom Gipfel des Lafayette, des Berges, den mein Vater von der Aussichtsplattform des Mount Cannon immer sehnsüchtig betrachtet hatte, dehnte sich die weite Welt in alle Richtungen. Es gibt höher gelegene Orte auf der Erde, sogar in den White Mountains, aber oben auf dem Lafayette kommt einem das nicht so vor, nicht mit der Pemigewasset-Wildnis, die nach Osten hin abfällt, dem Franconia Notch im Westen und der am Horizont verschwimmenden Kette im Süden. Sie ist gewaltig, schlängelt sich mal breiter, mal schmaler durch die Landschaft und erinnert mich manchmal an die große Chinesische Mauer.

Als ich an diesem Tag mit meinem kleinen Freund so unter dem bedrohlichen Himmel saß, nirgends sonst eine Spur von Leben, kam es mir so vor, als wären wir die letzten lebenden

Wesen auf der Erde. Das gehörte zum Reiz des Hier-oben-Seins. Es bedeutete, dass man die Sicherheit, aber auch Vorhersehbarkeit des eigenen Heims verließ und das Leben am Abgrund erfuhr.

Wie immer waren Atticus' Courage und Energie ein Ansporn für mich. Er hat keine Ängste und Sorgen wie ich. Für ihn ist das Leben weniger kompliziert. Er tut einfach das, von dem er weiß, dass er es kann. Oben schaute er sich um und setzte sich dann neben das Gipfelzeichen, um sich fotografieren zu lassen, obwohl der Wind ihm ins Gesicht peitschte. Wir waren in den letzten Jahren so oft hier gewesen, dass er den Ablauf kannte. Ich machte immer ein Bild von ihm.

Wenn ich ihn so sah, in dieser natürlichen und zugleich wilden Umgebung, die manche Menschen in Panik versetzen würde, dann – das schwöre ich – verlieh er mir Stärke. Das hatte er stets getan. In seiner Nähe war ich niemals allein.

An diesem einsamen und trostlosen Morgen machte er mir Mut. Wenn ich seine Gelassenheit spürte, sein Gefühl, trotz der schwierigsten Bedingungen hier am richtigen Ort zu sein, nahm ich mich zusammen, wappnete mich, machte ein paar Fotos und setzte den Weg fort. Wir würden ungeschützt oberhalb der Baumgrenze laufen, sodass mich der starke Wind und die eisigen Temperaturen an Umkehr denken ließen, aber beim Blick auf Atticus, mein Barometer, entschied ich mich dagegen. Es ging ihm gut, und er war bereit zum Weitergehen – also gingen wir.

Wir bewegten uns südwärts über den Kamm und auf den Lincoln zu. Dahinter allerdings veränderte sich der Himmel, denn die nächste Sturmfront war im Anzug. Hoch oben bildeten sich flache Wolken, darunter aber erweckte eine wundervolle weiße Decke den Eindruck, als führte der Weg über den Wolken weiter. In der Ferne schien eine feine blaue Linie die beiden Schichten zu verspotten.

Meine Microspikes funktionierten großartig, und ich fühlte mich damit sicher. Steigeisen und Schneeschuhe hingen zwar am Rucksack, aber ich brauchte sie nicht, nicht einmal für den Aufstieg zur vereisten Spitze des Lincoln.

Oben wurde der Himmel noch dramatischer. Die Wolkendecke unter uns kroch dahin wie ein langes, aufgeblähtes Untier. Sie sah so dick und fest aus, dass man das Gefühl hatte, man könnte einfach über den Rand treten und auf ihrem Rücken hinüber zu den Kinsmans laufen. Wie sie sich durch den Franconia Notch wand, war großartig und unwirklich anzusehen. Auch wenn sie uns um einige Ausblicke in die Täler gebracht hatte, sorgte sie doch für andere, noch überraschendere Eindrücke.

Als wir am Little Haystack ankamen, hatte sich der Wind gelegt, und der Sturm kündigte sich langsam an. Morgen um diese Zeit würde es hier oben nicht sicher sein, aber für die nächsten paar Stunden gab es keinen Grund zur Sorge. Ich beschloss, mich an unseren ursprünglichen Plan zu halten, und wir schlugen den Weg zum Liberty ein. Zuerst ging es bergab durch den Wald, fast zwei Meilen tiefer und immer tiefer, dann folgte ein kurzer, aber steiler Anstieg. Auf dem Liberty war es ebenso eisig wie auf dem Lincoln und der Himmel fast noch trister. Der Wind war wieder aufgewacht und machte sich über unsere Dreistigkeit lustig.

Unser letzter Gipfel des Tages war der Flume. Dort steckten wir in einer Wolke fest, und weder Atticus noch ich fanden das besonders schön. Vielleicht waren wir nur erschöpft, aber wir fühlten uns schlapp und ohne Schwung.

In der Nacht hörten wir den Sturm kommen und wussten, dass er in weniger als fünf Meilen Entfernung über die Franconia Ridge toben würde. Wie schrecklich wäre es gewesen, jetzt dort oben festzusitzen! Wir hatten den idealen Zeitpunkt erwischt.

Leider hatten zwei andere Wanderer in diesem Winter weniger Glück. Drei Wochen nachdem Atticus und ich dort gewesen waren, hörten wir den drohenden Ruf der Hubschrauber über unserer Wohnung.

Lawrence Fredrickson und James Osborne hatten nicht so genau auf das Wetter geachtet und versucht, den Lincoln und den Lafayette zu besteigen. Wie vorhergesagt, zog ein Sturm auf, und sie mussten die Nacht auf dem Berg verbringen. Am nächsten Morgen suchte man sie mit Hubschraubern. Es dauerte fast den ganzen Tag, bis man sie fand.

Osborne verlor ein Bein. Fredrickson hatte nicht so viel Glück. Er verlor das Leben.

Mehrere Monate nach der Tragödie brachte der »Nashua Telegraph« ein Interview mit Osborne. Sein Bericht war erschreckend. Die beiden Männer hatten die Nacht in einer winzigen Höhle über der Baumgrenze zugebracht und am nächsten Morgen versucht, auf demselben Weg zurückzugehen. Zwischen dem Lincoln und dem Little Haystack waren Fredricksons Augen zugefroren. Er musste zur Orientierung die Hand auf Osbornes Schulter legen.

Osborne sprach davon, wie sie durch den Schnee, der sie blind machte, stolperten und gegen die Erschöpfung ankämpften. Beide rangen um ihr Leben, bis Fredrickson nicht mehr konnte. Schließlich brach er auf dem Weg zusammen. Osborne drängte ihn zum Aufstehen, aber die Unterkühlung hatte bereits eingesetzt, und er blieb hilflos im Schnee liegen, während über ihnen der Wind tobte.

Sie hatten es fast bis zu den schützenden Bäumen geschafft, wo sie außer Reichweite des Sturms gewesen wären und eine geringe Chance gehabt hätten. Aber Fredrickson konnte nicht aufstehen, und Osborne besaß nicht mehr die Kraft, ihm zu helfen. Ich kann mir kaum ausmalen, wie schlimm es für ihn war, seinen Freund zurückzulassen, aber ihm blieb keine Wahl. Er musste weitergehen, um selbst am Leben zu bleiben.

Irgendwann fiel Osborne in Ohnmacht und erwachte im Krankenhaus. Dort erfuhr er von Fredricksons Tod.

Je länger der Hubschrauber suchte, desto klarer war, dass sich jemand in größter Gefahr befand. Ich duckte mich unter die Decken auf meiner Couch, betete für den, der dort oben war, und dachte, das hätte ich sein können, wäre Gott nicht so gnädig gewesen.

Weil ich das Wetter ganz genau beobachtete, waren Atticus und ich an jenem Tag auch gewandert. Wir brachen um vier Uhr morgens auf und wählten als Ziel den Carrigain, der wesentlich geschützter liegt. Der Schnee kam erst, als wir schon wieder unten und fast am Auto waren.

Ein paar Wochen später kehrten wir zur Franconia Ridge zurück, um die vier Gipfel zu besteigen. Auf dem Little Haystack legte ich zur Erinnerung an Fredrickson eine Rose auf den Weg.

Auch diesmal sagte ich mir Tennysons Gedicht »Am Meer« auf, denn der Rest des Textes hatte ebenfalls eine tiefe Bedeutung in

Bezug auf das, was sich zwischen unseren beiden Besuchen dort oben ereignet hatte.

O, glücklich der Fischerknabe,
Der mit dem Schwesterchen springt!
O, glücklich der Seemannsjunge,
der im Boot seine Lieder singt!

Und die Schiffe ziehn majestätisch
Zum Hafen am Bergesrand –
Doch weh, verstummt ist die Stimme,
Die ich liebte, und kalt die Hand.

Brande, brande, o brande, du See,
Am Klippenfuß, wild und schwer.
Doch die zärtliche Anmut des toten Tags,
Sie bleibt ohne Wiederkehr.

Wir hörten die Hubschrauber in diesem Winter noch einmal, aber zum Glück mit anderem Ausgang. Als jedoch der Frühling kam, starb eine Frau, die auf dem Falling Waters Trail zum Little Haystack unterwegs war, als sich ein großer Felsblock löste, den Berg hinunterrollte und sie am Kopf traf.

Diese Todesfälle waren eine deutliche Mahnung für mich, immer Vorsichtsmaßnahmen zu treffen und nie die Unberechenbarkeit der Natur zu vergessen. Sie erfüllten mich auch mit neuem Respekt dafür, dass Atticus manchmal lieber nicht wandern wollte. Wie schon erwähnt, sorgte ich bereits für meine Sicherheit, indem ich auf das Wohlbefinden meines kleinen Freundes achtete.

Es hatte in diesem Winter viele Tage gegeben, an denen ihm nicht nach Wandern zumute war, und es sollten noch mehr werden. Wir lagen immer weiter zurück, und obwohl noch eine kleine Chance bestand, dass wir unser Ziel erreichten, war sie doch sehr gering.

Mein letzter Brief nach Hause

Wie beschreibt man jemandem die Bonds, der niemals dort war? Wie schildert man den steilen und Ehrfurcht gebietenden Bondcliff? Den langen, starken Hals, auf dem ein Weg von diesem dramatischen Gebilde zum Kopf des benachbarten, hoch aufragenden Bond führt? Die unvergleichliche Faszination des Ausblicks von einem bequemen Gipfelsitz auf dem West Bond, den unser Freund Steve Smith so treffend einen Ort nannte, »an dem man seine Asche verstreuen möchte«?

Genau vor diesen Herausforderungen stand ich, wenn ich so über die Bonds schreiben wollte, dass mein Vater sich einen Ort vorstellen konnte, an dem er nie gewesen war. Wir sprachen weiterhin nicht miteinander, aber ich schrieb ihm immer noch gelegentlich. Ich fing damit an, dass ich ihm vom *Genius Loci* erzählte, einem Ausdruck der Römer für den waltenden Geist eines Ortes. Er hatte Ähnlichkeit mit dem Glauben der Abenaki-Indianer, in deren Augen die Berge etwas Besonderes waren. Sie glaubten an Schutzgeister, die darüber wachten. Aus Ehrfurcht vor diesen Großen Geistern auf den Bergspitzen mieden die Abenaki angeblich die Gipfel.

Einen *Genius Loci* spürt man überall in den White Mountains, und doch scheint er nirgends deutlicher in Erscheinung zu treten als in der Mitte der Pemigewasset-Wildnis, wo die drei Bonds thronen. Dort liegt das Herz der Berge.

Der Mount Washington und seine Nachbargipfel an der Präsidentenkette sind höher und majestätischer. Auch Mount Lafayette und Mount Lincoln sind höher, und die Franconia Ridge ist auf ihrer ganzen Länge atemberaubend. Doch keine anderen Berge vermitteln ein so starkes Gefühl von Ursprünglichkeit und Wildheit wie Bondcliff, Bond und West Bond. Anders als bei der Präsidentenkette oder der Franconia Ridge sehen die Touristen sie nicht schon von der Straße aus. Um sie zu würdigen, muss man sie aufsuchen, was gar nicht so leicht ist. Sie sind von Land umschlossen und so versteckt, dass die meisten Menschen gar nicht wissen, dass es sie gibt.

Um zum Bondcliff, der südlichsten Spitze, zu gelangen, gibt es zwei Möglichkeiten: Man kann die zehn Meilen vom Kancamagus Highway im Süden laufen oder dreizehn Meilen von der Route 302 nach Norden.

Weil Atticus und ich die Viertausender mittlerweile so oft bestiegen hatten, versuchte ich oft, mich an unser jeweils erstes Mal zu erinnern, damit die Touren nicht langweilig wurden. Ich bemühte mich zu vergessen, wie häufig ich sie schon gesehen hatte, und mir stattdessen den Augenblick ungetrübter Ehrfurcht ins Gedächtnis zu rufen, den ich beim allerersten Aufstieg erlebt hatte. Auf den Bonds ist das nicht nötig. Wenn man in der Mitte der White Mountains steht und sich die Berge in alle Richtungen auftürmen, wandelt man unter Riesen. Ich könnte die Welt von dort aus hundert Mal sehen, und es wäre noch nicht genug.

An einem ruhigen Tag, bevor der nächste Sturm aufzog, setzte mich meine Freundin Mary mit Atticus in Lincoln Woods im Süden ab. Wir wollten unsere bisherigen Wege durch die Bonds einmal in umgekehrter Richtung gehen, bis hinauf in den Norden, wo am Ende der Zealand Road unser Auto wartete.

Wir liefen zuerst im Dunkeln, bis die blasse Dämmerung erschien, und erreichten nach einer Stunde die Brücke zum Pemigewasset-Wildnisgebiet. Immer wenn ich dort ankam, fiel mir ein, dass Brücken in der Mythologie für die neue Welt oder ein neues Leben stehen. Und tatsächlich, sobald man über die Brücke geht und die Pemi betritt, ist alles anders. Vielleicht nicht die Art des Geländes, aber auf der anderen Seite des Flusses hatte ich immer den Eindruck, mit Atticus ein Reich zu betreten, das nicht von dieser Welt ist.

Als wir an diesem Morgen dort ankamen, war die Luft frisch und kalt, und ich konnte meinen Atem sehen. Zunächst war es eher langweilig, aber das änderte sich bald, als die Sonne hoch genug über den Bergen stand, um die kahlen Januarwipfel der Bäume zu erhellen, Goldfarbe über sie auszugießen und sie so bunt erscheinen zu lassen, wie sie im Herbst sind. Es war ein herrlicher Farbfleck in einem Wald, der in den Wintermonaten nur schwarzweiß aussieht.

Mit dem Sonnenschein kam die Wärme. Weg mit Mütze, Handschuhen und den dicken Sachen! Ich schwitzte, als wäre es

Sommer. Hinter dem letzten Bachübergang verwandelte sich der Schnee in eine unangenehme, kartoffelbreiähnliche Masse, die unten an meinen Schneeschuhen hing. Das Gehen wurde langsam, man kam nicht vorwärts, und ich musste immer wieder mit den Trekkingstöcken den klebrigen Schnee abschlagen. Es war eine ermüdende Übung, die sich über eine Meile bis zum Übergang in die alpine Zone hinzog. Dort wurde der Schnee fester.

Ich hatte Bedenken wegen des Felsbandes, das über die Baumgrenze führte. Es kann für Atticus unter Umständen schwierig sein, weil es nicht leicht zu erklettern ist. Aber an diesem Tag hatte der Packschnee es in eine Treppe verwandelt, die er mühelos hinaufkam. Als ich über der Baumgrenze erschien, saß er friedlich auf einem flachen Stein und widmete sich bereits der beeindruckenden Fernsicht. Obwohl noch viele Meilen vor uns lagen, hielt ich inne und setzte mich neben ihn. Gemeinsam blickten wir in die Runde. Überall türmten sich Berge auf – im Norden, Süden, Osten und Westen.

Der Ausblick vom Bondcliff unterscheidet sich von allen anderen, die ich kenne. Man schaut nicht meilenweit in die offene Ferne, sondern sieht nur Berge und nochmals Berge. Andererseits erkannte ich aber auch die verbliebenen Narben der Holzindustrie vor hundert Jahren. Im Winter, wenn die Bäume kahl sind, bemerkt man noch die primitiven Straßen und Bahngleise jener Holzfäller, die nichts anderes im Sinn hatten, als aus dem Land den allmächtigen Dollar herauszuholen. Am North und South Hancock sieht man es am deutlichsten. Dieses riesige Bergmassiv wird von vielen alten Straßen durchzogen, die sich so winden und kreuzen, dass sie an verblasste Graffiti oder uralte Hieroglyphen erinnern. Fünfzig Jahre lang hat man die Berge ausgebeutet, ohne sie zu würdigen.

Aber trotz dieser Narben begriff ich, dass man, selbst wenn Mensch und Fortschritt die Natur beraubt haben, auf den Bonds auch sehen kann, wo der Mensch es richtig gemacht hat.

White-Mountains-Maler wie Benjamin Champney und Thomas Cole malten die Gipfel wie ein Bindeglied zwischen Mensch und Gott und setzten vielfach Berge mit Kathedralen und Täler mit dem Garten Eden gleich. Schriftsteller wie Hawthorne und Thoreau verfassten Erzählungen und Aufsätze, die die Legenden und das Land lebendig machten. Die Dichterin Lucy Larcom und der Dichter John Greenleaf Whittier schrieben liebevoll über das, was der Schöpfer New Hampshire geschenkt hatte.

Es war die romantische Überhöhung der Landschaft durch diese und andere Künstler, die auch die Bemühungen der Umweltschützer schürte, die davon angewidert waren, was die Holzbarone einer einst so schönen Gegend antaten. Zu Beginn des 19. Jahrhunderts wurde das Weeks-Gesetz verabschiedet und die fünfzigjährige Tradition beendet, staatliches Land in den *Weißen* an Privatpersonen zur Holznutzung zu verkaufen. Das Land wurde der Öffentlichkeit zurückgegeben. Die Folgen von Kahlschlag und Brandrodung wurden rückgängig gemacht, und es wuchsen neue Bäume. Das Paradies kam zurück.

Wenn ich mit Atticus auf dem Bondcliff saß, war keine Zivilisation zu sehen, abgesehen von dem Blick auf einen Teil der Skihänge am Loon Mountain weit im Süden. Ich wurde gierig und hätte das am liebsten auch nicht gesehen. Ohne die Pisten hätte keine Menschenhand unserer Zeit diesen Ort berührt, ausgenommen unsere Wanderwege.

Noch etwas fiel mir auf: Wie still die Luft war. Kein Wind, kein Vogellied, kein dumpfes Flugzeugröhren. Ich war in meinem ganzen Leben nirgends gewesen, wo solche Ruhe herrschte. Es war nicht unheimlich, es war heiter und gelassen – wie die Stille vor dem nächsten Sturm.

Später auf dem Bond berührte uns der einzige kühle Wind des Tages. Bald aber, auf dem Weg zum West Bond, wurde uns warm. Der Schnee war stellenweise so verweht, dass ich, hätte ich es nicht besser gewusst, überzeugt gewesen wäre, dort sei schon lange niemand mehr gegangen. Die eine Meile kostete uns eine Stunde.

Auf dem West Bond hatte sich der Wind wieder gelegt. Atticus und ich saßen auf einem flachen Stein am Gipfel und nahmen uns Zeit, den Fernblick zu genießen. Es war mittags um 13 Uhr, und wir hatten es nicht eilig, den besten Aussichtspunkt in den *Weißen* wieder zu verlassen. Von hier aus wirkt der Bondcliff noch dramatischer, als wenn man selbst auf seiner Spitze steht.

Leute, die nicht wandern, sehen die Bilder, den Hintergrund der Klippen und ihre atemberaubende Schroffheit und halten das Ganze für unwirklich. Manchmal, wenn ich vom West Bond zu den Klippen hinüberschaue, habe ich das gleiche Gefühl.

An diesem Tag begegneten wir unterwegs niemandem und hatten die ganze Pemi für uns. Was für ein Geschenk! Wie gern hätte ich es mit einem bestimmten Mann geteilt.

Ich war so hingerissen, dass ich noch länger auf dem Gipfel des West Bond bleiben wollte. Ich nahm den Rucksack ab, holte Papier und Stift heraus und stellte den Rucksack als Sitzplatz für Atticus auf die Erde. Und dann schrieb ich einen Brief an meinen Vater. Ich wollte, dass er sah, was ich sah, dass er verstand, dass die Saat, die er gesät hatte, als er uns als Kinder in die Berge mitgenommen hatte, aufgegangen war.

Ich dachte an ihn und seinen allgegenwärtigen gelben Schreibblock; wie er vor vierzig Jahren in Lincoln auf unserem Lagerplatz am Ufer des Pemigewasset River saß. Wir spielten, und er schrieb. Jetzt saß sein jüngster Sohn allein mit einem kleinen Hund, meilenweit entfernt von der Zivilisation, hier hoch oben auf einem Berg, den wenige je zu Gesicht bekommen. Mitten in der Wildnis schrieb ich ihm einen Brief.

Lieber Dad,

hier würde es dir gefallen, denn es ist ein ungewöhnlicher und höchst einsamer Ort. Atticus und ich sitzen auf dem West Bond, umgeben von zahlreichen Bergen.

Ich weiß, dass du in jüngeren Tagen die Poesie der Romantiker geliebt hast, auch die von Wordsworth. Wenn du hier wärst, würde dir bestimmt sein Gedicht »Auf der Westminster-Brücke« einfallen:

> *Die Erde hat nichts Schöneres zu zeigen:*
> *Stumpf wäre, wer vorübergehen kann*
> *An diesem Anblick, majestätisch, rührend.*
> *Nun hüllt sich diese Stadt in ein Gewand*
> *Aus Morgenschönheit. Wie da still und frei*
> *Die Schiffe, Türme, Kuppeln, Tempel und Theater*
> *Sich Feldern öffnen und dem hohen Himmel,*
> *hell glitzernd in der rauchlos klaren Luft!*

Genauso ist es hier inmitten der Pemigewasset-Wildnis. Nur die »Schiffe, Türme, Kuppeln, Tempel und Theater« sind alle von der Natur geschaffen und werden Gott sei Dank von Menschen geschützt und erhalten. Ich bin ein glücklicher Mensch, weil ich dieses Abenteuer mit Atticus erleben darf, und wenn wir oben auf einer Bergspitze sitzen, denke ich oft an die Geschichten, die du uns früher im Bett vorgelesen hast. Nun, so viele Jahre später, sind Atticus und ich genau die geworden, die ich als Kind so liebte – Huckleberry und Jim, Frodo und Sam – unterwegs mit einem großen Plan. Es ist, als wären wir aus den Seiten der Bücher herausgetreten, die du uns vorgelesen hast.

Ob du es weißt oder nicht, all das ist aus Samen entstanden, die du gepflanzt hast, als ich ein Kind war.

Wir haben uns nicht immer gut vertragen, aber ich möchte, dass du weißt, dass es Dinge gibt, für die ich dir von ganzem Herzen dankbar bin. Wenn Atti und ich hier oben sind, bist du oft bei uns.

Nun gut, es wird kalt und spät, und wir sollten weitergehen. Um es mit Frost zu sagen: »Wir müssen Meilen gehen, eh wir schlafen.« Ungefähr dreizehn, um genau zu sein.

Mit lieben Grüßen
Tom

Ich steckte den Zettel in meinen Rucksack, um ihn später zu Hause abzutippen. Ich ahnte nicht, dass es mein letzter Brief an ihn werden würde.

Der Weg vom West Bond zum Guyot ist eher kurz, aber wieder sorgte das Schneetreiben dafür, dass wir nur langsam vorankamen, und es kostete uns eine weitere Stunde. Doch selbst an einem bewölkten Tag ist der Guyot die Reise wert. Die Fernsicht auf diesen kahlen Kuppen ist fast so großartig wie auf den Bonds selbst. Im Winter kommt man sich vor wie bei einem Spaziergang auf dem Mond. Die weitläufige, sanfte Rundung des Guyot steht im Gegensatz zu den schroffen Spitzen der Franconia Ridge, des Garfield und des South Twin, die ihn umgeben. Auf der Rückseite des Guyot war der Pfad festgetreten. Ich war allen dankbar, die sich dafür angestrengt hatten. Denn inzwischen war ich müde. Wir brauchten noch einmal eine Stunde bis zum Zealand, und mit dem Tageslicht nahm auch meine Energie ab. Atticus dagegen war immer noch so lebendig wie nach einer kleinen Fünf-Meilen-Wanderung. Ich gab ihm unterwegs immer wieder Futter, etwa 15-mal eine Handvoll über den ganzen Tag verteilt, und das hielt ihn munter.

Vom Zealand überquerten wir den Lend-a-Hand-Trail hinüber zum Hale. Diese letzten 1300 Fuß Höhenunterschied verschlangen meine ganze Kraft. Es war Nacht geworden, und auf unserem Weg hinab zur Zealand Road, die letzten 2,7 Meilen zum Auto, war ich völlig erschöpft. Geistesabwesend schlurfte ich vor mich hin und begriff, warum viele Wanderer derartige Marathontouren als »Todesmärsche« bezeichnen.

Es war unsere bisher zweitlängste Wanderung, und mein Körper bekam das zu spüren. Aber so müde ich nach fünf Viertausendern und fünfundzwanzig Meilen auch war, es war ein geringer Einsatz für einen so wunderbaren Tag. Trotz der eindrucksvollen Bilanz dieser 14-Stunden-Tour lagen wir freilich im Gesamtergebnis des Winters weiter zurück. Wenigstens hatten wir mit etwas längeren Wanderungen begonnen. Bald sollte es für eine Weile besseres Wetter geben. Aber reichte das, um uns wieder auf Kurs zu bringen?

Diese Augen, diese wundervollen Augen

Wir lagen zahlenmäßig mit unseren Winterbesteigungen weit hinter dem Vorjahr zurück, und ich kann gar nicht sagen, wie enttäuscht ich war. Entweder fiel zu viel Schnee, oder es gab zu viel Wind, oder das Eis war zu dick – oder alles zusammen. Manche Wege waren unter mehr als zehn Fuß hohem Schnee begraben und unpassierbar. Der Wildcat Ridge Trail gehörte dazu. Dort reichte der Schnee bis an die untersten Baumäste heran. Man konnte nicht einmal unter ihnen durchkriechen.

So gern ich auch glauben wollte, wir könnten unser Ziel noch erreichen, ich wusste, dass wir keine Chance hatten. Dennoch gaben wir nicht auf.

An dem Tag, als wir auf den Whiteface und den Passaconaway kletterten, war die Sonne so grell und der Schnee so weiß, dass ich die Sonnenbrille aufsetzen musste. Ich machte mir Sorgen wegen Atticus' Augen. Seit der Operation waren sie empfindlich gegen helles Licht. Aber es schien ihm nichts auszumachen

Die Felsplatten am Blueberry Ledge Trail waren voller Schnee, und ich musste mich mächtig anstrengen, um hinaufzukommen. Atticus, der meist einfach darüber hinweglaufen konnte, stand dann da und schaute zu mir herunter. Er wartete geduldig und machte ein besorgtes Gesicht, wenn ich rot wurde und mir der Schweiß von der Stirn rann. Wenn ich dann wieder zu Atem gekommen war, lief er weiter, kletterte auf den nächsten Felsvorsprung und wartete erneut. So ging es über mehrere steile, aber kurze Kletterstufen. Doch auf der vorletzten Stufe blieb er nicht stehen. Ich rief seinen Namen, aber er kam nicht.

Wieder rief ich, diesmal lauter, aber er war nirgends zu sehen. Ich fürchtete, ein Tier habe ihn angegriffen oder er sei von einer Felskante gestürzt. Ich rief noch einmal.

Scheiße, was ist los mit ihm?

Ich war so erledigt, dass ich buchstäblich nicht mehr stehen konnte und in die Knie sank, um erst einmal wieder zu Kräften zu kommen. Ich zwang mich den letzten Vorsprung hinauf. Auch dort war er nicht. Inzwischen hatte ich Angst. Mein Herz raste; in meinem Kopf drehte sich alles.

Ich schaute geradeaus und dann weiter nach oben zu dem kleinen Felsbuckel vor einer Klippe. War der Hund abgestürzt? Wie wahnsinnig brüllte ich seinen Namen. Ich drehte mich und wollte den Rucksack abnehmen – und da sah ich ihn endlich. Er war auf den höchsten Felsen geklettert, von dem man den weitesten freien Blick hatte. Aber diesmal schaute er nicht nach unten zu mir, sondern saß da und bewunderte die glitzernden Seen im Süden.

Erstaunlich. Nur eine Aussicht wie diese kann ihn von mir weglocken, dachte ich.

Ich betrachtete ihn und musste lächeln. Mein kleiner Buddha mit den wundervollen Augen. Welchen Frieden er in diesen Bergen fand! Die Buchläden sind voller Geschichten über Tiere, die uns helfen, an Orte zu kommen, zu denen wir gehen müssen, aber war es nicht möglich, dass hier die Rollen vertauscht waren? In solchen Augenblicken kam es mir vor, als sei ich es, der ihn dorthin brachte, wo er unbedingt sein musste.

Anstatt zu ihm hinaufzuklettern, setzte ich mich dorthin, wo ich den besten Blick von allen hatte: auf Atticus, der die Aussicht genoss. Wir würden unser Ziel nicht erreichen. Nicht einmal annähernd. Aber wenn ich Atticus so sah, war mein Winter trotzdem vollkommen. Na ja – vielleicht nicht ganz. Die Berge waren noch nicht fertig mit mir.

Das Wetter machte alle unsere Pläne zunichte und hielt uns über eine Woche von allen Wegen fern. Als die Stürme endlich nachließen, waren die Bedingungen ganz anders als auf dem Whiteface und Passaconaway.

Wir brachen vor Morgengrauen zum Crawford Notch auf, und ich parkte in der Nähe des »Tors zum Notch«, wo gleich an der Straße auf beiden Seiten große Felsen liegen. Es sieht so dramatisch aus, dass Herman Melville es einst mit Dantes Inferno verglich.

Wir waren so früh auf dem Weg zum Jackson, dass ich noch meine Stirnlampe trug und Atticus jenseits ihres Lichtstrahls in der Finsternis verschwand. Wieder einmal zog ein Sturm auf, und ich wollte unten sein, bevor er zuschlug. Meine Microspikes bissen in den verharschten Pfad und gaben mir die nötige Bodenhaftung. Früher hätte mir ein solcher Ausflug Angst gemacht, aber diese Zeiten waren vorbei. Ich fand es schön, so in Dunkel gehüllt zu sein und mich wie ein gut gehütetes Geheimnis zu fühlen. Nach dem ersten schroffen Aufstieg vom Crawford Notch, noch unweit des »Tors zum Notch«, blieb mir plötzlich die Luft weg. Ich hatte schon auf der ganzen Wanderung Atemprobleme gehabt. In den letzten zwei Wochen war mir jede Spur von Laufrhythmus abhandengekommen. Wir waren vor der letzten Großwetterfront an acht der vergangenen zehn Tage gewandert, aber es kam mir vor, als sei es Jahre her.

Ich kämpfte. Atem und Schritt waren nicht im Takt, und ich blieb oft stehen. Wenn ich mich bewegte, dann zu schnell; der Rhythmus fehlte. Weil meine Beine so schwach waren, verließ ich mich auf meine Trekkingstöcke und zog mich mit ihnen den Berg hinauf.

Irgendwann brach ein grauer Morgen an, der träge durch die Bäume sickerte. Die Nacht war angenehmer. Wenigstens durchdrang im Dunkeln das Licht der Stirnlampe das Unbekannte und setzte ihm Grenzen. Aber in dem grauen Licht wanderten wir durch ein Leichentuch. Je höher wir kamen, desto eisiger wurden die Bäume – düstere Gespenster, die voller Misstrauen auf uns herabblickten.

Dicht unter dem Gipfel hielten wir an, dort, wo im letzten Winter die beiden Frankokanadier über Atticus gelacht hatten. Ich gab dem Hund ein paar Leckerchen, steckte noch einige in die Brusttasche, streifte die Microspikes ab und ersetzte sie durch Steigeisen. Dann zog ich eine dickere Jacke, Mütze und Handschuhe an. Den Rucksack ließ ich zurück. Wir starteten zur letzten Klettertour des Tages.

Ich mag keine Steigeisen, weil man beim Gehen damit sehr vorsichtig sein muss. Nicht wenige Leute haben sich die langen Spitzen schon ins Bein gebohrt. Bei dem vielen Schnee, mit dem wir es in den letzten Monaten zu tun hatten, hatte ich sie auch nicht vermisst, jetzt aber, bei dem steilen, vereisten Aufstieg zum Gipfel waren sie hilfreich.

Atticus steuerte zuerst auf den Wegweiser zu und setzte sich dort wie üblich hin, aber als er merkte, dass ich die Kamera nicht auspackte, lief er weiter zu dem Steinhaufen auf dem Gipfel. Was für ein unheimliches Gefühl das war, so hoch oben durch die dicke, düstere Wolkensuppe zu stolpern, in stiller, wenn auch angenehmer Luft. Am Steinhaufen stupste Atticus mich am Bein, darum bot ich ihm ein Leckerchen an. Aber er wollte es nicht und stupste mich noch einmal. Das hieß, dass ich ihn hochheben sollte. Also tat ich das, und wir schauten miteinander in den grauen Abgrund, dorthin, wo man sonst den Mount Washington sieht.

Eine ganze Weile standen wir so, mitten in einer Wolke, und mir wurde klar, dass wir jetzt das Gleiche sahen wie mein Vater.

In der vorangegangenen Woche war meine Schwester Nancy bei ihm zu Hause gewesen und fand ihn mit dem Gesicht nach unten auf dem Teppich, zwischen verstreuten Möbelstücken. Offenbar war er gestürzt.

Ein Herzanfall.

Die Ambulanz brachte ihn ins Krankenhaus. Zuerst kam er auf die Intensivstation, dann in die Lungenabteilung. Zum Wochenende verlegte man ihn in ein Pflegeheim. Er sollte nicht mehr nach Hause kommen.

Atticus und ich besuchten ihn zwei Tage vor unserer Tour auf den Jackson. Ich hatte ihn vor mehr als einem Jahr zum letzten Mal gesehen. Als wir ins Zimmer kamen, konnten wir ihn kaum wiedererkennen, diesen einst so starken Mann, einen Riesen – manchmal wohlwollend, häufiger zornig. Er hatte ein Bein und einen Arm über das Seitengitter seines Bettes geworfen und wirkte verwirrt und gequält. Entsetzt und flehend schaute er mich an. Mein Gesicht schien ihm bekannt vorzukommen, aber er konnte es nicht einordnen. Seine Stimme war brüchig und voller Furcht.

»Hol mich hier raus«, sagte er.

Atticus und ich blieben fünf Stunden bei ihm. Abgesehen von vielleicht dreißig Minuten wusste er die ganze Zeit nicht, wer ich war. Meine Geschwister und ich wunderten uns nicht darüber; die Entwicklung hatte sich schon lange angedeutet. Eigentlich hatte er bereits vor ein paar Jahren aufgegeben, als er aufhörte, seine Medikamente regelmäßig zu nehmen und vernünftig zu essen, stattdessen aber weiterhin rauchte.

Ich setzte ihn in einen Rollstuhl, und Atticus und ich brachten ihn nach unten in den Aufenthaltsraum, der leer war.

»Hallo, Jack.«

Er nickte misstrauisch.

»Wie geht es dir?«

»Seh ich denn aus, als ob's mir gut geht?«, erwiderte er und warf mir einen ärgerlichen Blick zu.

Ich stellte ihm noch weitere Fragen, aber er war verwirrt. Er wollte wissen, wo seine Mutter war. Als ich antwortete, sie sei tot, sah er überrascht aus. Ich fragte ihn nach seiner Familie, aber er blieb vernebelt. Ich fragte nach seiner Lieblingstochter.

»Grace?«

»Grace ist deine Schwester, Jack.«

»Ich habe eine Tochter?«

»Du hast drei Töchter und sechs Söhne.«

»Tatsächlich?« Er war erstaunt. »Habe ich eine Frau?«

»Du hattest eine. Sie hieß Isabel. Aber sie ist 1968 gestorben.«

Er überlegte einen Moment und machte ein trauriges Gesicht.

Ich fragte nach allen seinen Kindern, angefangen beim ältesten bis hin zu mir, dem jüngsten.

Zum Beispiel sagte ich: »Was kannst du mir über Joanne sagen?« Und er erzählte mir allerlei Schlechtes von ihr und warum er sie nicht leiden konnte. Dasselbe bei John. Der Einzige, den er lobte, war Eddie, der sich um ihn gekümmert hatte, bevor er nach New Hampshire zog.

Schließlich kam ich zu mir. »Was kannst du mir über Tom sagen?«

»Der ist das größte Arschloch von allen.«

»Hab ich auch schon gehört«, meinte ich. »Aber warum sagst du das von ihm?«

»Dem bin ich völlig egal.«

»Ich glaube, das stimmt ganz und gar nicht, Jack. Er liebt dich sehr, nur gefällt ihm vielleicht nicht alles, was du tust.«

Er schüttelte den Kopf. »Ich sehe ihn nie. Er kommt nicht zu mir.«

»Oh, ich habe gehört, dass er bei dir war.«

»Glaub ich nicht«, antwortete er. »Er würde sich nicht die Mühe machen.«

»Vielleicht hast du geschlafen. Was weißt du noch von Tommy?«

Wieder dachte er kurz nach. »Er ist verheiratet.«

Ich war überrascht. »Verheiratet?«

»Ich hab ihm gesagt, er soll sie nicht heiraten.« Er schüttelte angewidert den Kopf.

»Und warum nicht?«

»Ich hab ihm gesagt, er soll sie nicht heiraten, weil sie schwarz ist. Darum redet er jetzt nicht mit mir.«

»Wie ist ihr Name?«, fragte ich.

Wieder überlegte er. »Sie haben ein Kind.«

»Das wusste ich nicht«, sagte ich.

»Ein Junge. Er ist halb weiß, halb schwarz. Ein Mulatte.«

»Wie heißt er?«

»Atticus.«

Atticus, der neben uns saß, blickte auf, als er seinen Namen hörte.

Nach all diesen Fragen brachten wir meinen Vater wieder nach oben, und ich fragte die Schwester, ob er ein bisschen Eiscreme bekommen könnte. Mein Vater liebte Eiscreme. Er hatte immer verschiedene Sorten in der Gefriertruhe und aß jeden Tag davon.

»Er hat noch nicht zu Abend gegessen«, antwortete sie.

»Na und?«

»Wir erlauben ihnen keine Eiscreme vor dem Abendessen.«

Ich konnte es nicht fassen. Sie sah tatsächlich aus, als machte es ihr Spaß, das zu sagen.

»Das meinen Sie doch nicht im Ernst?«, fragte ich.

»Doch, sogar sehr ernst. Es verdirbt ihnen den Appetit.«

»Dann sagen Sie mir bitte«, meinte ich und tat mein Bestes, dabei respektvoll zu bleiben, »wie Sie sich fühlen würden, wenn Sie siebenundachtzig wären und irgendeine Schwester Ihnen erklärte, Sie müssten erst Ihr Abendbrot essen, bevor es Eiscreme für Sie gäbe?«

»Tut mir leid, keine Eiscreme vor dem Abendessen«, beharrte Schwester Ratched.

»Kann ich dann bitte mit der Oberschwester sprechen? Oder noch besser, mit dem Direktor?«

Ein paar Minuten später kam Schwester Ratched zurück und drückte mir etwas in die Hand, das sie Diabetikern anstelle von richtiger Eiscreme geben.

Mein Vater, der den Wortwechsel abschätzig verfolgt hatte, freute sich, weil er Eiscreme bekam. Als ich aber den kleinen Behälter öffnete, sah der Inhalt kein bisschen danach aus. Und dem Gesicht meines Vaters nach zu urteilen, als ich ihm einen Löffel davon gab, schmeckte er auch nicht so.

»Und wie ist es?«, fragte ich ihn.

»Schmeckt wie Scheiße.«

Atticus und ich gingen zum Lebensmittelladen, und ich kaufte ihm eine halbe Gallone (1,89 Liter) Eiscreme. Als wir wieder bei ihm waren, gab ich ihm etwas davon. Nach den ersten paar Löffeln hob sich ein Schleier.

Mein Vater, der die ganze Zeit nicht begriffen hatte, wer ich war, sah Atticus vor sich auf dem Boden sitzen und sagte plötzlich: »Du bist ein guter Hund, Atticus«, worauf der Hund zu ihm kam.

»Ein guter Hund«, wiederholte mein Vater.

»Ja, das ist er«, bestätigte ich.

»Besser, als du verdienst«, fügte er hinzu.

Aha! Endlich hatte er mich erkannt. Ich lachte. Von da an war er klar im Kopf, wir redeten, und er wurde freundlicher, ermüdete dann aber.

Mein Bruder David tauchte auf, und wir unterhielten uns eine Weile. Er erzählte mir, dass unser Vater vor ein paar Tagen völlig verwirrt gewesen war, und während eines Besuch zu ihm gesagt hatte: »Gut, dass du hier bist, jetzt hol Eddie und Tommy und schaff mich hier raus.« Wir wussten nicht genau, was er damit meinte, und David fand, er habe nun wirklich den Verstand verloren. Vielleicht stimmte das, vielleicht gab es auch einen anderen Grund.

Abends fuhr ich nach Hause und wollte gleich am nächsten Tag auf den Jackson, aber es ging nicht. Das Wetter war schön, doch ich fühlte mich nicht gut. Darum standen Atticus und ich am darauffolgenden Morgen früh auf und versuchten es, rechtzeitig bevor der Sturm kam, noch einmal.

An all das dachte ich, während ich so in die Wolken blickte, Atticus im Arm.

Ich sprach ein paar Gebete und dankte meinem Vater. Bei all seiner Trauer und seinem Schmerz hatte er seinen Kindern doch viel mitgegeben. Ich liebte sein Geschenk, die Berge. Aber das war nicht alles. Er hatte noch etwas anderes auf mich übertragen: den besten Teil seines Ichs. Den Teil, der einst ein Träumer gewesen war. Er hatte, warum auch immer, seine Träume sterben lassen oder sie versteckt, damit wir sie nicht sahen. Dieses Verhalten würde ich nie verstehen, so wie Jack Ryan nie verstanden hätte, dass ein Vater kein Versager ist, solange er in seinen Kindern weiterlebt, und sei es auch nur in ein oder zwei Dingen, die sie von ihm gelernt, oder in Wesenszügen, die sie von ihm angenommen haben.

Es gab noch etwas, worüber wir verschiedener Meinung waren: das, was nach dem Tod geschieht.

Wenn er in das Innere einer Wolke blickte – wie jener, die ihn umfing, als sein Ende näherkam – und ich die Wolken wie an diesem Morgen beobachtete, dann sahen wir zwei verschiedene Dinge. Für ihn bedeutete es, dass die Welt ihn einschloss, leer, kalt, auswegslos. Er hatte immer geglaubt, dass mit dem Tod alles vorbei war. Danach kam nichts.

Für mich ... nun ja, ich möchte es anders sehen. Ich denke gern, dass Wolken, so dick und scheinbar unbeweglich, weitere Argumente für einen Glauben sind – den Glauben daran, dass noch etwas auf uns wartet. Darum hielt ich mich an diese Worte von C. S. Lewis: »War diese Welt so freundlich zu dir, dass du mit Bedauern von ihr gehst? Es liegt Besseres vor uns als alles, was wir zurücklassen.«

Es gab so vieles, das ich nicht wusste. Aber ich glaubte, dass diesen Bergen eine geheimnisvolle Macht innewohnte – der *Genius Loci*. Sie bringen uns dem Tod näher und dadurch dem Leben. Sie sind grimmig und wild, zugleich aber lebensbejahend.

Ich schaute in den grauen Nebel, und die Tränen rollten mir über die Wangen. Ich merkte, dass Atticus mein Gesicht leckte. Aus dem Kummer wurde ein Lächeln. Liebe war nahe, sogar in der Dunkelheit.

Wenn es doch nur eine Möglichkeit gegeben hätte, einem Menschen, der an der Schwelle stand und bereit war, über sie zu treten, diesen Berggipfel nach Hause zu bringen, ihm den Kampf zu erleichtern, ihn in die Berge zu versetzen und ihm etwas zu geben, an das er sich festhalten konnte.

Als Atticus und ich wieder abstiegen, tat ich mein Bestes, um den Berggipfel mitzunehmen, damit er meinen eigenen Schmerz linderte. Der Mount Jackson war unser neunundfünfzigster Gipfel des Winters, ein weit schlechteres Ergebnis, als ich anfangs erhofft hatte. Aber was bedeutete schon eine Zahl, verglichen mit dem Reichtum an Erfahrung, den uns die Berge geschenkt hatten.

Mount Washington

Am letzten Tag des Winters bestiegen Atticus und ich endlich den Mount Washington. Das Wetter war bis dahin schrecklich gewesen, und ich hatte nichts riskieren wollen. Jetzt aber schien die Sonne, es war warm, und nicht einmal ein Windhauch regte sich.

Obwohl es ein normaler Wochentag war, wimmelte es auf den Wanderwegen von Menschen. Wir stiegen über den Jewell Trail auf, bis zu der Stelle, wo er über die Baumgrenze führt und sich mit dem Gulfside Trail kreuzt. Hier machten wir eine Pause. Hinter uns kam eine große Gruppe von achtzehn Leuten. Als sie Atticus sahen, begrüßten ihn die meisten ganz selbstverständlich mit Namen. Inzwischen war es nicht mehr ungewöhnlich, im Winter auf einem Berg den kleinen schwarzweißen Hund mit den ulkigen Augenbrauen zu sehen. Einige Wanderer wurden ganz aufgeregt, und viele packten die Fotoapparate aus, um ein Bild von ihm zu machen, wie er oben auf einem Felsen stand und sie betrachtete.

Während die meisten Leute hier auf dem Gulfside nach links zum Mount Jefferson abbogen, kletterten Atticus und ich über das schimmernde Eis weiter zum Mount Jackson. Es war so heiß, dass ich nur ein T-Shirt anhatte, und das Licht so grell, dass ich den kommenden Sonnenbrand fühlen konnte.

Wir gingen vorsichtig. Ich trug Steigeisen, Atticus ließ sich beim Überqueren des Eises viel Zeit. Wir trafen zwei weitere Wanderer, die Atticus erkannten, und sahen dann von Weitem einen anderen Mann, der gerade sein Stativ aufstellte. Als wir näher kamen, fragte er, ob er uns fotografieren dürfte.

Auf dem Gipfel wollten wir eigentlich Mittagspause machen, aber bald gesellte sich ein Grüppchen von drei Männern in den Dreißigern zu uns. Alle drei versuchten, mit ihren Handys zu telefonieren, hatten aber wenig Glück damit. Schließlich holte der eine ein Satellitentelefon aus dem Rucksack. »Das wird funktionieren«, meinte er.

Als ich hörte, wie er jemandem am anderen Ende der Leitung zubrüllte »He! Du kannst dir nicht vorstellen, wo ich gerade bin!«, wusste ich, dass wir hier wegmussten. Wir waren ja gerade in die Berge gegangen, um diesen Dingen zu entgehen.

Ganz im Gegensatz dazu stand unsere Begegnung an der geschlossenen Hütte am Lake of the Clouds, eine halbe Meile unter dem Gipfel des Mount Monroe. Dort saß mit dem Rücken zu uns ein Mann. Er hatte die Kapuze seiner Jacke hochgeschlagen, in der Hand eine Zeitung und einen Stift. Als Atticus vorbeilief, stutzte er und blickte auf. Er war dünn und wettergegerbt, trug eine Brille und hatte ein gebräuntes Gesicht. Ich schätzte ihn auf Mitte Sechzig. Seine Jacke war eine Katastrophe: verblichenes Orange mit vielen breiten Streifen von grauem Klebeband über Rissen und durchgescheuertem Stoff. Er war mit dem Kreuzworträtsel in seiner Zeitung beschäftigt und tief in Gedanken versunken.

Das muss man sich mal vorstellen: Man kommt vom Washington, steht am Fuß des Mount Monroe, des vierthöchsten Gipfels in Neuengland, und stößt dort auf einen Mann in derart abgewetzten Klamotten, dass man ihn in der Innenstadt von Boston vermutlich für einen Penner halten würde. Und dieser Mann sitzt auf einem Stein und löst sein Kreuzworträtsel, so ruhig, als warte er auf einen Bus.

Er war so mit seinem Rätsel beschäftigt, dass ich ihn nicht stören wollte. Ich stellte meine Steigeisen neu ein, nahm den Rucksack ab, fütterte Atticus und aß ein paar Löffel Honig. Aber als wir gerade aufbrechen wollten, um weiter zum Mount Monroe aufzusteigen, fragte er nach Atticus.

Aus ein paar vorsichtigen Fragen wurde ein wunderbares Gespräch. Sein Name war Richard, er war achtundsiebzig Jahre alt, und er stieg auf den Washington, weil er das jedes Jahr mit seiner Frau getan hatte. Ich fragte nach ihr und erfuhr, dass sie vor einem Jahr gestorben war. Er erzählte, sie sei eine der ersten Frauen gewesen, die im Winter sämtliche Viertausender der Adirondacks im Bundesstaat New York bezwungen hätte. Ursprünglich stammte sie aus der Schweiz. Sie waren beide in die Berge verliebt und lange verheiratet gewesen. Sie hatten zwei Kinder.

Vor zwanzig Jahren waren sie dann von New York in die White Mountains gezogen. Und obwohl er jetzt allein war, wohnte er gern dort. Er sagte, er würde niemals weggehen. Er liebte die Berge und kletterte immer noch, sooft er konnte. Um Listen kümmerte er sich nicht mehr. Außerdem hatte er etwas für Schneemobilfahrer übrig.

»Die meisten Leute mögen sie nicht«, meinte er. »Aber ich liebe sie, denn auf den Wegen, die sie präparieren, kann ich mit meinem Mountainbike fahren.«

Was seine Jacke betraf, sagte er mir, sie sei mindestens fünfzig Jahre alt und seine Frau habe sie immer wegwerfen wollen, aber er habe sich geweigert. Seine Steigeisen waren ebenso alt, wenn nicht älter. Sie hatten noch Lederriemen, aber er hielt die Spitzen scharf. Auch sein hölzerner Eispickel war uralt.

Voller Stolz holte er seine Fausthandschuhe aus dem Rucksack und zeigte sie mir. Sie waren riesengroß, aus Wolle und ebenfalls großzügig mit Klebeband geflickt. Auch die wäre seine Frau gern losgeworden, aber er erinnerte sie daran, dass sie ihr einmal die Nase gerettet hatten, worauf sie meinte, dann solle er sie behalten.

»Wir waren im Winter auf dem Mount Marcy gewesen, und ich unterhielt mich mit einem Mann, als er mich plötzlich darauf aufmerksam machte, dass die Nase meiner Frau weiß wurde«, erzählte Richard. »Also hielt ich ihr einfach einen von meinen großen Fäustlingen über die Nase und setzte meinen Gedankenaustausch mit dem Mann fort. Sie behielt ihre Nase.«

Es war ein anregendes Gespräch mit Richard und genau das Gegenteil von dem, was ich oben auf dem Mount Washington erlebt hatte.

Natürlich musste ich wieder an meinen Vater denken, und ich fragte mich, ob alles ganz anders geworden wäre, hätte meine Mutter nicht die Zigarette in ihr Krankenhausbett fallen lassen. Außerdem fiel mir auf, wie offen Richard über sein Leben und seine Frau sprach und wie sehr er sie liebte. In gewisser Weise wusste ich schon mehr über ihn als jemals über meinen Vater.

Bei unseren Wanderungen über die letzten Berge dieses Winters musste ich immer wieder an Atticus und mich denken. Wir beendeten die Saison mit sechsundsechzig Bergen, dreißig weniger als geplant und erhofft. Aber in einem Winter mit Rekordschneehöhen von über 250 Zoll hatte ich mich damit abgefunden, dass es Dinge gab, über die ich keine Gewalt hatte. Dass ich das verstand, hatte ich Atticus und auch den Bergen selbst zu verdanken.

In den letzten beiden Wintern waren wir auf einhundertsiebenundvierzig Gipfeln gewesen und dabei heil geblieben, hatten Tausende von Dollar für zwei große Ziele gesammelt und unser Leben verändert. Nicht schlecht für einen kleinen Hund und einen übergewichtigen Zeitungsherausgeber mittleren Alters mit lähmender Höhenangst, die eigentlich überhaupt nicht in die winterlichen Berge gehörten.

Abschied

Der Winter war vorbei. Ken und Ann Stampfer hatten Atticus und mich zu einer gemeinsamen Wanderung eingeladen. Nach drei Monaten, in denen wir nur auf Viertausender »durften«, war es schön, etwas zu tun, was nicht auf einer Liste stand. Ich war zum ersten Mal auf dem Boulder Loop Trail und verliebte mich sofort in den sanften Anstieg, die Aussicht und die kleinen verwachsenen Bäume auf den Felsvorsprüngen, die sich wie eine Gravur von dem prächtigen blauen Meer des Himmels abhoben.

Als ich am nächsten Abend über meinem Tagebuch saß, um über die Wanderung zu schreiben, wusste Atticus, dass etwas anders war als sonst. Normalerweise saß er so, dass er mich im Blick hatte, und berührte dabei oft meinen Fuß oder mein Bein. Jetzt aber lag er neben mir.

Ich saß auf der Couch, hatte die Beine hochgelegt, und er hatte sich ausgestreckt – nicht wie üblich zu meinen Füßen, sondern eng an meiner Seite, den ganzen Körper an mich gedrückt, den Kopf an meiner Hüfte. Ich konnte spüren, wie sein Herz schlug. Er wollte dicht bei mir sein, so wie damals, als er blind war und sich verloren fühlte. Aber diesmal war es anders. Damals wollte er, dass ich ihn hielt, heute wollte er mich halten.

Es war Montag. Am Mittwoch sollte unten in Medway die Totenwache für meinen Vater stattfinden, am Donnerstag die Beerdigung. Totenwache und Beerdigung hatten keine Bedeutung für mich. Was mir aber etwas bedeutete, war das letzte Mal, als ich ihn gesehen hatte.

Es war an einem Sonnabend, und er war klar im Kopf, lächelte und freute sich, Eddie, David und mich zu sehen. Wir kamen zusammen im Milford-Krankenhaus an. Das war ein reiner Zufall. Atticus und ich, die aus Newburyport herübergefahren waren, trafen gleichzeitig mit meinen Brüdern dort ein.

Als wir zu viert eintraten, warf die Frau am Empfang einen Blick auf Atticus und sagte: »Es tut mir leid, aber Hunde sind hier nicht gestattet.«

»Wieso?«

»Weil es nun einmal so ist. Es verstößt gegen die Vorschriften.«

»Er darf immer mit ins Krankenhaus«, wandte ich lächelnd ein.

»Tut mir leid, es geht nicht.«

Als ich antwortete: »Also gut – kann ich dann bitte die Vorschriften sehen?«, machten meine Brüder einen Schritt zur Seite, und Eddie sah aus, als wollte er sich verkriechen. Ich erklärte ihnen, ich käme gleich nach, und sie ergriffen die Flucht.

Nach einem kurzen Gespräch mit der Empfangsdame brachte ich Atticus zurück zum Auto. Ich wertete es als Kompliment, dass mein Vater, als ich ins Zimmer kam und er von Eddie hörte, dass man Atticus nicht hereingelassen hatte, sagte, »Ach, das ist aber schade«. Und ich konnte sehen, dass er es ehrlich meinte.

An diesem Tag war mein Vater anders. Allen Zorn und Schmerz hatte er im Pflegeheim zurückgelassen. Er fühlte sich leichter.

Irgendwann im Gespräch wies David darauf hin, dass es das Osterwochenende war und sich einige unserer Geschwister auch in der Gegend aufhielten. Er riet meinem Vater, sich auf Besuch einzustellen. Ich scherzte, wenn so viele Familienmitglieder vorbeischauen würden, wäre das ja ein ideales Wochenende, um den Löffel abzugeben. Mein Vater lachte. Er hatte seinen Humor wiedergefunden. Meine Brüder fanden es offenbar nicht witzig.

Eddie sagte ihm, die Ärzte seien der Meinung, es gehe ihm besser. Er könne das Krankenhaus bald verlassen und ins Pflegeheim zurückkehren. Mein Vater zuckte nur die Achseln und meinte, eigentlich sei es ihm egal, wo er bliebe. Dann sagte er: »Aber was kommt danach? Was kommt, wenn alles vorbei ist?«

Ich fand das tröstlich, weil er immer behauptet hatte, nach dem Tod gebe es kein Morgen, kein nächstes Kapitel im Buch. Er schien sich damit abgefunden zu haben, aber an diesem letzten Nachmittag, als die Sonne so hell durch die Fenster schien und auch seine Augen hell waren, schien er zu spüren oder vielleicht wenigstens zu hoffen, dass da doch noch mehr war als nur ein Buch, das man zuschlug.

Auch seine letzten Worte hatten etwas Tröstliches für mich. Er sprach sie kurz nach Mitternacht, als zwei Schwestern und ein Arzt bei ihm waren. Eine der Schwestern schrie ihn an: »Atmen! Atmen! Atmen!«

Seine Antwort war köstlich und typisch für Jack Ryan. Das Letzte, was er sagte, war: »Wieso? Krieg ich ein Kind?«

Er machte gern Witze mit Leuten, die er nicht kannte, vor allem mit Frauen, besonders mit hübschen Frauen. Bestimmt war er glücklich, dass zwei Schwestern bei ihm waren, als sein Herz aufgab. Und ich fand Trost darin, dass er nicht allein gewesen war.

Im Scherz hatte er einmal gesagt, er würde sicher im Frühling sterben, nach einem langen, dunklen, kalten Winter, wenn die jungen Frauen weniger anhätten und er beim Vorbeifahren wieder abgelenkt wäre. Auch ich dachte immer, dass es in dieser Jahreszeit sein würde. Aber aus einem anderen Grund – es war zwischen dem Ende der Spielsaison der *Patriots* und dem Anfang der Saison für die *Red Sox*, und es gab wenig, das ihn interessierte.

In den folgenden Wochen dachte ich daran, wie David meinen Vater besucht hatte und dieser zu ihm sagte: »Gut, dass du hier bist, jetzt hol Eddie und Tommy und schaff mich hier raus.«

Es ergab sich, dass meine übrigen Geschwister ihn nicht mehr zu Gesicht bekamen. Nur David, Eddie und Tommy erschienen zusammen, und mein Vater »kam da raus«.

Ich weiß nicht, warum er gerade uns drei aussuchte. Wahrscheinlich deshalb, weil wir uns nach seinem Autounfall am meisten um ihn gekümmert hatten, aber es war noch mehr. Jack Ryan hatte einen Plan. David war der Verantwortungsbewusste, Zuverlässige. Er würde das Geld verwalten und das Fluchtfahrzeug bezahlen. Eddie war der Goldsohn mit dem guten Herzen. Er würde für seinen Vater sorgen. Und ich war die jüngere Ausgabe meines Vaters, der, der seine Träume nicht aufgab, der kühn genug war, das Fluchtauto zu fahren.

Nach seinem Unfall wechselte ich mich mit David und Eddie bei meinem Vater ab und erschien ab und zu, um ihn zum Arzt zu fahren. Einmal fragte ich ihn auf dem Heimweg, ob er Lust hätte, noch ein Stückchen weiterzufahren und sich die neue Highschool anzusehen.

»Die werden uns nicht hinlassen«, sagte er.

Ich fuhr trotzdem zur Baustelle, und wir sahen ein paar Minuten den Arbeitern zu, bis ein Mann mit Schutzhelm auf uns zukam und einen Blick ins Auto warf. Er sah einen Mann in mittleren Jahren, einen alten Mann und einen kleinen schwarzweißen Hund.

»Kann ich Ihnen helfen?«, fragte er.

Mein Vater wirkte etwas nervös.

»Wir schauen uns nur ein bisschen um«, antwortete ich.

»Tut mir leid, aber Sie dürfen hier nicht halten«, erklärte er.

Eine winzige Andeutung von Enttäuschung erschien auf dem Gesicht meines Vaters, und ich musterte den Bauarbeiter und fragte: »Wissen Sie, wer dieser Herr ist?«

»Äh … nein. Tut mir leid«, wiederholte er.

»Sie sind offenbar nicht von hier, nicht wahr?«

»Nein, bin ich nicht.«

»Das ist Francis Burke, der frühere Amtsleiter der Schulaufsicht.«

»Ach, das tut mir leid, ich hatte keine Ahnung. Möchten Sie aussteigen und sich alles genauer ansehen?«

Mein Vater war müde und schüttelte ganz leicht den Kopf, sodass ich es sehen konnte.

»Nein«, sagte ich, »von hier aus geht es sehr gut.«

Als ich ihn dann nach Hause brachte, grinste er über das ganze Gesicht und sagte: »Also, das war irgendwie lustig.«

Ja, ich war bei David und Eddie, weil ich das Fluchtauto fuhr.

Ich erfuhr von seinem Tod erst später an diesem Sonntag, nach meiner Wanderung mit Ken und Ann Stampfer über den Boulder Loop Trail. Rückblickend war das auch gut so, denn ich hatte einen großen Teil des Tages damit verbracht, ihnen von meinem Besuch bei meinem Vater im Krankenhaus und seinen besseren Eigenschaften zu erzählen. Ich erwähnte auch, dass er zwar nie einen Viertausender bestiegen hatte, aber immer gern in die Berge ging und uns mit den Gondelbahnen auf den Cannon und den Wildcat und mit dem Auto oder der Zahnradbahn auf den Washington mitgenommen hatte.

Er machte auch viele kürzere Touren auf die weniger hohen Gipfel mit uns. Bei seinen letzten Ausflügen in die Berge gab es den Boulder Loop Trail noch nicht, sonst hätte er uns Kinder sicher gern dorthin geführt. An den Felsvorsprüngen mit ihrem Blick nach Süden und Westen hätte er dann nur dagestanden und das Wunder in sich aufgenommen, und man hätte es in seinem

Gesicht gesehen. Das war einer der Gründe, warum ich die White Mountains so liebte – wegen ihres Zaubers, der sich in den Zügen meines Vaters spiegelte, wenn er dort war. Er war ein anderer Mann, wenn er dort saß und die Aussicht betrachtete: bescheiden und beseelt und friedlich.

Der Gedanke, dass ich ihm mit meinen Worten und Fotos die Rückkehr dorthin ermöglicht hatte, ließ mich lächeln. Und ich wusste, dass ich es ohne Atticus nicht geschafft hätte. Weil er bei mir war, konnte ich meinen Vater wieder an einen Ort bringen, den er geliebt hatte.

Bei unserer Tour am Ostersonntag führte Atticus Ann, Ken und mich den Weg hinauf, und als er dann auf dem höchsten Punkt der Felskante saß und die Augen nach Süden zum Passaconaway und den Tripyramids schweifen ließ, sah ich, dass er wieder den friedlichen, glücklichen Ausdruck im Gesicht hatte, der mir sagte, dass die Welt in Ordnung war – den Ausdruck, den er im Vorjahr fast verloren hatte. Da begriff ich endlich – nach so vielen Bergen und so vielen Jahren mit ihm –, woher ich diesen Ausdruck kannte und warum ich so gebannt davon war. Ich kannte ihn aus meiner Zeit als kleiner Junge, wenn ich neben meinem Vater stand und ihn zufrieden auf die Berge schauen sah.

Ich wollte nicht zu der Beerdigung gehen. Sie bedeutete mir nichts. Ich hatte mich von meinem Vater verabschiedet und wusste, dass etwas von ihm mich auf allen Wanderungen begleiten würde. Wie Max würde er in den Bergen ewig leben, wenigstens für mich.

Am Ende ging ich dann aber doch, weil es wichtig für meine Geschwister war.

Atticus durfte nicht in die Kirche. Das war ihm bestimmt egal, abgesehen davon, dass er dann nicht auf mich aufpassen konnte. Aber das Wetter war kühl genug, um die Autofenster einen Spalt zu öffnen und ihn dort zu lassen. Im Lauf der Jahre hatte er mehr Zeit im Auto verbracht als ich. Zwar saß ich kaum einmal ohne ihn darin, aber er oft ohne mich.

Auf dem Friedhof ließ ich ihn aber heraus. Als Erstes führte ich ihn in den Wald, damit er sich die Beine vertreten und eine Pfütze machen konnte. Als wir dann ans Grab kamen, sah ich dort Jack Ryans vier verbliebene Geschwister, die sich mit ihren Familien versammelt hatten. Und es gab noch einen seltenen Anblick: alle meine eigenen Geschwister. Sie standen nebeneinander, einige hielten sich sogar aneinander fest, hinter ihnen ihre Familien. Ich hatte das nicht geplant, aber während ich noch die beiden Gruppen betrachtete, merkte ich, dass Atticus und ich am Fuß des Grabes allein dastanden. Ich weiß nicht, was meine Brüder und Schwestern dabei empfanden oder ob es ihnen überhaupt auffiel, aber mir kam es vor, als sollte es so sein.

Herzschmerz

Wenn du hundert wirst, dann möchte ich hundert minus einen Tag werden, damit ich nie ohne dich leben muss.
A. A. MILNE, »Pu der Bär«

Nach dem Ende unseres Winters und dem Tod meines Vaters führten Atticus und ich ein ruhiges Leben, und während der Frühling zum Sommer und der Sommer alt wurde, gab es keine besonderen Ereignisse. Im September waren wir auf die andere Seite der Berge gezogen und wohnten jetzt in Tamworth, nur ein paar Meilen vom Whiteface und Passaconaway entfernt. Wir stiegen immer noch auf Berge, nur nicht mehr so oft. Häufig machten wir nur lange Spaziergänge in die ländlich-idyllische Umgebung.

Es war nach der Rückkehr von einem solchen Gang, dass ich eine Nachricht der Tierschutzgesellschaft von Massachusetts (MSPCA-Angell) erhielt: Atticus und ich sollten beim Festbankett in ihrer Ehrenhalle mit dem »Preis für einen menschlichen Helden« für unsere Sammelaktion im vorletzten Winter geehrt werden.

Der Preis wurde jedes Jahr verliehen, und zwar für »besonderen Einsatz, für Mitgefühl und Tapferkeit zugunsten von Menschen und Tieren«. Es war einer von vier Preisen, die MSPCA-Angell vergab. Die anderen waren der »Preis für einen jungen Helden«, der »Preis für einen tierischen Helden« und der »Preis für humanitäre Hilfe«. Die Zeremonie sollte im Oktober in der John-F.-Kennedy-Bibliothek stattfinden.

Sechs Tage vor dem Ereignis, auf dem Höhepunkt der herbstlichen Farbenpracht, gingen Atticus und ich spazieren. Nie hatte ich einen so malerischen Tag erlebt: atemberaubend blauer Himmel, Bäume, die in der Spätnachmittagssonne wie Flammen aufstiegen, angenehme Temperaturen, eine laue Brise. Wir schlugen wie so oft die Richtung zum Whiteface und Passaconaway ein, beabsichtigten aber keine Wanderung, sondern nur einen erholsamen kleinen Bummel. Bald kamen wir an ein altes gelbes Bauernhaus, das am Fuß der Berge gemütlich im Tal liegt, und Atticus sah sich nach seiner Freundin um. Sie war eine große, langbeinige Neufundländerhündin mit einem bedrohlichen Bellen, das aber verstummte, wenn wir näher kamen. Sie bellte dann noch einmal laut und forderte ihn zum Spielen auf.

An diesem Tag aber war sie nicht da. Stattdessen standen dort zwei andere Hunde.

Sie hatten den Körperbau von australischen Cattle Dogs, Viehtreiberhunden, waren aber blond. Sie bellten, wahrten jedoch Abstand – zuerst. Aber als ich mich umgedreht hatte, um einen Steg auf meiner linken Seite zu betrachten, hörte ich plötzlich ein grässliches Aufjaulen. Einer der Hunde war wie aus dem Nichts aufgetaucht, hatte sofort angegriffen und Atticus die Zähne in den Hals geschlagen.

Atticus war nie ein Kämpfer gewesen, ebenso wenig ein Kläffer. Wenn andere Hunde ihn anbellten, wusste er nicht, was er davon halten sollte. Für mich gehörten diese sanfte Unschuld und sein Glaube daran, dass alle anderen Wesen genauso friedfertig sind wie er, zu seinen besten Eigenschaften. Oft hatte ich ihn daran erinnern müssen, dass nicht alle Hunde freundlich waren.

Die angreifende Hündin verlor keine Zeit und ging sofort zum tödlichen Biss über. Ihr wütendes Knurren gellte mir in den Ohren, zusammen mit Atticus verwirrtem, hilflosem Jaulen. Sie hob ihn hoch und schleuderte ihn am Hals hin und her. Seine Beine flogen kraftlos wie bei einer Stoffpuppe durch die Luft. Bis ich reagieren konnte, hing er schon schlaff in ihrem Maul. Als sie meinem Blick begegnete, grollte sie wütend.

Ich rannte auf sie zu. Sie ließ Atticus fallen, fletschte die Zähne und kam näher. Ich brüllte laut und war darauf gefasst, dass sie angreifen würde. Aber in letzter Sekunde überlegte sie es sich und wich zurück, starrte mich aber immer noch mit gefletschten Zähnen an.

Das Ganze war so schnell passiert, dass ich völlig betäubt war und es noch gar nicht glauben konnte. *Nicht so*, flehte ich. *Bitte nicht so.*

Ich sah mich nach Atticus um. Er bewegte sich, aber kaum. Langsam und mühselig versuchte er aufzustehen. Ich ging zu ihm, behielt aber die Angreiferin im Auge, die erneut auf uns zukam. Ich hielt mich zwischen ihr und Atticus und näherte mich dabei meinem Hund. Er stolperte, kippte, raffte sich auf und versuchte langsam den Weg, den wir gekommen waren, zurückzugehen. Noch ein paar Schritte, und er lief ein wenig normaler. Ich holte ihn ein, und er sah leicht verwirrt aus, humpelte aber weiter.

»Atticus, bitte bleib stehen. Lass mich nachschauen.«

Als ich ihm in die Augen sah, war sein Blick fern und benommen. Er duldete, dass ich ihn nach Wunden abtastete. Die Muskeln an Rücken und Schultern waren angespannt und berührungsempfindlich. Als ich die Hand unter seinen Kopf schob, fühlte ich, dass sich darin Blut sammelte. Er hatte ein großes Loch in der Kehle, und ich konnte das Innere sehen.

Ich nahm mich zusammen, hob ihn auf und trug ihn zum Auto. Er atmete schwer. Ich beschleunigte den Schritt. Seine Augen waren müde. Ich hielt ihn ganz fest und rannte. Er legte den Kopf auf meine Brust, und ich fühlte, wie Blut durch mein Hemd sickerte.

In Notfällen kann ich zu großer Form auflaufen, und ich machte meine Sache gut. Aber so stark ich auch war, Atticus war stärker. Kurz bevor wir am Auto waren, wollte er nach unten. Zuerst ein wackliger Schritt, dann trottete er die Schotterpiste entlang, schüttelte von Zeit zu Zeit den Kopf, wirkte aber meistens ruhig. Als wir allerdings im Auto saßen, fürchtete ich, er könnte in einen Schockzustand fallen. Ich zog das Hemd aus und wickelte es ihm um den Hals.

Ich rief den nächsten Tierarzt an. Die Ärztin hatte aber Dienst bei einem Volksfest und konnte uns nicht empfangen. Dann telefonierte ich mit einer Freundin, die die North-Country-Tierklinik vorschlug. Die war allerdings über zwanzig Meilen entfernt, und es war schon nach Büroschluss. Zum Glück gab es einen 24-Stunden-Notdienst. Aber es war später Freitagnachmittag am Columbus Day und der Feiertagsverkehr nach North Conway hinein ein einziges Chaos. Ich hielt Atticus fest, voller Angst, sein Zustand könnte sich verschlechtern, aber ich war machtlos. Wir steckten im Stop-and-go-Verkehr fest.

Als wir ankamen, begrüßte uns eine junge Tierärztin namens Christine O'Connell. Sie gab Atticus eine Spritze – Rundumbetäubung –, und ich blieb während der Operation bei ihm.

Doktor O'Connell nähte die Wunde, fand weitere Löcher in Atticus' Hals, säuberte sie und nähte einige davon ebenfalls. Dann legte sie einen langen Drainageschlauch. Die Hündin hatte Atticus so heftig geschüttelt, dass sich die Hautschichten um die Bisswunden gelockert hatten, und lose Fleischsäcke füllten sich bereits mit üblen Flüssigkeiten voller Bakterien. Sie sagte mir, dass nur noch ein- oder zweimal Schütteln zwischen Atticus und dem Tod gelegen hätten, und so schrecklich der Überfall auch gewesen sei, hätten wir doch großes Glück gehabt.

»Aber er kommt doch wieder in Ordnung?«, fragte ich.

»Sie müssen jetzt gut auf ihn aufpassen«, antwortete sie. Sie erklärte mir, dass ich auf Anzeichen einer durchbohrten Lunge achten müsste, die innerhalb von zwölf oder vierundzwanzig Stunden auftreten würden. Wenn er nachts schwer atmete, wenn sich sein Zahnfleisch blau verfärbte oder sich die Oberseite seines Rückens wie Blasenfolie anfühlte – alles Hinweise darauf, dass keine Luft in die Lungen gelangte –, sollte ich ihn sofort wieder ins Krankenhaus bringen. Sie würde ihm dann einen Luftschlauch in die Brust setzen und ihn stabilisieren, damit ich ihn danach so schnell wie möglich ins Angell bringen könnte.

Unter dem Einfluss der schweren Medikamente schlief Atticus ruhig.

Ich hatte mich die ganze Zeit so wacker gehalten wie möglich, aber als wir wieder in Tamworth waren, ließ mein Notfallhochdruck nach, und ich fühlte die volle Wucht der Ereignisse.

Atticus hatte Hunderte von Bergen bestiegen, ohne sich je zu verletzen, und nun lag er hier, hilflos und voller Schmerzen nach einem sinnlosen Überfall. Nachts drehte sich alles in meinem Kopf. Ich fragte mich, was ich hätte anders machen können, während ich den Angriff in Zeitlupe wieder und wieder durchlebte. Natürlich hatte ich das Gefühl, meinen Freund im Stich gelassen zu haben. Normalerweise war ich gut darin, vorauszusehen, wie sich etwas entwickelte, und darauf zu reagieren, bevor etwas Schlimmes passierte. Aber es war alles so schnell gegangen.

In dieser Nacht hielt ich ihn so vorsichtig wie damals am ersten Tag als Welpen. Langsam streichelte ich seinen Körper, liebte ihn mit meiner Berührung, wollte, dass er es spürte. Während ich ihn so wiegte, ruhte sein ganzes Gewicht auf mir, und ich sah den grotesken Schlauch, der aus beiden Seiten seines Halses ragte, und die getrockneten Blutflecken im Haar.

Ich weinte.

Ich betete.

Ich flehte.

Es sollte die längste Nacht meines Lebens sein.

Doktor O'Connell hatte mir gesagt, ich sollte alle neunzig Minuten nach ihm sehen. Ich wagte nicht zu schlafen. Stattdessen blieb ich die ganze Nacht auf.

Mit Atticus auf dem Schoß, genau wie damals nach seiner Augenoperation, tippte ich eine Rundmail, und die »Freunde von Atticus« erwachten zum Leben. Es dauerte nicht lange, bis die ersten E-Mails eintrafen. Morgens stand das Telefon nicht still. Man bot mir jede Art von Hilfe an, auch Geld. Ich war dankbar, antwortete aber, dass Gebete im Augenblick besser seien.

Die Wanderer auf »Views from the Top« und »Rocks on Top« schickten einen endlosen Strom von ermutigenden E-Mails, und ein Blog aus Newburyport forderte seine Leser auf: »Betet für Atticus.«

Carter Luke, der Geschäftsführer des Angell-Zentrums für Tiermedizin, wurde informiert und sein Notfallteam gewarnt, dass ihr »Held« vielleicht ihre Hilfe brauchen würde und sie vorbereitet sein sollten. Der Radiosender WYKR, gleich hinter der Grenze zu Vermont, brachte regelmäßige Atticus-Bulletins, ebenso die Webseite der »Northcountry News«. Ich veröffentliche dort eine Kolumne mit dem Titel »Die Abenteuer von Tom und Atticus«, und die Leser kannten die Heldentaten des kleinen Hundes und liebten ihn. Steve Smith schrieb in seiner Wandererkolumne im »MountainEar« über den Angriff.

Freunde hinterließen Nachrichten auf dem Anrufbeantworter, aber ich rief nicht zurück. Ich hatte nicht die Kraft dazu. Stattdessen verschickte ich regelmäßig neueste Nachrichten per E-Mail.

Am nächsten Morgen erwachte Atticus und hatte solche Schmerzen, dass er kaum laufen konnte. Ich trug ihn nach draußen, damit er seine Geschäfte verrichten konnte. Dabei drehte er steif den Kopf, als wollte er untersuchen, was beschädigt war. Bestimmt spürte er dabei die beiden Schläuche, die ihm zu beiden Seiten aus dem Hals ragten. Als sich unsere Blicke begegneten, waren seine Augen sanft und traurig. Ich setzte mich zu ihm ins Gras, und er lehnte sich an mich.

Die Nacht hatte er überstanden, aber er war noch nicht außer Gefahr. Und wir hatten noch etwas zu erledigen. Ich erinnerte mich an das, was Paige Foster gesagt hatte, als er zu erblinden drohte: Er braucht die Berge. Ich hatte nicht vor, in diesem Zustand mit ihm zu wandern, aber ich wollte, dass es ihm besser ging und er sich wieder sicher fühlte.

Als Erstes fuhren wir deshalb zu dem Haus, wo man ihn angegriffen hatte. Wir saßen eine Weile im Auto und beobachteten die Hündin, die uns ihrerseits beobachtete. Atticus sah mich an, als fragte er, was ich wohl als Nächstes vorhätte.

»Bitte warte hier«, sagte ich, stieg aus und schloss die Tür. Ich konnte den Schlauch und das getrocknete Blut in seinem Fell sehen und seine Augen, die auf die Hündin und mich blickten. Sie bellte mich an, und ich rief nach der Frau, die dort wohnte, damit sie herauskam. Sie kannte Atticus und war immer freundlich zu uns gewesen, aber als sie jetzt an die Tür kam, sah sie mich so sonderbar an, als würde ich unerlaubt bei ihr eindringen.

»Was wollen Sie?«, fragte sie und musterte mich von oben bis unten.

Ich deutete auf Atticus, der uns durch das Fenster aufmerksam zuschaute. Ich brauchte ihr gar nicht zu erzählen, was passiert war. Sie sah das Blut und den Schlauch, und Tränen traten in ihre Augen. Sie griff nach meinem Arm, als brauche sie eine Stütze.

Ich erfuhr, dass die beiden Hunde einer Freundin gehörten und sie über das Wochenende auf sie aufpasste. Als die Hündin sich auf Atticus stürzte, war sie nicht zu Hause gewesen, darum hatten wir auch den Neufundländer nicht gesehen. Jetzt stand er neben ihr.

Immer wenn sie Atticus anschaute, liefen ihr die Tränen herunter, und sie entschuldigte sich wieder und wieder. »Ich weiß gar nicht, was ich tun soll!«

»Ich wollte nur, dass Sie wissen, was passiert ist«, erklärte ich ihr. Und das stimmte, aber es war nicht der einzige Grund, weshalb wir zu ihrem Haus gefahren waren. Ich sagte ihr das nicht, aber ich wollte, dass Atticus sah, wie ich auf die Hündin zuging. Die machte zuerst den Eindruck, als wollte sie erneut angreifen, aber ich sah ihr fest in die Augen und sagte: »Sitz!«

Sie setzte sich. Dann befahl ich: »Platz!« Widerwillig gehorchte sie wieder.

Atticus sah vom Auto aus gespannt zu. Ich wollte ihm zeigen, dass ich keine Angst hatte. Er sollte wissen, dass ich dafür sorgen würde, dass so etwas nie wieder passierte. Ich wollte ihm beweisen, dass er bei mir in Sicherheit war.

Als ich wieder einstieg, stand Atticus, der immer auf dem Beifahrersitz mitfuhr, auf, stellte die Vorderpfoten auf meinen Oberschenkel und sah mir in die Augen. So blieben wir einen Moment, dann legte ich ihm die Hand auf den Hinterkopf und kraulte sanft seine Ohren. Er drängte das Gesicht an meines. Im Kopf hörte ich Paiges Stimme: »Ihr schafft das schon.«

Atticus konnte nicht auf einen Berg steigen – das würde eine ganze Weile nicht möglich sein –, aber er konnte draußen sein. Unsere nächste Station war darum der Brook-Pfad gleich an der Straße. Es ist ein hübscher Weg an einem sanften, vielfach gewundenen Bach, der durch ein Märchenland aus bemoosten Felsen und dicken Bäumen führt. Ich trug Atticus ungefähr eine Viertelmeile weit bis zu einer Biegung des Bachs, und dort setzten wir uns zusammen hin. Seine Miene war immer noch traurig, aber im Lauf der nächsten paar Stunden fing er allmählich an, seine Umgebung wahrzunehmen. Das Lied des rauschenden Wassers, der Ruf der Vögel, der sachte Wirbel der bunten Blätter, die um uns niederfielen, der Geruch nach guter Erde – alles half. Ich wollte ihn dorthin bringen, wo er zu Kräften kommen und Ruhe und Frieden finden konnte. Ich wollte, dass er in der Natur war.

Drei Stunden blieben wir dort. Manchmal drehte er mir den Rücken zu, saß regungslos da und starrte auf den Bach. Dann wieder wandte er sich zu mir, sah mir tief in die Augen und schien zu fragen: »Warum?«

Auf einem niedrigen Zweig landete ein Vogel und beobachtete uns. Wir sahen ihn immer näher kommen, bis er nur noch knapp drei Fuß von Atticus entfernt war. Die beiden sahen einander wohl eine Minute lang an. Als der Vogel wegflog, kam Atticus zu mir und stupste mich mit der Nase am Arm. Das war seine Art zu sagen: »Gehen wir.«

Es gab einen Anruf, den ich am Tag nach dem Überfall spätnachmittags erwiderte. Er kam von Paige. Ich weiß nicht recht, warum ich gerade sie zurückrief. Vermutlich weil ein Teil von mir im tiefsten Inneren immer das Gefühl hatte, dass Atticus auch ihr gehörte. Sie hatte nie etwas in dieser Richtung erwähnt, aber ich spürte, dass es zwischen den beiden eine Verbindung gab. Sechseinhalb Jahre hatte sie unser Leben eng begleitet. An manchen Tagen hatten wir miteinander geredet, an anderen E-Mails gewechselt, und sie las oft unseren Blog. Außerdem kannte uns niemand so gut wie sie.

Am Telefon war sie besorgt und liebevoll und fing sofort an, mir zu sagen, was ich tun sollte. Das liebte ich an ihr. Sie war überzeugt, dass sie jedes Missgeschick, das Atticus betraf, in Ordnung bringen konnte. Ich hörte ihr ein paar Minuten aufmerksam zu. Als ich ihr dann sagte, was wir an diesem Tag schon alles unternommen hatten, schwieg sie einen Augenblick und fragte dann: »Tom Ryan, wo haben Sie nur gelernt, sich so gut um den kleinen Kerl zu kümmern?«

»Ich hatte eine gute Lehrerin, Paige.«

Unser Gespräch an diesem Nachmittag dauerte mehrere Stunden. Seltsamerweise ging es nach den ersten zwanzig Minuten nicht mehr um Atticus. Stattdessen redeten wir über unser Leben. Ich lag auf der Couch, und Atticus hatte sich dicht an mich gedrängt. Ich hielt ihn fest.

In den folgenden paar Tagen saßen die »Freunde von Atticus« da und warteten. Wir warteten alle. Ich war nicht der Einzige, der geweint hatte. Ich war nicht der Einzige, der betete.

Die schöne Kunst des Schlenderns

Sieben Tage nach der bösartigen Attacke schritt Atticus auf dem roten Teppich in die John-F.-Kennedy-Bibliothek, als sei nie etwas Ungewöhnliches geschehen.

Weil ich ihn so gut kannte, hätte ich wissen müssen, dass ein klaffendes Loch in der Kehle nicht ausreichen würde, ihn am Boden zu halten. Er betrat das Gebäude, als wäre er schon tausendmal dort gewesen. Derselbe kleine Hund, den man in Newburyport aus dem Postamt und dem Rathaus verbannt hatte, war in der John-F.-Kennedy-Bibliothek nicht nur willkommen, sondern wurde geehrt.

Die netten Menschen von der MSPCA hätten uns und besonders ihn nicht freundlicher empfangen können. Ich glaube, nachdem sie die Bilder von ihm nach dem Überfall gesehen hatten, erwarteten sie einen ganz anderen Atticus.

Thoreau schrieb einmal: »Das Schlendern ist eine schöne Kunst.« Atticus zuzusehen, wie er in das erhabene Gebäude hineinstolzierte, bedeutete die Betrachtung einer solchen schönen Kunst. Die Leute begrüßten ihn mit Namen, versicherten ihm, er sehe großartig aus, wünschten ihm einen guten Abend, und er schlenderte durch die Reihen, als gehörte er genau hierhin. Es war, als liefe er wieder durch die Straßen von Newburyport.

Schließlich fanden wir den Weg zum VIP-Raum, wo sich die Helden des Abends und ein Teil der Sponsoren der Veranstaltung versammelten. Wieder trat Atticus ein, als wäre er der Hausbesitzer – ohne jede Arroganz, sondern mit selbstverständlicher Lässigkeit. Sorglos sein kleines Hinterteil schwenkend, schlenderte er ins Zimmer, musterte ein paar kleinere Hunde mit ihren edelsteinbesetzten Halsbändern und funkelnden Leinen und steuerte dann auf Emmylou Harris zu, den großen Star des Abends. Sie war hier, um den »Preis für humanitäre Hilfe« entgegenzunehmen. Er blieb genau vor ihr stehen und fing ihren Blick auf. Wie wäre es anders möglich gewesen?

Ich hob ihn hoch, wir machten uns bekannt und plauderten eine Weile. Atticus saß in meiner Armbeuge, Emmylou kraulte ihm ab und zu Bauch oder Brust, und die Fotografen schossen ein Bild nach dem anderen.

Irgendwann brachen Atticus und ich aus dieser exklusiven Umgebung aus und suchten den manikürten Rasen auf, der mit Blick auf Boston am Meer liegt. Draußen unterhielten wir uns mit den Angestellten vom Partyservice und dem Sicherheitspersonal und hörten uns ihre Geschichten an, und sie lächelten über den kleinen Hund, der sie begrüßte, als wären auch sie Stars wie Emmylou. Als wir wieder hineingingen, wurden wir von ein paar Leuten schon fieberhaft gesucht. Es war Zeit, sich im Hauptfoyer unter die anderen Teilnehmer zu mischen. Bei dem Cocktailempfang gab es auch viele andere Hunde, hübsche Tiere, manche so perfekt getrimmt wie Gartenbuchsbaum, alle wohlerzogen, alle an der Leine. Atticus glitt einfach durch sie hindurch: keine Leine, kein Halsband, ein Gefühl von Freiheit – er schlenderte eben.

Eine Menge Geld kam hier zusammen, sehr viel altes Geld aus Beacon Hill, dem nobelsten Stadtteil Bostons, und doch waren alle richtig nett. Allerdings war ich ja auch mit einem unbekümmerten kleinen Hund hier, der sich überall zu Hause fühlte.

Es ging ihm wie immer. Jeder kannte seinen Namen. Ich ergriff einen weiteren Stuhl und stellte ihn für ihn an den Tisch. Fast alle anderen Hunde, die beim Cocktailempfang im Foyer dabei gewesen waren, hatte man während des Banketts in einen anderen Raum gebracht.

Die Reden begannen, das Essen wurde serviert, und wir beobachteten alles. Atti und ich teilten uns ein Hühnchen und bekamen Besuch von Doktor Maureen Carroll. Es gab eine warme Umarmung und eine längere Unterhaltung, dann ein Gespräch mit ihrer technischen Assistentin, Ann Novitsky. Wir waren den beiden vor diesem Abend nur zweimal begegnet, aber es war wie ein Wiedersehen mit alten Freunden.

Dann war es Zeit für die Preisverleihung. Heather Unruh, die Co-Moderatorin des Senders *News Center Five,* stellte die erste Heldin vor, Amanda McDonald, einen erstaunlichen Teenager. Sie hatte beim Sammeln von Unterschriften für eine Volksabstimmung, deren Ziel die Abschaffung von Greyhoundrennen in Massachusetts war, unglaubliche Arbeit geleistet. Sie verlas ihre Rede mit für ihr Alter überragender Haltung.

Man sagte mir, dass wir als Nächste an der Reihe seien. Toll ... was sagt man nach einem so großartigen Mädchen?

Ich bin ein Schriftsteller, aber ich hatte beschlossen, meine Rede nicht abzulesen. Ich wollte einfach improvisieren. Während die Einführung verlesen wurde, erschienen auf der großen Filmleinwand hinter Heather Bilder von unseren Wanderungen. Die Leute waren begeistert. Einmal kam ein derart fröhlicher Ausbruch von *Oooohs* und *Aaaahs* bei einem Foto von Atti auf dem North Kinsman, mit der Franconia Ridge in Winterweiß als Hintergrund, dass Heather aufhörte vorzulesen, sich umdrehte, aufsah und sagte: »Ein Hund hat mich aus dem Konzept gebracht.«

Ich trug Atticus auf die Bühne, so wie ich ihn immer auf den Berggipfeln gehalten hatte. Als ich mich zum Publikum umdrehte, blendeten mich die grellen Lichter, sodass ich die Menschen im Saal nicht sehen konnte. Ich wusste, dass die Leinwand über und hinter uns ein vergrößertes Bild von uns zeigte, und fragte mich, ob man die Feuchtigkeit in meinen Augenwinkeln erkennen konnte. Die Last der vergangenen Woche löste sich in Tränen auf. Meine Beine zitterten und meine Stimme auch.

Ich weiß nicht mehr, womit ich anfing, aber nach etwa dreißig Sekunden lief es wie von selbst. Es gab Menschen, denen ich danken, und Witze, die ich zum Besten geben wollte. Ich wollte von Atticus und dem, was er durchgemacht hatte, sprechen; Angell sowie die Ärztinnen und technischen Assistentinnen dort und die Menschen, die Geld für uns gesammelt hatten, loben.

Gerade in dem Augenblick, als ich die Geschichte von meinem Freund Atticus und seiner Blindheit erzählte, legte er den Kopf an mein Herz. Das Publikum schmolz dahin. Es war eines der wenigen Dinge, die mir auffielen. Später fragte mich eine Frau: »Haben Sie ihm das beigebracht?«

»Nein«, sagte ich. »Er tut, was er will.«

Carter Luke erzählte mir später, seine Mitarbeiter und er beim MSPCA-Angell würden von dem Moment, in dem Atticus den Kopf an mein Herz legte, als »DEM Augenblick« sprechen.

Die beiden nächsten Auftritte gehörten den Bostoner Polizeihunden und Emmylou Harris. Damit endete das Programm.

Erst vor einer Woche hatte ich Atticus mit einem Loch in der Kehle auf dem Arm gehabt und mich gefragt, ob er überleben würde. Mann, wie hatten sich die Dinge geändert! Als die Preisverleihung beendet war, kamen wir kaum durch das Gedränge. Maureen Carroll sagte, sie hätte sich vor Lachen fast in die Hose gemacht. Von anderen hörte ich, sie habe geweint. Als wir es endlich in den Gang geschafft hatten, begrüßte Atticus sein Publikum und posierte für Fotos. Immer wenn jemand mit einem Blumenarrangement vorbeikam, hielt Atticus ihn auf, indem er ihm die Vorderpfoten auf die Oberschenkel stellte, um den süßen Duft zu schnuppern. Er wusste genau, wie er seinen Standpunkt deutlich machen konnte: An diesem einmaligen Abend in seinem Leben war es Zeit, innezuhalten und an Rosen zu riechen.

Ein Mann fragte mich: »Ist Atticus der perfekte Hund?«

Die Frage verblüffte mich, und ich musste einen Moment nachdenken. Rasch ging ich im Kopf unsere sechseinhalb Jahre miteinander durch und erwiderte dann: »Nein. Aber er ist der perfekte Hund für mich.«

Bei meiner Rede hatte ich vergessen, drei Personen zu erwähnen, denen dieser Abend besonders gefallen hätte:

– Meinen Vater. Er, der die Kennedys, die Bostoner Politik und alle Leute bei *Channel Five News* liebte, wäre entzückt gewesen, und sei es nur wegen des Veranstaltungsorts. Mein Bruder David, der seine Grabrede hielt, sagte, Dad habe sich immer vergeblich gewünscht, einmal Stehapplaus zu bekommen und sich gefragt, was das wohl für ein Gefühl wäre. Am Ende der Rede waren wir alle aufgestanden und hatten für ihn geklatscht. Ich hätte Jack Ryan gern den Beifall im Stehen geschenkt, den Atticus und ich bekamen. Wo immer er jetzt sein mochte – ich hoffte, er sah uns zu.

– Paige Foster. Was für ein stolzer Abend für Paige. Atticus war bei mir, weil sie auf ihn verzichtet hatte. Sie hatte mir einmal erzählt, dass sie ihn eigentlich behalten wollte und ihn für mich aufgegeben habe. Durch ihre Freundlichkeit war in meinem Leben so viel geschehen. Stellen Sie sich vor, Sie hätten über tausend Welpen gezüchtet und den einzigen, den Sie behalten wollten, dann doch hergegeben, und nun würde er so geehrt.

– Maxwell Garrison Gillis. Ohne ihn hätte es keinen Atticus gegeben. Max hatte alles verändert. Er öffnete mein Herz, und als er von mir ging, ließ er es offen, und Atticus spazierte hinein. Aber ganz ehrlich gesagt – ein Stückchen von Max machte die Reise mit uns, und ein bisschen davon blieb dort. Ich hatte ein kleines Fläschchen mit seiner Asche bei mir und verstreute sie in JFKs Segelboot »Victura«, das draußen auf dem Rasen stand.

Als wir nach unserem großen Abend nach Tamworth zurückkehrten, freute ich mich darauf, bald wieder wandern zu gehen. Vorher aber mussten wir uns wieder bei Doktor Christine O'Connell vorstellen. Sie war zufrieden mit Atticus' Heilverlauf und erzählte mir lächelnd, sie habe Fanpost bekommen, weil sie ihn behandelte.

Ich wusste nicht viel mehr über sie, als dass sie sehr jung aussah und in der Stunde der Not für uns da gewesen war. Ich fragte sie: »Seit wann sind Sie eigentlich schon Tierärztin?«

»Ich war mehrere Jahre technische Tierarzthelferin, bevor ich selbst Tierärztin wurde.«

»Aber seit wann sind Sie es?«

»Erst seit ein paar Monaten«, antwortete sie.

Ich weiß nicht, wie mir zumute gewesen wäre, wenn ich das gewusst hätte, bevor sie sich mit Atticus' Hals beschäftigt hatte, aber ich war froh, dass es so gekommen war. Sie hatte Mumm, das gefiel mir. Ich war auch froh, dass wir jetzt jemanden hier in den Bergen hatten, an den wir uns notfalls wenden konnten. Bei größeren medizinischen Problemen würde ich mit Atticus immer ins Angell gehen, aber Christine sollte ab sofort unsere ständige Tierärztin sein.

Paige

So wie ich Paige nach dem Angriff auf Atticus als Einzige zurückgerufen hatte, so war sie auch die Erste, bei der ich mich am Morgen nach unserem großen Abend in der John-F.-Kennedy-Bibliothek meldete. Ich erzählte ihr den ganzen Ablauf, und sie genoss jedes Wort. Sie kicherte und lachte. Sie bat mich, bestimmte Dinge zu wiederholen, und wollte alle Einzelheiten wissen. Es war, als wollte sie sich alles unauslöschlich einprägen.

Und wie sie sich freute, dass der kleine Hund, den sie gezüchtet hatte, von einem Einzelwelpen in den Hügeln von Texas über Nacht zu einer Berühmtheit in Newburyport und dann eine Legende in den White Mountains geworden war und nun sogar als Held geehrt wurde!

Als ich ihr sagte, der Preis gebühre ihr nicht weniger als uns, schien sie sich ganz klein vorzukommen und klang, als hätte sie Tränen in den Augen. »Ohne Sie, Paige, wäre das alles nicht möglich gewesen. Ich habe Ihnen für so vieles zu danken.«

In den folgenden Wochen tauschten wir regelmäßig E-Mails und hatten am Montag vor Thanksgiving ein Gespräch, das offener war, als ich es je erwartet hätte. Paige, die immer warmherzig, hilfsbereit, einfühlsam und vor allem rätselhaft für mich gewesen war, begann mir ihre Lebensgeschichte zu erzählen – und wie es kam, dass Atticus mein Hund wurde.

Sie war eine gertenschlanke, zarte Frau – groß und schmal, mit langen Beinen –, die sich gern in der freien Natur aufhielt. Sie war zäh und fleißig, konnte aber, wie sie es ausdrückte, auch »zerbrechlich sein wie feines Porzellan«.

Sechs Monate vor Atticus' Geburt war Paige mit dem Fahrrad auf einer Landstraße unterwegs und wurde von einem Auto angefahren. Sie kämpfte darum, wieder gesund zu werden, aber nichts schlug an. Geistig, körperlich und emotional gelähmt, hinkte sie durchs Leben. Sie hatte ihre Mitte verloren, und nichts stimmte mehr.

Dann geschah in einer Märznacht etwas Ungewöhnliches. Eine ihrer Hündinnen stand kurz vor der Geburt. Paige konnte mit Tieren umgehen und hatte schon als Kind auf der Farm ihrer Eltern und danach ihr Leben lang mit ihnen gearbeitet. Sie konnte voraussagen, wie viele Babys ein Tier haben würde, und hatte sich ausgerechnet, dass die Mutterhündin vier Junge im Bauch haben müsste. Aber als es so weit war, fand sie zu ihrem größten Erstaunen nur einen einzigen, winzigen schwarzweißen Welpen.

Sie hatte sich noch nie so geirrt.

Sie hielt das kleine Wesen in der Hand, säuberte es, wog es und blieb, als sie es seiner Mutter zurückbringen wollte, plötzlich auf dem Absatz stehen. Irgendetwas an dem Hundebaby war anders. Sie wusste nicht genau, was, aber sie fühlte es tief im Herzen.

In den nächsten sechs Wochen widmete sie ihm viel Zeit, und merkwürdigerweise begann sie dabei gesund zu werden. »Er hatte etwas an sich, in dem ich mich selbst wiederfand«, sagte sie mir. Oft trug sie ihn hinaus in den Wald, nahm den kleinen Körper auf den Schoß, ließ ihn in die weite Welt blicken und erklärte ihm, dass sie zwar noch nicht wisse, wie es geschehen würde, aber dass er einmal ein ganz ungewöhnliches Leben führen würde.

Paige, die mit viel Liebe über tausend Welpen gezüchtet und in die Welt entlassen hatte, beschloss, diesen einen ausnahmsweise zu behalten. Er war das Einzige, was sie glücklich machte. Sie müssen wissen, dass sie in einer Ehe feststeckte, in der sie misshandelt wurde.

Das Leben war nicht freundlich zu ihr gewesen. Als sie sieben Jahre alt war, fing ihr Großvater an, sich an ihr zu vergehen. So ging es jahrelang, aber niemand wollte es glauben. Wie so viele Kinder, die sexuell missbraucht werden, landete Paige oft bei anderen Leuten, die auch nicht freundlich waren. Vermutlich heiratete sie deshalb einen viel älteren Mann, der sie verprügelte, im Schrank einschloss, ihr Telefon abhörte und regelmäßig ihre Sachen durchwühlte. Es kam vor, dass sie anderthalb Stunden von zu Hause entfernt einen Welpen übergab und beim Aufblicken merkte, dass er sie von der anderen Straßenseite aus beobachtete.

»Tom, als Sie anriefen und mich fragten, ob irgendetwas mit Atti nicht stimmte und Sie deshalb weniger Geld für ihn bezahlen mussten ... also, das tat weh. Wenn ich damals nicht verheiratet gewesen wäre, hätten Sie ihn umsonst bekommen. Ich hatte nie die Absicht, Atticus zu verkaufen, aber als Sie so überraschend anriefen und ich hören konnte, wie todunglücklich Sie waren, da dachte ich, wenn Atticus mir so geholfen hatte, könnte er das auch bei Ihnen tun.

An dem Morgen, als ich ihn zu Ihnen schickte, saß ich auf dem Flughafen-Parkplatz und weinte mir die Augen aus. Ich weinte und weinte, bis ich keine Tränen mehr hatte, weil ich ihn nicht aufgeben wollte. Er war alles, was ich hatte.«

Ich war sprachlos.

»Später an diesem Tag, als Sie dann Atti auf dem Arm hatten und mich anriefen und mir dankten, hörte ich, wie glücklich Sie waren, und wusste, dass ich richtig gehandelt hatte. Und dann meldeten Sie sich immer wieder und wollten wissen, wie Sie am besten mit ihm umgehen sollten. Ich gebe allen Leuten, die Welpen von mir kaufen, denselben Rat, aber ich hatte den Eindruck, Sie seien der Einzige, der sich wirklich genau daran hielt. Ich war so froh, als ich sah, wie Sie beide zusammenwuchsen. Und wie alle in Newburyport ihn mochten, das war einfach wunderbar.«

In den Tagen danach führten wir endlose Gespräche, und Paige gab mehr und mehr von sich preis.

»Immer wenn ich ein Hundebaby zu seiner neuen Familie schickte, kam ich mir vor, als stünde ich irgendwo am Strand und setzte es in ein kleines Boot, damit es übers Meer in ein Leben segelte, in dem es sicher, glücklich und geliebt sein würde. Ich wollte immer so viel über dieses neue Leben wissen, weil sie es stellvertretend für mich lebten – ein Leben, das ich nie haben würde. Ich schickte sie fort und stand dann da, schaute über das Wasser und sagte traurig, ›aber nicht für mich‹. Doch keiner der Käufer hielt mit mir auf Dauer Kontakt – außer einem. Das waren Sie. Sie erzählten mir alles und ließen mich damit, ohne es zu wissen, Ihr Leben mit Atti mitleben.«

Ich hörte oft wortlos zu, wenn sie so erzählte, und die Tränen liefen mir über die Wangen.

»Und als Sie dann anfingen, mit Atti in die Berge zu gehen – Sie haben keine Ahnung, was das für mich bedeutete. Als kleines Mädchen sagte ich immer zu meiner Mutter, eines Tages würde ich zweitausend Meilen fortlaufen und in den Bergen leben, wo mich niemand finden würde. Und dann waren Sie da – zweitausend Meilen von hier in den Bergen. Wenn Sie mir Fotos von ihm schickten, wie er oben auf einem Gipfel saß und in die Ferne blickte, saß ich am Computer, fuhr mit dem Finger über den Bildschirm und malte mir aus, dass ich dieses Leben lebte, und ich konnte fühlen, was Atti fühlte. Es war oft atemberaubend.«

Sie sprach davon, wie ich sie angerufen hatte, als Atticus zu erblinden drohte. »Es war, als hätten Sie gesagt, ›Bitte, Paige … bitte helfen Sie mir. Helfen Sie mir, ihn wieder hinzukriegen.‹ Und ich hätte alles getan. Mir brach fast das Herz. Ich habe es Ihnen nie erzählt, aber ich telefonierte mit meinem Tierarzt und wollte zu Ihnen fahren, Atticus holen, ihn hierherbringen und seine Augen operieren lassen, und wenn es ihm wieder gut ging, wollte ich ihn Ihnen wiederbringen. Aber dann erfuhr ich, dass alle Leute ihm helfen wollten und wie freundlich sie waren. Ich konnte es gar nicht glauben. Also sagte ich nichts und war überglücklich, als alles gut ausging. Aber ich war immer für Sie und Atti da. Und wenn ihm wirklich etwas passiert wäre, hätten Sie in ein paar Tagen einen neuen Welpen gehabt und keinen Cent dafür bezahlen müssen.«

Es gab nicht viel, was Paige und ich uns nicht erzählten. Wir öffneten einander unser Leben. Einmal hatte ich Schuldgefühle, weil ich wütend auf sie gewesen war. Es ging um ihren Mann. Sie bezeichnete das, was er ihr antat, nie als Missbrauch, aber genau das war es. Ich hatte gefragt: »Warum sind Sie bei ihm geblieben, Paige? Warum haben Sie sich alles gefallen lassen?« Denn sie war nach fast zwanzig Jahren immer noch mit ihm verheiratet, an ihn gebunden durch Schulden, im zweiten Jahr eines Dreijahres-Fluchtplans.

Ich schrie sie nicht an, ich war nur etwas kurz angebunden. Außerdem war ich zornig, weil ich sie glücklich sehen wollte und wusste, wie es ist, wenn man misshandelt wird. Aber als sie anfing zu weinen, wäre ich am liebsten durchs Telefon zu ihr gekrochen. Unter Schluchzen sagte sie: »Warum ich geblieben bin? Warum ich geblieben bin? Ich bin geblieben, weil mir nie jemand ein Lehrbuch gegeben hat, wie man sich in solchen Fällen verhalten soll, Tom! Ich wusste nicht, wie ich entkommen konnte. Das Leben ist nicht so leicht, wissen Sie!«

Ich entschuldigte mich, und sie tat es auch, und wir telefonierten weiter jeden Tag.

Und während ich so immer mehr über sie erfuhr, konnte ich kaum glauben, was sie für mich getan hatte. Es war ein Wunder. Der kleine Hund, diese erstaunliche Frau, was für ein Geschenk hatten sie mir gemacht, was für ein Leben gegeben.

Eines Tages kamen wir auf den Inhalt unseres ersten Gesprächs zurück. Das war, nachdem sie mir im Internet Fotos aller ihrer Welpen gezeigt hatte und ich mich für keinen davon interessierte. Sie sagte damals, sie habe noch einen letzten Welpen, aber er sei »anders«. Ich erklärte, dass ich mich genau deshalb in Atticus verliebt hatte, weil er eben nicht wie die anderen Hunde war. Sie saßen alle in perfekter Haltung da, nur er nicht. Er dachte gar nicht daran, die Kamera beeindrucken zu wollen.

»Tom Ryan, Sie müssen sich daran erinnern, dass ich ihn nicht hergeben wollte und nicht sicher war, ob ich ihn Ihnen schicken sollte, darum setzte ich ihn nicht wie die anderen Babys beim Fotografieren in Positur. Ich hoffte halb und halb, er würde Ihnen nicht gefallen. Aber Sie haben das durchschaut, und es war Ihnen egal, wie er aussah. Danach hatte ich einen Kloß im Hals, weil ich wusste, dass ich ihn verlieren würde.«

Ich hatte noch eine letzte Frage. Ich war immer neugierig wegen ihres ersten Ratschlags für den Umgang mit Atticus gewesen: »Nehmen Sie ihn überall mit hin und lassen Sie ihn im ersten Monat von niemand anderem halten.«

»Das hat so gut funktioniert, dass ich allen, die sich einen Welpen anschaffen, sage, sie sollten es auch so machen. Woher hatten Sie das, Paige?«

Am anderen Ende der Leitung entstand eine Pause, als überlegte sie, ob sie es mir wirklich sagen sollte. Dann antwortete sie mit sanfter, verletzlicher Stimme: »Weil ich mir immer gewünscht habe, genauso geliebt zu werden, Tom.«

Zu Hause

Wenn ich an den Abend zurückdenke, an dem Atticus und ich in der Kennedy-Bibliothek als Helden geehrt wurden, fällt mir ein, dass die netten Menschen vom MSPCA eigentlich nur die Hälfte begriffen hatten. Ja, es stand ein Held auf der Bühne, aber ich war es nicht.

In seinem Buch »Der Heros in tausend Gestalten« schrieb Joseph Campbell: »Ein Held wagt sich aus der Welt des Alltags in ein Gebiet übernatürlicher Wunder; er begegnet dort fabelhaften Gewalten und erringt einen entscheidenden Sieg; der Held kehrt von seinem geheimnisvollen Abenteuer mit der Macht zurück, seinen Mitmenschen Wohltaten zu erweisen.«

Es war nicht ich. Es war Atticus. Er wagte sich immer wieder hinaus aus der »Welt des Alltags« und begegnete »fabelhaften Gewalten«. Und, wie Campbell betonte, die Reise war erst dann zu Ende, wenn der Held zurückkehrte, um »Wohltaten zu erweisen«. Und ob er das tat! Er bereicherte jeden, der ihm auf seiner Reise folgte, aber niemanden mehr als mich.

Nach vier Jahrzehnten meines Lebens traf ich eine Entscheidung, die alles veränderte. Ich adoptierte einen Hund, den keiner haben wollte, und gab ihm ein Zuhause. Und er gab mir eines. In seiner kurzen Zeit mit mir schloss Max mein Herz auf und ließ die Tür für Atticus offen. Ich schulde einem Hund, der gestorben ist, viel und einem, der lebt, noch mehr. Max zeigte mir den Weg, aber es war Atticus, der mich wieder nach Hause brachte, der mich lehrte, was Liebe ist, der mir die Freundlichkeit meiner Mitmenschen bewies und mir Mut zum Träumen gab, der mir sogar einen Weg öffnete, meinen streitsüchtigen Vater zu lieben – einen Mann, der das zwar nie verstanden hat, aber weiterleben wird, solange sein Sohn seine Träume in sich trägt.

Auch wenn es nie so geplant war, liegt doch eine köstliche Ironie darin, dass Atticus den Namen meines literarischen Lieblingshelden trägt. In dem Buch »Wer die Nachtigall stört« übernimmt der Anwalt Atticus Finch den aussichtslosen Fall, Tom Robinson zu helfen. Es ist eine Prüfung wie keine zuvor. Und man übertreibt nicht, wenn man sagt, dass mein kleiner Atticus noch größere, noch heldenhaftere Anstrengungen unternahm, um seinen Tom zu retten.

Vielleicht war Atticus – wie Paige sagte – von Anfang an anders. Darum führte er mich so selbstlos über die vielen Berge, als er bereits zu erblinden anfing, weil er wusste, dass etwas in mir sie brauchte. Vielleicht war es auch Paiges Uneigennützigkeit, die Atticus zu etwas Besonderem machte – als sie das einzige Wesen, auf das sie nie verzichten wollte, einem Fremden gab, der es noch nötiger hatte. Es könnte aber auch daran liegen, dass er sein durfte, wer und was er sein wollte, denn er durfte zuerst bei Paige und dann bei mir so aufwachsen, wie wir es selbst gern getan hätten, und auch so geliebt. Wie auch immer – sowohl Atticus als auch Paige lehrten mich, selbstloser zu sein, und ich tauschte ein Leben, in dem ich über menschliche Grenzen schrieb, gegen eins ohne solche Grenzen ein, ein Leben, in dem übergewichtige Männer in mittleren Jahren und kleine Hunde gemeinsam die erstaunlichsten Dinge tun können – selbst unter gefährlichsten Bedingungen in einem uralten Gebirge.

Irgendwann einmal, wenn ich so lange lebe, dass ich älter werde als meine Familie, meine Freunde und der größte Teil meines Verstandes und wie mein Vater in einem Pflegeheim ende, werden die Leute, die sich dann um mich kümmern, mich bestimmt für verrückt halten, wenn ich ihnen von einem kleinen Hund und meinen Abenteuern mit ihm erzähle: von einhundertachtundachtzig in drei Wintern bezwungenen Gipfeln und einem Abend auf der Bühne der John-F.-Kennedy-Bibliothek.

Wie glücklich sind wir beide, Mann und Hund, gewesen, so viel miteinander erleben zu dürfen, und wie viele unvergessliche Erinnerungen haben wir seit unserer ersten Begegnung gespeichert. Ich kann mir eine Welt ohne Atticus nicht vorstellen, nicht jetzt, wenn ständig neue Abenteuer auf uns zukommen.

Was unser nächstes davon betrifft, so hat Atticus mich überzeugt, dass Liebe die Antwort auf fast alles ist. Ich war bereit, es noch einmal zu versuchen. Sieben Jahre nachdem ich ihn am Flughafen in Empfang genommen hatte, kehrten wir beide dorthin zurück, um unseren Gast abzuholen. Wir hatten eine Verabredung. Paige Foster flog aus Texas zu uns. Endlich würde sie die

Berge erreichen, die zweitausend Meilen von ihrem bisherigen Leben entfernt lagen, und alles sehen, was ihr kleiner Hund gesehen, dann verloren und am Ende wiedergefunden hatte.

Weder sie noch ich konnten voraussagen, wie es mit uns weitergehen würde. Aber so ist es nun einmal mit Abenteuern: Man bekommt eine Chance, ohne zu wissen, was daraus entstehen kann. Es kommt nur darauf an, dass man »Ja« sagt. Sich nach so vielen Jahren zum ersten Mal persönlich zu treffen schien jedenfalls richtig zu sein. Schließlich hatte ich von Paige mehr über Liebe gelernt als von irgendjemandem sonst. Sie hatte mir gezeigt, wie man von ganzem Herzen und uneigennützig liebt, als sie mich beim Aufziehen von Atticus an der Hand nahm.

Es gab noch etwas, was dafür sprach, der Liebe gemeinsam eine neue Chance geben zu wollen. Ich war sieben, als meine Mutter starb und ich meine Unschuld verlor, und Paige war sieben, als ihr Großvater ihr die ihre raubte. Man hatte uns im selben Alter aus dem Paradies vertrieben, und nun hatten wir den Weg zurück gefunden. Es war Paige, die es am besten formulierte: »Wir sind zwei Siebenjährige, die sich vor langer Zeit verirrt haben und nun nach Hause kommen, zusammengeführt von einem siebenjährigen Hund, den wir beide lieben.«

Wenn ich die Geschichte meines Freundes Atticus erzähle, muss ich oft an jene wunderbare Zeile aus Antoine de Saint-Exupérys Buch »Der kleine Prinz« denken: »Vielleicht liegt darin die Liebe, dass ich dich sanft zu dir zurückführe.«

Denn das tat mein kleiner Hund. Er führte, ich folgte, und am Ende wurde ich der Mann, von dem ich als kleiner Junge geträumt hatte.

Und so gingen sie zusammen fort. Aber wohin sie auch gehen und was immer unterwegs mit ihnen geschieht, an jenem verzauberten Ort oben im Wald werden ein kleiner Junge und sein Bär für immer miteinander spielen.
A. A. MILNE, »Pu baut ein Haus«

Dank

Man hat mich einmal gefragt, ob Atticus der perfekte Hund sei. »Er ist perfekt für mich«, war meine Antwort. Und genau das gleiche Gefühl habe ich bei Brian deFiore, meinem Agenten. Er erkannte das Potenzial meiner Geschichte und half mir, ein Buch daraus zu machen und mich gleichzeitig anzustrengen, ein besserer Schriftsteller zu werden. Dort, wo Brians Arbeit endete, übernahm Cassie Jones, meine Lektorin bei William Morrow, dem Originalverlag meines Buchs, die Führung. Atticus' Züchterin Paige dankte mir einmal dafür, dass ich Atticus das sein ließ, was er selbst wollte. »Sie haben ihm nicht den Atticus aberzogen«, sagte sie. Ich bin dankbar für Cassies Begeisterung, Einfühlungsvermögen und Rat. Vor allem aber bin ich glücklich über eine Lektorin, die nicht den Schriftsteller, der ich war, aus mir herauslektorieren wollte, sondern mir half, es besser zu machen. Es gibt noch viele andere in der William-Morrow/Harper-Collins-Familie, denen ich Dank schulde. Seale Ballenger, der Werbeleiter, war vom ersten Tag an ein Freund (Atticus schickt einen lauten Beller an Maddie und Petey), und auch die große Unterstützung und Mühe von Jessica Deputato, Liate Stehlik, Lynn Grady, Jean Marie Kelly, Shawn Nicholls, Shelby Meizlik, Megan Swartz, Mary Schuck, Nancy Fan, Maureen Sugden, Lisa Stokes und Nyamekwe Waliyava war besonders wichtig.

Als ich mich auf die Suche nach einem Künstler machte, der eine Karte der White Mountains für mich entwerfen sollte, hatte ich keine Ahnung, dass ich das Gesuchte keinen Steinwurf von meiner Haustür entfernt finden sollte. Kathy Speight Kraynaks meisterhafte Federzeichnung übertraf mit Abstand alles, was ich mir ausgemalt hatte.

Ich begann meine Schriftstellerlaufbahn in Newburyport als Verleger und Herausgeber der »Undertoad«. Was mir Ed Metcalf, Doug Cray, John Barris und Carol Buckley hier beibrachten, bedeutete für einen angehenden Schreiber eine großartige Schulung und bleibt unvergessen. Auch Tom O'Brien und Sue Sarno gehörten zu meinen Newburyporter Lehrern. Zur dortigen Familie zählen weiterhin Peter Jason Riley und Bob Miller, die mich stets unterstützt haben.

Paul Abruzzi, der Geschäftsführer der *Jabberwocky*-Buchhandlung, ist nicht nur ein wunderbarer Freund, sondern seine Großzügigkeit und sein Rat halfen mir auch, den Schritt vom Zeitungsmann zum Autor zu wagen.

Steve Smith und Mike Dickerman werden sagen, dass sie ihr Buch »Die Viertausend-Fuß-Gipfel der White Mountains« nur als Ratgeber geplant hatten. Aber für mich war es eine Schatzkarte, die mir half, die Bruchstücke meines zersplitterten Lebens zu finden und wieder zusammenzusetzen. So mancher Wanderanfänger stellt fest, dass er mit diesem Buch auf dem Nachttisch einschläft.

In den vielen Stunden, die ich in Steves Bergwandererladen in Lincoln, New Hampshire, zubrachte, lernte ich andere Menschen kennen, die meine Liebe zu den Bergen teilten. Zwei davon, Ken und Ann Stampfer, wurden zu unserer White-Mountain-Familie. Als ich in den Norden zog, gaben ihre Liebe und Freundschaft mir Halt.

Was tut ein Zeitungsmann, wenn er seine Zeitung verlässt? Er sucht sich eine neue. In meinem Fall hatte ich das Glück, dass »Northcountry News« und »Mountainside Guide« mich fanden. Als mich Bryan und Suzanne Flagg einluden, in ihrem Blatt über »Die Abenteuer von Tom und Atticus« zu schreiben, ahnte ich nicht, dass vieles davon einmal in dieses Buch eingehen würde.

Atticus dankt Marianne Bertrand und ihren Mitarbeitern bei *Muttluks* für ihre Großzügigkeit und dafür, dass sie geholfen haben, mit ihren unschätzbaren Wanderstiefelchen seine Pfoten stets geschützt zu halten.

Alles Liebe für meine Tante Marijane Ryan und meine Schwägerin Yvette Ryan. Sie sind meine größten Cheerleader und haben gewissenhaft mein Manuskript gelesen, mir Hinweise gegeben und mir geholfen, Fallstricken aus dem Weg zu gehen.

Ganz besonders danke ich auch Romeo Dorval; Lisa Dorval; David and Emmett Hall; Constance Camus; Peter and Julie McClelland; Laura Lucy; Marie Bouchard; Christine Vallerand; Laini Shillitoe; Sue Little; Tom Jones; Jeff Veino; Aaron Lichtenberg; Manford Carter; Joe Carter; Leeane Galligan; Leigh Grady; Kevin, Cal und Ruby Bennett; Christine O'Connell in der North Country Tierklinik; den »Freunden von Atticus«; und Sarah George – meiner Schwester von einer anderen Mutter.

Gar nicht genug loben kann ich die Mitarbeiterinnen und Mitarbeiter vom Angell-Zentrum für Tiermedizin und MSPCA Angell in Jamaica Plain, Massachusetts – vor allem Atticus' Ärztin Maureen Carroll. Kathleen Santry, Diane Wald und die anderen guten Seelen im Sponsorenbüro haben uns tatkräftig geholfen, als es darum ging, Geld für Tiere in Not zu sammeln. Alles, was man über MSPCA Angell wissen muss, ist, dass die ersten Spender Angehörige des dortigen Personals waren. Stellen Sie sich vor, dass Sie in einem Betrieb arbeiten, von dem Sie so überzeugt sind, dass Sie sich nach der Auszahlung Ihres Gehalts gleich umdrehen und etwas davon zurückgeben! Und das ist nur eins von den Dingen, die das MSPCA Angell so außergewöhnlich machen.

Und schließlich ist da noch die lebensrettende Notoperation von Doktor Stuart Battle und Doktor Bob Tilney vom Memorial Hospital in North Conway, ohne die ich dieses Buch niemals beendet hätte. Es war ihre großartige Arbeit und die unglaubliche Fürsorge von Schwester Maureen Murphy Ansaldi und Pfleger Doug Jones auf der Intensivstation, die mich einen septischen Schock überleben ließen. (Und jawohl, das Krankenhaus war so großherzig, Atticus die ganze Zeit bei mir bleiben zu lassen, selbst auf der Intensivstation.)

Ich werde immer dankbar sein.